Gonglu Shigong Jianli yu Zhaotoubiao Guanli

公路施工监理与招投标管理

董丽艳　王文丽　主　编
梁小光　郑宝堂　副主编
　　　　尤晓暐　主　审

人民交通出版社

内容提要

本书以最新颁布的相关法律、法规及文件为依据,结合公路建设实际,按照理论阐述与工程案例相结合的思路,力求达到实用、适用的目的。本书分十个单元,主要内容包括施工监理的"五监控、两管理、一协调"的工作内容;公路工程施工招标与投标工作的法律知识、工作程序及内容;施工监理招标与投标的内容;施工监理与招投标的实践应用案例分析。

本书除用作高职高专院校公路监理及相关专业教材之外,还可作为监理培训教学参考书。本书对广大工程监理、管理人员、工程技术人员学习监理与招投标知识,运用相关理论解决实际问题,拓展专业技术和管理能力起到一定的借鉴和指导作用。

图书在版编目(CIP)数据

公路施工监理与招投标管理 / 董丽艳, 王文丽主编
. —北京: 人民交通出版社, 2012.8
 ISBN 978-7-114-09854-3

Ⅰ.①公⋯ Ⅱ.①董⋯ ②王⋯ Ⅲ.①道路施工–施工监理–高等职业教育–教材 ②道路工程–招标–高等职业教育–教材 ③道路工程–投标–高等职业教育–教材 Ⅳ.①U415.1

中国版本图书馆 CIP 数据核字(2012)第 137629 号

书　　名:	公路施工监理与招投标管理
著 作 者:	董丽艳　王文丽
责任编辑:	崔　建
出版发行:	人民交通出版社
地　　址:	(100011)北京市朝阳区安定门外外馆斜街 3 号
网　　址:	http://www.ccpress.com.cn
销售电话:	(010)59757969,59757973
总 经 销:	人民交通出版社发行部
经　　销:	各地新华书店
印　　刷:	北京虎彩文化传播有限公司
开　　本:	787×980　1/16
印　　张:	19.25
字　　数:	402 千
版　　次:	2012 年 8 月　第 1 版
印　　次:	2021 年 8 月　第 3 次印刷
书　　号:	ISBN 978-7-114-09854-3
定　　价:	39.00 元

(有印刷、装订质量问题的图书由本社负责调换)

前　言

施工监理制度与招标投标制度是我国公路建设的两项基本制度,两者相辅相成,确保工程建设项目优质、高效地完成。招标投标是一种竞争机制,择优选择在工程经验、技术能力、财务能力、管理能力、信誉等方面能够最大限度满足业主期望的工程承包单位,并与之签订合同,从源头上保证了承包人具有相应的工作能力和经验。为了保证工程合同的全面履行,业主全面、全方位监控工程建设过程,施工监理制度应运而生,作为独立的第三方,受业主的委托,从质量、进度、费用、安全、环保、信息等方面对工程建设过程实行全过程、全方位、全天候的全面监控。施工监理制度是一种约束机制,依据合同,保证承包人行为的科学性、合理性和经济性。

招标投标制和施工监理制度是竞争机制与约束机制的完美结合,保证了工程合同的全面、及时履行,确保了在安全状态下,对环境保护的前提下,工程质量、进度、投资三大目标最经济的实现。

本书由辽宁省交通高等专科学校董丽艳、郑宝堂、王力强,中交三公局梁小光,成都市路桥经营管理有限责任公司王文丽共同编写。具体分工如下：第三、五单元由董丽艳编写,第八、九单元及第七单元的模块一由郑宝堂、安丰利编写,第四、六单元由梁小光、安丰利编写,第一、二、十单元由王文丽编写,第七单元的模块二由王力强编写。全书由董丽艳统稿,尤晓暐主审。

编者查阅和检索了许多工程管理、施工监理、招投标方面的信息、资料和有关书籍,并借鉴了有关内容,在此向原作者及提供第一手资料者表示感谢。

在本书的编写过程中得到了辽宁省交通高等专科学校张辉教授、吴英大高级工程师的大力支持和帮助,在此谨致以谢意。由于编者水平有限,书中可能存在疏漏和错误,诚恳希望读者批评指正。

本教材2012年首次印刷,2016年根据国家相关法律、法规、行业规范的变化进行了第一次修正,2021年进行第二次修正。

2021年修正的主要依据：

1.《公路水运工程监理企业资质管理规定》(交通运输部令2018年第7号)；
2.《公路水运质量监理管理规定》(交通运输部令2017年第28号)；
3.《监理工程师职业资格制度规定》《监理工程师职业资格考试实施办法》(建人规〔2020〕3号)；
4.《公路工程施工监理规范》(JTG G10—2016)；
5.《公路工程标准施工招标文件》(2018版)。

编　者
2021年7月

目 录

第一单元 施工监理的基本知识 ... 1
模块一 施工监理制度的产生和发展 ... 3
 知识点一 何为"监理" ... 3
 知识点二 国外工程监理制度 ... 3
 知识点三 我国工程监理制度的发展 ... 5
 知识点四 与工程监理相关的法律、法规 ... 6
模块二 公路工程的质量保证体系 ... 7
 知识点一 政府监督 ... 7
 知识点二 法人管理 ... 9
 知识点三 社会监理 ... 9
 知识点四 企业自检 ... 10
模块三 施工监理的内涵及工作内容 ... 13
 知识点一 施工监理的内涵 ... 13
 知识点二 施工监理的工作阶段与工作内容 ... 14
 知识点三 与工程监理相关的行为主体及各方的关系 ... 15

第二单元 监理企业与监理工程师 ... 17
模块一 监理企业的管理 ... 19
 知识点一 监理企业的资质等级与从业范围 ... 19
 知识点二 监理企业资质申请与管理 ... 20
模块二 监理工程师的有关规定 ... 22
 知识点一 监理工程师的资格 ... 22
 知识点二 监理工程师岗位登记 ... 24
 知识点三 监理工程师的素质要求和职业道德准则 ... 28
模块三 监理组织机构 ... 30
 知识点一 现场工程监理机构与监理组织模式 ... 30
 知识点二 现场监理机构的人员配备 ... 36
 知识点三 各类监理人员的基本职责 ... 37
 知识点四 监理设施和设备 ... 40

第三单元 施工监理的主要工作内容 ... 43
模块一 施工准备阶段监理 ... 45

  知识点一 监理工作条件准备 ·················· 45
  知识点二 施工准备活动的监理工作内容 ·················· 45
 模块二 质量监理 ·················· 47
  知识点一 工程质量监理基本内容 ·················· 47
  知识点二 质量监理基本程序与方法 ·················· 51
  知识点三 施工阶段质量监理的主要内容 ·················· 54
  知识点四 监理中心试验室 ·················· 57
  知识点五 质量事故处理 ·················· 59
 模块三 施工安全监理 ·················· 61
  知识点一 安全监理概述 ·················· 61
  知识点二 施工准备阶段安全监理的主要内容 ·················· 62
  知识点三 施工阶段安全监理的主要工作 ·················· 63
 模块四 进度监理 ·················· 64
  知识点一 进度监理概述 ·················· 64
  知识点二 进度计划的表示方法 ·················· 67
  知识点三 进度监理的基本方法 ·················· 75
  知识点四 施工进度计划的编制 ·················· 76
  知识点五 进度计划的审批 ·················· 77
  知识点六 施工进度计划的检查与调整 ·················· 79
  知识点七 影响进度的主要原因 ·················· 81
 模块五 施工环境保护监理 ·················· 82
  知识点一 公路施工期对环境影响因素分析 ·················· 83
  知识点二 施工环境保护监理任务 ·················· 83
  知识点三 施工环境保护监理工作制度 ·················· 85
  知识点四 监理工程师对环保的控制措施 ·················· 86
 模块六 费用监理 ·················· 86
  知识点一 费用监理概述 ·················· 86
  知识点二 工程费用监理的职责与权限 ·················· 90
  知识点三 工程计量 ·················· 91
  知识点四 费用支付的一般规定 ·················· 96
  知识点五 费用支付项目的分类 ·················· 99
  知识点六 清单支付项目的支付 ·················· 100
  知识点七 合同支付项目 ·················· 101
 模块七 合同其他事项管理 ·················· 105
  知识点一 合同管理概述 ·················· 105
  知识点二 工程项目的风险与保险 ·················· 106

知识点三　工程变更 ·· 109
　　　知识点四　工程分包与转让 ······································ 112
　　　知识点五　工程延期 ·· 114
　　　知识点六　工程索赔与反索赔 ·································· 116
　　　知识点七　违约、争端与仲裁 ·································· 120
　　模块八　工地会议与组织协调 ·· 123
　　　知识点一　工地会议的形式、目的及记录 ····················· 123
　　　知识点二　第一次工地会议 ······································ 123
　　　知识点三　工地例会 ·· 125
　　　知识点四　现场协调会 ··· 126

第四单元　工程信息与监理文件管理 ······································ 127
　　模块一　信息管理 ·· 129
　　　知识点一　信息管理的基本概念与特点 ························ 129
　　　知识点二　工程项目信息分类 ··································· 130
　　模块二　监理文件与资料管理 ······································· 133
　　　知识点一　监理文件与资料管理 ································ 133
　　　知识点二　监理管理文件与资料 ································ 134
　　　知识点三　工程监理资料管理与归档 ·························· 137

第五单元　公路工程招标与投标概论 ····································· 141
　　模块一　招投标活动简介 ··· 143
　　　知识点一　基本概念 ·· 143
　　　知识点二　招投标的发展历程 ··································· 144
　　模块二　《招标投标法》概述 ··· 145
　　　知识点一　《招标投标法》基本内容 ···························· 146
　　　知识点二　招标人与招标代理 ··································· 148
　　　知识点三　招标与投标行为的规定 ····························· 150
　　　知识点四　开标、评标和中标的要求与规定 ·················· 152
　　　知识点五　法律责任 ·· 153

第六单元　公路工程施工招标 ··· 157
　　模块一　招标程序及工作内容 ······································· 159
　　　知识点一　施工招标条件及程序 ································ 159
　　　知识点二　招标工作内容 ·· 160
　　模块二　招标文件 ·· 163
　　　知识点一　《公路工程标准文件》概述 ························· 164
　　　知识点二　招标文件的内容 ····································· 165
　　　知识点三　投标人须知 ··· 171

  知识点四 工程量清单 …… 180

 模块三 资格预审 …… 188
  知识点一 资格预审的目的及程序 …… 189
  知识点二 资格预审文件 …… 189
  知识点三 资格预审申请人须知 …… 192
  知识点四 资格预审评审程序 …… 197

 模块四 开标、评标与决标 …… 201
  知识点一 施工招标开标程序 …… 201
  知识点二 评标委员会 …… 203
  知识点三 评标程序 …… 204
  知识点四 评标方法 …… 207
  知识点五 评标报告的编写 …… 210
  知识点六 公路工程施工合同文件的签订及其构成 …… 212

第七单元 公路工程施工投标 …… 213

 模块一 投标工作概述 …… 215
  知识点一 投标工作程序及组织机构 …… 215
  知识点二 投标信息的收集 …… 216
  知识点三 投标项目的选择 …… 217
  知识点四 参加资格预审与编制投标书 …… 219
  知识点五 编制标书的注意事项 …… 222

 模块二 投标报价 …… 223
  知识点一 工程量清单计价特点 …… 223
  知识点二 投标报价的预算编制依据与程序 …… 224
  知识点三 工程量清单的填报 …… 228
  知识点四 报价技巧 …… 231
  知识点五 投标注意事项 …… 234

第八单元 施工监理招标与投标 …… 237

 模块一 施工监理招标 …… 239
  知识点一 施工监理招标文件的组成 …… 239
  知识点二 投标邀请书 …… 240
  知识点三 投标人须知 …… 243
  知识点四 合同通用条款 …… 245
  知识点五 监理合同协议书格式 …… 250

 模块二 施工监理投标 …… 252
  知识点一 技术建议书 …… 252
  知识点二 财务建议书 …… 252

知识点三　建设工程监理与相关服务收费标准 ·················· 254
第九单元　**FIDIC 条款与公路建设制度** ························ 261
　模块一　FIDIC 的起源与发展 ································ 263
　　知识点一　FIDIC 组织机构 ······························ 263
　　知识点二　FIDIC 合同文件 ······························ 263
　模块二　FIDIC《土木施工合同条件》介绍 ···················· 267
　　知识点一　FIDIC 合同条件的内容简介 ···················· 267
　　知识点二　FIDIC 合同文件的组成 ························ 269
第十单元　招投标与施工监理案例分析 ························ 271
　模块一　招投标案例分析 ·································· 273
　模块二　施工监理案例 ···································· 285
参考文献 ··· 296

第一单元 施工监理的基本知识

模块一　施工监理制度的产生和发展

知识点一　何为"监理"

"监理"一词是外来语,是根据英文 supervision 的含义得来的。一般直译为监督、管理、引导。从工程管理的角度,对其更为全面的表述为:一个执行机构或执行者(如工程监理单位),依据准则,对某一行为(如工程施工)的有关主体(如承包人)进行督察、监控和评价,使其按程序办事,对违规行为进行追究和处理;同时,这个执行机构或执行人还要采取组织、协调、控制、措施完成任务,使行为主体更准确、更完整、更合理地达到预期目标。

"监理"是一种国际惯例。我国现阶段关于"监理"的叫法有很多种,综合性的有:工程监理、建设监理、施工监理等;专业性的有:设计监理、设备监理等。一般,交通运输部使用"工程监理"、"施工监理"的说法;建设部使用"建设监理"、"施工监理"的说法。

我国引进并实施监理制度,是为了解决我国建设项目传统管理模式(业主自管和工程指挥部管理)存在的问题(即投资、进度、质量目标的严重失控),改革旧有建设项目管理体制。工程监理制度是用科学方法对公路建设项目进行监督和管理的一种管理体系,同时也是工程建设扩大对外开放和与国际接轨的必然需求。

知识点二　国外工程监理制度

1. 国外工程监理制度的产生和发展

施工监理作为建设领域的一项科学管理制度,在西方工业发达国家,无论在组织机构和方法、手段方面,还是在法规制度上,都已形成了一个较为完善的监理体系和运行机制。

监理制度的起源,可以追溯到产业革命以前的 16 世纪,它的产生和演进与商品经济的发展,建设领域的专业化分工及社会化生产相伴随,并日趋完善。从工程项目的管理方式上看,大致有两个阶段:

第一阶段为 19 世纪初以前的自营、自建、自管阶段。这一阶段经历了业主自己设计、组织施工、现场管理的完整自我做主时期;第二个时期是建筑业出现专业分工,业主聘请建筑师负责设计、自行雇佣工匠、组织施工的不完全自营、自管时期。

该时期的最大特点就是建设规模和建设投资在业主的能力控制之内。

第二阶段为全委托管理阶段。随着建筑业专业分工的进一步细化,城市化进程的发展,商品经济、市场经济的不断繁荣,科学技术的高速提高,工程的建设规模和投资不断提升,出现了大型、巨型工程,如钢铁企业、石油化工企业、航空航天工程、大型水利工程、核电站和新型城市开发等。这些工程投资多、风险大、技术复杂,无论投资者还是承建者都难以承担由于投资或项目管理失误而造成的损失,招标投标制、施工监理制营运而生。为保证投资决策的正确,业主聘请有经验的专业管理机构——工程咨询监理机构对工程投资开展投资机会论证和项目可行性研究;为了保证承包人具有相应的能力和经验,工程建设项目通过招标投标方式择优选择承建者;委托工程咨询监理机构对工程实施全方位监控。这样一来,承包方式取代了自营方式,委托第三方进行项目管理,出现了业主、监理工程师和承包人相互制约、鼎足而立的工程建设新格局。

进入20世纪80年代后,监理制度在国际上得到了较大的发展,一些发展中国家也开始效仿发达国家的做法,结合本国实际,确立或引进社会监理机构,对工程建设实行监理。许多国际金融组织,例如世界银行和亚洲、非洲开发银行等国际金融机构,也都把实行建设监理作为提供建设贷款的条件之一。

2. 国外工程监理的主要形式

QS(Quantity Surveying),这是英联邦国家使用的名称,直译为数量测量师,可理解为费用工程师。QS人员就是土木工程的费用管理者或费用控制者,提供的服务是工程咨询服务,与监理关系很密切。QS人员一般在QS咨询事务所、政府部门、建设单位、施工单位等处就职。QS为业主提供的服务主要有以下几项:投资匡算的咨询,投资规划和价值分析,编制招标文件,评标咨询,在施工过程中针对设计变更修正合同价,合同管理,投资控制,付款审核,竣工决算审核等。

CM(Fast-Track-Construction Management),这是美国的一种管理体系,是于1968年由汤姆逊等人在美国一所州立大学研究关于设计和施工的加速和改进控制时,提出的一种咨询服务模式,可译为"快速途径的建筑工程管理"。CM实际上是一种边设计、边施工的模式。

CM公司可提供多种服务,包括预算匡算;进度控制;工程质量和投资的优化;材料和劳动力的费用估价;项目财务系统;决算跟踪,对投资进度的影响;材料跟踪系统;项目报告;执行概况报告;月报等。从事CM服务的人员叫做CM Manager,一般由一组或一队人员担任,CM人员由CM公司提供。

PM(Pr Oject Management),简称项目管理,是20世纪50年代末60年代初开始在美国、前联邦德国、法国、日本等国广泛应用的项目管理方法。PM主要是向业主、设计、施工单位提供项目组织协调、质量控制、费用控制、进度控制、合同管理、信息管理等服务。我国的工程监理是根据PM的基本理论,结合我国的具体情况提出的一种工程咨询模式。

知识点三　我国工程监理制度的发展

我国的监理制度起源于"鲁布革水电站"项目。鲁布革水电站工程系利用世界银行贷款项目，这也是新中国成立30年来第一次利用世界银行贷款项目。按照世界银行关于贷款使用的规定，要求引水系统工程必须采用国际招标的方式选定承包人施工，并派驻第三方监理对工程实施监督和管理。该项目的引水系统工程由日本大成公司中标承建，于1984年11月正式开工，1988年8月13日工程师签发了全工程竣工移交证书。大成公司在中标后仅派了几十名管理人员，雇用中国工人，创造了国际第一的掘进速度，合同实施了高质量、高效率、高效益。工程初步结算价9 100万元（包括除汇率风险以外的涨价、设计变更、各种索赔以及额外工程量等因素），仅为标底的60.8%，比合同价仅增加7.53%；合同工期1 597天，实际工期1 475天，提前122天完工，相当于合同工期数的7.6%；工程质量总评价是优良。世界银行历次报告中都对此作了充分的肯定。鲁布革工程提供了许多可供学习的经验和发人深省的问题。

人们在思考：为什么日本人只用30多名管理、技术人员，采用的是非尖端的设备和技术手段，使用的是我国的材料，雇用的是400多名中国工人，竟然能够创出工期、质量、工程造价三个第一。

一连串的问题摆在我们面前，我们的差距在哪里？纵观整个鲁布革工程的来龙去脉，其成功的经验有哪些呢？第一是充分的前期准备工作。鲁布革项目在施工之前，就围绕勘测、设计、三通一平、招标及合同文件准备，做了全面、细致、充分的准备工作，为项目实施打下了良好的基础。这一切，应该感谢对此作出探索与奉献的昆明设计院和十四所的建设者们。第二是国际招标成功的尝试。鲁布革项目管理之所以成功，首先是由于国际竞争性招标，引进了高水平的竞争机制，为项目实施提供了强大的动力。第三是日本大成公司的科学性管理。日本大成公司敢于以低于标底43%的悬殊标价夺标，靠的是什么？大成公司只派出30名管理、技术骨干，竟能创造出隧洞进尺373m的世界纪录，靠的是什么？靠的是科学的组织机构、高效率的指挥、灵活的管理手法国际化的经营策略等。第四是项目管理的高级参谋部——外国专家咨询团。鲁布革项目管理的成功，在很大程度上受益于智力引进——外国咨询专家的咨询建议，据初步统计，外国专家提出的百余条咨询建议至少为项目节约了3 600万元投资，这种高智能型专家咨询团的引进，在我国项目建设中还是首次。

在"鲁布革"之后，我国开始了工程监理制度的试点工程。交通部作为建设工程监理制的试点单位，利用世界银行贷款先后修建了很多基础交通设施，如陕西省西安至三原一级公路、京津塘高速公路和天津港东突堤工程。在以上工程修建中，承包方按照国际通行的FIDIC（菲迪克）合同条款要求，都实行了国际招标及工程监理制，从而逐步形成了适合中国国情的交通建设工程监理模式。1988～1992年，重点在北京、上海、天津等八个城市和交通、水电两个行业开展试点工作;1993~1995年,全国地级以上城市稳步开展了工程监理工作;1995年全国第六次建设工程监理工作会议明确提出,从1996年开始,在建设领域全面推行工程监理制度。从第一批交通建设项目实行工程监理制度20年以来,交通建设的工程监理制度,经过开始试点、稳步发展、全面推行三个阶段,逐步成熟完善。国家的有关部委,也相继出台了相关的法律、法规。我国的工程监理制度已经形成科学化、规范化、制度化。

知识点四　与施工监理相关的法律、法规

1. 法律

(1)《中华人民共和国公路法》1997年7月3日发布,1998年1月1日起实施。2017年11月4日第五次修正。

(2)《中华人民共和国建筑法》(中华人民共和国主席令第91号),自1998年3月1日起施行。2019年4月23日第二次修正。

(3)《中华人民共和国招标投标法》中华人民共和国主席令(九届第21号),自2000年1月1日起施行。2017年12月27日修正。

(4)《中华人民共和国民法典》2021年1月1日起施行。

2. 行政法规

(1)《建设工程质量管理条例》(中华人民共和国国务院令第279号)2000年1月30日起实施。2019年4月23日修正。

(2)《中华人民共和国招标投标法实施条例》(中华人民共和国国务院令第613号)自2012年2月1日起施行。2019年3月2日第三次修订。

3. 部门规章

(1)《公路工程建设项目招标投标管理办法》(中华人民共和国交通运输部令2015年第24号)自2016年2月1日起施行。

(2)《公路建设市场管理办法》(2004年12月21日交通部发布,根据2011年11月30日交通运输部《关于修改〈公路建设市场管理办法〉的决定》第一次修正,根据2015年6月26日交通运输部《关于修改〈公路建设市场管理办法〉的决定》第二次修正)。

(3)《关于扎实开展国家电子招标投标试点工作的通知》(六部委联合发布。发改法规〔2015〕1544号2015年07月14日发布)。

(4)《公路工程设计施工总承包管理办法》(中华人民共和国交通运输部令2015年第10号),自2015年8月1日起施行。

(5)《公路建设项目代建管理办法》(中华人民共和国交通运输部令2015年第3号)自2015年7月1日起施行。

(6)《公路水运工程监理企业资质管理规定》交通运输部令2018年第7号,2018年7月1日实施。

(7)《公路水运质量监督管理规定》(交通运输部令2017年第28号)。

(8)《工程监理企业资质管理规定》(中华人民共和国建设部令第158号),自2007年8月1日起施行。2018年12月22日修改。

(9)《注册监理工程师管理规定》(建设部令第147号),自2006年4月1日起施行,2016年9月13日修订。

4. 行业规范

(1)《建设工程监理规范》(GB/T 50319—2013),自2014-03-01实施。

(2)《建设工程施工合同》(示范文本)(GF-2013—0201)。

(3)《建设工程监理合同》(示范文本)(GF-2012—0202)。

(4)《公路工程施工监理规范》(JTG G10—2016)。

模块二 公路工程的质量保证体系

为了适应我国公路工程建设管理体制改革的需要,提高工程质量管理水平,保护国家及社会公共利益,交通运输部在总结我国过去公路建设历史经验的基础上,根据公路建设的特点,科学地制定了公路工程的"政府监督、法人管理、社会监理、企业自检"的四级质量保证体系。

知识点一 政府监督

一、政府监督的定义与性质

政府监督是指政府交通主管部门和其所属质量监督机构依法对工程建设和工程建设从业单位及从业人员进行监督管理的活动。政府对公路工程建设实行监督管理,是政府社会职能的体现和要求,是对工程建设质量的宏观控制。

政府监督具有强制性、执法性、全面性和宏观性的性质。

二、政府监督的基本规定

2017年8月29日交通运输部公布的《公路水运工程质量监督管理规定》,明确了是公路工程质量监督工作的基本要求。

1. 监督机构

交通运输部负责全国公路工程质量监督管理工作。县级以上地方人民政府交通运输主管部门按照规定的职责负责本行政区域内的公路工程质量监督管理工作。

公路工程质量监督管理,可以由交通运输主管部门委托的建设工程质量监督机构具体实施。

2. 监督管理要求

(1)开展公路工程质量监督管理工作

公路工程实行质量监督管理制度。交通运输主管部门及其委托的建设工程质量监督机构应当依据法律、法规和强制性标准等,科学、规范、公正地开展公路工程质量监督管理工作。任何单位和个人不得非法干预或者阻挠质量监督管理工作。

(2)监督起止时间

交通运输主管部门或者其委托的建设工程质量监督机构应当自建设单位办理完成施工许可或者开工备案手续之日起,至工程竣工验收完成之日止,依法开展公路水运工程建设的质量监督管理工作。

(3)出具工程交工质量核验意见

公路水运工程交工验收前,建设单位应当组织对工程质量是否合格进行检测,出具交工验收质量检测报告,连同设计单位出具的工程设计符合性评价意见、监理单位提交的工程质量评定或者评估报告一并提交交通运输主管部门委托的建设工程质量监督机构。

交通运输主管部门委托的建设工程质量监督机构应当对建设单位提交的报告材料进行审核,并对工程质量进行验证性检测,出具工程交工质量核验意见。

工程交工质量核验意见应当包括交工验收质量检测工作组织、质量评定或者评估程序执行、监督管理过程中发现的质量问题整改以及工程质量验证性检测结果等情况。

(4)出具项目工程质量鉴定报告

公路工程竣工验收前,交通运输主管部门委托的建设工程质量监督机构应当根据交通运输主管部门拟定的验收工作计划,组织对工程质量进行复测,并出具项目工程质量鉴定报告,明确工程质量水平;同时出具项目工程质量监督管理工作报告,对项目建设期质量监督管理工作进行全面总结。

(5)监督检查内容

交通运输主管部门或者其委托的建设工程质量监督机构应当制定年度工程质量监督检查计划,确定检查内容、方式、频次以及有关要求等。监督检查的内容主要包括:

(一)从业单位对工程质量法律、法规的执行情况;

(二)从业单位对公路水运工程建设强制性标准的执行情况;

(三)从业单位质量责任落实及质量保证体系运行情况;

(四)主要工程材料、构配件的质量情况;

(五)主体结构工程实体质量等情况。

(6)监督检查措施

交通运输主管部门或者其委托的建设工程质量监督机构履行监督检查职责时,有权采取下列措施:

(一)进入被检查单位和施工现场进行检查;

(二)询问被检查单位工作人员,要求其说明有关情况;

(三)要求被检查单位提供有关工程质量的文件和材料;

(四)对工程材料、构配件、工程实体质量进行抽样检测;

(五)对发现的质量问题,责令改正,视情节依法对责任单位采取通报批评、罚款、停工整顿等处理措施。

从业单位及其工作人员应当主动接受、配合交通运输主管部门或者其委托的建设工程质量监督机构的监督检查,不得拒绝或者阻碍。

(7)依法公开

交通运输主管部门应当健全违法违规信息公开制度,将从业单位及其人员的失信行为、举报投诉并被查实的质量问题、发生的质量事故、监督检查结果等情况,依法向社会公开。

知识点二　法人管理

项目法人是依据《中华人民共和国公司法》成立的、从事项目开发的有限责任公司和股份有限公司。公路建设实行项目法人负责制,贯彻执行谁投资、谁决策、谁承担风险市场经济下的基本原则。项目法人负责制即由项目法人对建设项目筹划、资金筹措、建设实施、运营管理、债务偿还和资产管理全过程负责。

法人管理是指项目法人通过招标择优选择监理单位、承包人,以合同的形式,明确建设各方的质量、进度、费用、安全、环保等职责,并通过对监理单位、承包人履约检查来对工程质量、进度、费用、安全、环保等进行管理和承担管理责任,确保质量等目标的实现。

公路建设项目法人分为:经营性公路建设项目法人和公益性公路建设项目法人。

经营性公路建设项目法人应按照基建程序,履行以下职责:

(1)筹措建设资金;

(2)编制项目实施计划和年度计划;

(3)依法选择勘察设计、施工、监理单位和设备、材料供应单位;

(4)向交通主管部门办理开工报告;

(5)按照合同约定,对工程质量、进度、投资、安全生产和环境保护进行监督管理,审查施工组织设计、重要施工工艺和标准试验以及工程分包等事项,保证工程处于受控状态;

(6)接受交通主管部门和公路工程质量监督机构的监督检查,按时报送项目建设的有关信息资料;

(7)执行国家档案管理规定,建立健全建设项目的所有档案;

(8)及时组织交工验收,做好竣工验收的准备工作;

(9)组织项目后评价,提出项目后评价报告;

(10)按照有关技术标准和规范的要求,做好公路养护管理工作。负责收费管理,按期偿还贷款。

公益性公路建设项目法人,根据交通主管部门授权,履行以上相应职责。

知识点三　社会监理

工程监理是微观层面的监督管理活动。政府从宏观上对工程建设进行管理,通过强制性的立法、执法来规范建设市场。工程监理属于微观层次，是针对一个具体的工程项目展开的，是紧紧围绕着工程建设项目的各项投资活动和生产活动进行的全过程、全方位的全面监督管理。监理工程师拥有对建筑材料、建筑构配件和设备以及每道施工工序的检查权，未经监理工程师签字，建筑材料、建筑构配件和设备不得在工程上使用或者安装，施工单位不得进行下一道工序的施工。未经总监理工程师签字。建设单位不拨付工程款，不进行竣工验收。

与政府监督的性质不同，社会监理具有服务性、科学性、委托性、公正性和独立性的性质。

1. 服务性

监理单位是智力密集型的组织，本身不是建设产品的直接生产者和经营者，为建设单位提供的是智力服务。监理单位的劳动与相应的报酬是技术服务性的。监理单位和施工企业不同，它不承包工程造价，不参与工程承包的盈利分配。

2. 公正性和独立性

这是监理单位顺利实施监理职能的重要条件。因为监理单位在施工监理中必须具备组织各方协作配合以及调解各方利益的职权，这就要求监理单位必须坚持公正。而公正性又以独立性为前提，因此，监理单位首先必须保持自己的独立性。监理单位在人际、业务、经济关系上必须独立，不得同参与工程建设的各方发生利益关系。在执行合同中，它不受任何一方的干预，应依据合同文件，通过法律、经济和技术手段监督合同的执行。

3. 科学性

监理单位必须具有能发现与解决施工性单位所存在的技术和管理方面问题的能力，能够提供高水平的专业服务，这是科学性原则，是监理单位区别于其他一般服务性组织的重要特征。监理人员的高素质是监理单位科学性的前提条件。监理工程师必须具有相当学历，并有长期从事工程建设工作的丰富实践经验，精通技术与管理，通晓经济与法律，否则，监理单位将不能正常开展业务，是没有生命力的。

应强调指出，监理单位和监理人员应按照"严格监理、热情服务、秉公办事、一丝不苟"的监理原则，认真贯彻执行有关施工监理的各项方针、政策、法规，制定详细的工作计划，明确岗位职责，严格检查制度，努力做好施工监理工作。

知识点四　企业自检

企业自检是指施工单位按照与业主签订的施工合同文件的要求，为保证工程质量，通过建立内部质量自检系统，开展自身质量控制与质量管理活动。

施工阶段是建设工程实物质量的形成阶段，勘察工作质量、设计工作质量均要在这一阶段得以实现。由于施工阶段涉及的责任主体多，生产环节多，时间长，影响质量稳定的因素多，协调管理难度较大，因此，施工阶段的质量责任制度显得尤为重要，施工企业建立完善的自检系统是形成公路工程质量保证体系的前提条件。

施工质量自检体系（以下简称质量自检体系）是施工单位在施工组织过程中必须

建立的质量控制、管理和保证体系,涵盖了对工程质量实施全过程控制的机构、人员及相应的制度、办法等,是"政府监督、法人管理、社会监理、企业自检"质量保证体系的基础。

1. 自检系统的内容

质量自检体系组成包括:确定质量控制目标;建立质量控制组织机构;配备相应称职的自检人员;配备能满足要求的试验检测设备;采用标准、规范化的施工方法,建立健全标准、规范化的工作制度,如岗位责任制、工作管理制度、奖惩制度等制度。

2. 自检人员

施工质量自检人员(以下简称自检人员)包括:项目经理、项目总工、质量检查人员、工序施工负责人、试验检测人员、测量人员、记录人员和内业人员等。自检人员实行持证上岗制度。

3. 质量自检体系工作职责

工作职责主要包括:根据合同文件要求及工程项目实际,制定质量目标细化分解方案;检查、控制施工组织计划方案的实施情况,做好质量目标细化分解方案的执行工作;对施工图设计进行复核,对工程设计变更提出合理化建议;对工程(包括单项工程)的开工准备情况进行自检自查,提出工程开工报告及有关的开工准备资料;对建筑材料、构配件、配合比及每道工序或工艺过程进行质量检查和控制;对重点部位、重要工序、关键环节设专人管理,专门负责;对分包单位进行质量管理;按照合同文件及有关技术标准、规范、规程规定的项目、程序、方法、频率进行试验检测工作;负责完工工序或完工分项工程的自检、报验,完成施工原始记录的汇总、整理;进行工程质量自评,参与施工总结报告的起草;负责质量事故的上报、现场保护、接受调查和善后处理;完成应当由质量自检体系承担的其他工作。

4. 全面质量管理

施工企业自检系统的建立和运转是和施工企业的整体质量管理水平有密切关系的,搞好企业自检的关键问题是加强企业的全面质量管理。

(1)全面质量管理的内涵

质量是产品或服务的生命。质量受企业生产经营管理活动中多种因素的影响,是企业各项工作的综合反映。要保证和提高产品质量,必须对影响质量的各种因素进行全面而系统的管理。全面质量管理是工业企业发动全体员工,综合运用各种现代管理技术、专业技术以及各种计算手段与方法,通过产品寿命循环全过程、全因素的控制,保证用最经济的方法生产出用户和社会满意的优质产品并提供优质服务的一套科学管理技术。全面质量管理的内涵,就是以质量管理为中心,以全员参与为基础,目的在于通过让顾客满意和本组织所有者、员工、供方、合作伙伴或社会等相关方受益而使组织达到长期成功的一种管理途径。

全面质量管理的核心思想是:企业的一切活动都围绕着质量来进行。从概念上讲,全面质量管理集中体现了现代质量管理的理论体系和工作方法。因此,全面质量管理是企业质量管理的"纲",企业只有认真贯彻全面质量管理的思想,按照全面质量管理的工作方式进行质量管理,才能保证以最经济的方式生产出用户满意的产品。

(2)全面质量管理的要点

①树立全面质量观念

"全面质量",不仅指产品服务质量,还包括了工作质量,是用工作质量来保证产品或服务质量。整个质量管理包括采购、设计、生产制造直至储存、销售、售后服务的全过程。

影响产品质量的因素可以划分为两大类:a.技术方面的,即机器、材料和工艺;b.人方面的,即操作者、班组长和公司的其他人员。在这两类因素中,人的因素重要得多。所以,工程质量的好坏是由人的工作质量决定的,要管好工程质量首先必须管好人的工作质量。

②以预防为主的观点

要有效地控制影响产品质量的因素,就必须在生产或服务过程的所有主要阶段加以控制。以预防为主,就是对产品质量进行事前控制,把事故消灭在发生之前,使每一道工序都处于控制状态。注重过程控制,强调"好的质量是设计、制造出来的,而不是检验出来的"。

③用数据说话的观点

科学的质量管理,必须依据正确的数据资料进行加工、分析和处理找出规律,再结合专业技术和实际情况,对存在问题的作出正确判断并采取正确措施。

(3)全面质量管理的工作基本程序

PDCA管理循环是全面质量管理最基本的工作程序,即计划—执行—检查—处理(Plan、Do、Check、Action)。这是美国统计学家戴明(W. E. Deming)发明的,因此也称之为戴明循环。这四个阶段大体可分为八个步骤(图1-1)。

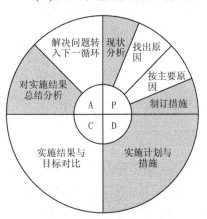

图1-1 全面质量管理工作阶段

①第一个阶段称为计划阶段,又叫P阶段(Plan)。

这个阶段的主要内容是通过市场调查、用户访问、国家计划指示等,摸清用户对产品质量的要求,确定质量政策、质量目标和质量计划等。

②第二个阶段为执行阶段,又称D阶段(Do)。

这个阶段是实施P阶段所规定的内容,如根据质量标准进行产品设计、试制、试验,其中包括计划执行前的人员培训。

③第三个阶段为检查阶段,又称C阶段(Check)。

这个阶段主要是在计划执行过程中或执行之后,检查执行情况是否符合计划的预期结果。

④最后一个阶段为处理阶段,又称A阶段(Action)。

主要是根据检查结果,采取相应的措施。

(4) PDCA 循环管理的特点

①四个阶段,缺一不可。四个阶段紧密衔接,各阶段之间存在交叉,形成一体,缺一不可。但对每一个具体循环而言,顺序不可颠倒。

②PDCA 循环工作程序的四个阶段,顺序进行,组成一个大圈。

③大环套小环,环环相扣。每个部门、小组都有自己的 PDCA 循环,并都成为企业大循环中的小循环。

④阶梯式上升,循环前进。

循环一圈,完成预定目标。在循环过程中,对出现的问题,不断解决,不断改进工作;上一循环遗留的问题,在二次循环中解决或者改进;如此不断循环,螺旋式上升。

模块三 施工监理的内涵及工作内容

知识点一 施工监理的内涵

1. 基本概念

工程监理是指具有法人资格和相应监理企业资质的社会监理单位,受项目业主的委托,依据监理合同和施工合同,全面监督、管理工程的实施,对工程质量、安全、环保、进度、费用及合同其他事项进行全面监理,同时做好信息管理工作和组织协调的专业化的管理活动。由于社会监理是对工程建设实施的专业化的监督管理,因此通常称之为工程监理。根据交通运输部的规定,公路工程的监理目前只要在施工阶段实施,因而也称之为施工监理。

1992 年 1 月 18 日建设部令第 16 号发布的《工程建设监理企业资质管理试行办法》第二条规定:监理单位,是指取得监理企业资质证书,具有法人资格的监理公司、监理事务所和兼承监理业务的工程设计、科学研究及工程建设咨询的单位。

2. 施工监理的内涵

(1) 工程监理是针对工程项目建设所实施的监督管理活动

无论项目业主、设计单位、施工单位、材料设备供应单位,还是监理单位,它们的工程建设行为载体都是工程项目。离开工程项目,它们的行为就不属于工程建设的范围。工程监理活动是围绕工程项目来实行的,并以此来界定工程监理范围。

(2) 工程监理实行市场准入的双重控制

我国对工程监理的市场准入采取了单位资质和人员资格的双重控制,即要求监理单位要具有相应的监理企业资质等级,专业监理工程师以上的监理人员要取得监理工程师资格证书。

《建设工程质量管理条例》规定：工程监理单位应当依法取得相应等级的资质证书，并在其资质等级许可的范围内承担工程监理业务。

禁止工程监理单位超越本单位资质等级许可的范围或者以其他工程监理单位的名义承担工程监理业务。禁止工程监理单位允许其他单位或者个人以本单位的名义承担工程监理业务。

(3) 工程监理的实施需要业主委托和授权

工程监理的实施需要业主委托和授权，监理工程师的权力是由作为建设项目管理主体的业主通过授权而转移过来的，这是由工程监理特点决定的，也是监理制的规定。通过业主委托和授权方式来实施工程监理是工程监理与政府对工程建设所进行的行政性监督管理的重要区别。

(4) 工程监理是有明确依据的工程建设行为

工程监理实施的依据包括：国家和地方法律、法规；国家和行业、地方有关标准、规范、规程；监理合同；施工合同；工程前期有关文件；工程设计文件和图纸；工程实施过程中有关的函件等。

(5) 工程监理是微观性质的监督管理活动

工程监理与政府进行的行政性监督管理活动有着明显的区别。工程监理活动是针对一个具体工程项目展开的。项目业主委托监理的目的就是期望监理单位能够协助他实现项目投资目标。它是紧紧围绕着工程项目建设的各项投资活动和生产活动所进行的监督管理，并注重具体工程项目的实际效益。当然，根据工程监理制的宗旨，在开展这些活动的过程中，应体现出对社会公众利益和国家利益的维护。

知识点二　施工监理的工作阶段与工作内容

1. 施工监理阶段划分

公路工程施工监理阶段划分为施工准备、施工、交工验收与缺陷责任期三个阶段。

监理合同签订之日至合同工程开工令确定的开工之日为施工准备阶段；合同工程开工之日至合同工程交工验收申请受理之日为施工阶段；合同工程交工验收申请受理之日至缺陷责任终止证书签发之日为交工验收与缺陷责任期阶段。

合同工程开工令确定的开工之日，标志着施工准备阶段的结束和施工阶段的开始。合同工程交工验收申请的受理，标志着施工阶段的结束和交工及缺陷责任期的开始。

施工阶段监理始于监理合同签订，止于缺陷责任终止证书签发。

2. 工程监理的主要工作任务

监理单位应依据有关规定，按照监理合同约定的职责与权限，对工程质量、安全、环保、费用、进度实施监督管理。

工程监理的主要工作任务包括：质量监理、施工安全监理、施工环境保护监理、费用监理、进度监理、合同其他事项管理、信息管理和组织协调，即"五监理、二管理、一协调"。

3. 各阶段施工监理的主要工作内容

（1）施工准备阶段监理

该阶段监理工作的主要内容为：参加设计交底；审批施工组织设计；检查所承包工程的质量、安全、环保等保证体系；审核承包人工地试验室；审批承包人提交的对原始基准点、基准线和基准调和的复测结果；验收地面线；审批工程划分；确认场地占用计划；核算工程师清单；签发开工预付款支付证书；召开监理交底会；召开第一次工地会议；签发合同工程开工令。

（2）施工阶段监理

该阶段监理工作的内容是集中力量做好工程质量监理、安全监理、环保监理、进度监理、费用监理，做好合同其他事项管理工作和信息管理工作，并及时地组织协调，确保工程顺利进行。

（3）交工验收与缺陷责任期阶段监理

该阶段监理工作的主要内容为：审查交工验收申请；评定工程质量与编制监理工作报告；交工验收，签认交工结账证书；检查承包人剩余工程的实施；巡视检查已完工程；指示承包人进行工程缺陷修复；督促承包人按合同规定完成竣工资料；签发缺陷责任终止证书；签发最后支付证书；参加工程竣工验收等。

知识点三　与工程监理相关的行为主体及各方的关系

1. 与工程监理有关的行为主体

（1）业主：有时也称建设单位、项目法人，它是指某项工程的投资者或资金筹集者，并在工程建设的前期、实施阶段对工程建设的费用、进度、质量等重大问题有决策权的国有单位、集体单位或个人。业主一般就是建设项目的产权所有人，在工程建设中拥有确定建设工程规模、标准、功能以及选择设计、施工、监理单位等重大问题的权力。

公路建设项目法人分为经营性公路建设项目法人和公益性公路建设项目法人。

（2）承包人：又称承包单位或承包商，在招标阶段则称"投标单位"，中标后称为"中标单位"。它是指通过投标或其他方式取得某项工程的施工权、材料、设备的制造、供应权，并和建设单位签订合同承担工程费用、进度、质量责任的单位或个人。

（3）监理单位：具有法人资格并取得交通主管部门颁发的公路工程施工监理企业资质证书，依法从事工程监理业务的经济组织。

2. 工程建设各行为主体间的关系

（1）业主与监理：委托与被委托关系，监理委托合同的签订，决定了业主与监理单位之间是一种平等的关系,是一种授权与被授权的关系,更是相互依存、相互促进、共兴共荣的紧密关系。业主不得随意干涉监理工作,否则为侵权违约。监理必须保持公正,不得和承包人有经济联系,更不能串通承包人侵犯业主的利益;否则,业主将利用法律手段,追究监理单位的经济和法律责任。

(2)业主和承包人:通过合同确定的经济法律关系,业主将工程发包给承包人,承包人按合同的约定完成工程,得到利润,违约者要赔偿对方损失。

(3)监理和承包人:监理与被监理关系,在业主与承包人签订的合同中予以明确。在监理过程中,监理代表业主利益工作,但也要维护承包人的合法权益,正确而公正地处理好工程变更、索赔和款项支付,若监理的行为是不公正的,承包人可以向有关部门申诉。

从合同执行角度理解,业主、监理单位、承包人只是合同职责分工关系,而不是谁领导谁的关系,它只是根据合同文件:

①约束承包人按照合同文件的规定认真实施完成、工程及其缺陷修复并履行和行使其义务和权利;

②约束业主按照合同文件的规定按时间向承包人支付价款并履行和行使其义务和权利;

③监理工程师应站在公正的立场,以独立的、第三方的身份,按照合同赋予和业主授予的职责权限进行合同管理。

这种由"三方"构成的工程建设管理体制是目前工程项目建设的国际惯例,是绝大多数国家公认的工程项目建设的重要原则,被誉为"合理使用资金和满足物质文明需要的关键"。

需要特别强调指出的是,作为行使政府监督职能的各级质量监督部门(例如,交通运输部基本建设质量监督总站,各省、市自治区质量监督站等)在整个建设活动中将对上述三者实施强有力的监督。四方之间的建设关系如图1-2所示。

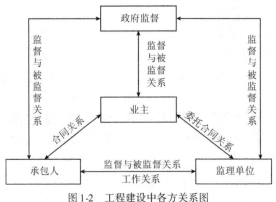

图1-2 工程建设中各方关系图

第二单元 监理企业与监理工程师

《公路建设市场管理办法》第二十八条规定,监理单位应当按照合同约定配备人员和设备,建立相应的现场监理机构,健全监理管理制度,保持监理人员稳定,确保对工程的有效监理。

模块一　监理企业的管理

知识点一　监理企业的资质等级与从业范围

《公路建设市场管理办法》规定,监理单位实施市场准入管理,其中第十三条规定:公路工程勘察、设计、施工、监理、试验检测等从业单位应当按照法律、法规的规定,取得有关管理部门颁发的相应资质后,方可进入公路建设市场。

《建设工程质量管理条例》第三十四条规定,工程监理单位应当依法取得相应等级的资质证书,并在其资质等级许可的范围内承担工程监理业务。

禁止工程监理单位超越本单位资质等级许可的范围或者以其他工程监理单位的名义承担工程监理业务。禁止工程监理单位允许其他单位或者个人以本单位的名义承担工程监理业务。

1. 监理企业资质的含义

监理企业资质是指监理企业的人员组成、专业配置、测试仪器的配备、财务状况、管理水平等方面的综合能力。

2. 监理企业资质等级划分

公路工程专业监理资质分为甲级、乙级、丙级三个等级和特殊独立大桥专项、特殊独立隧道专项、公路机电工程专项。

3. 监理单位的从业范围

公路工程监理企业应当按照其获得的资质等级和业务范围开展监理业务。

(1)获得公路工程专业甲级监理资质,可在全国范围内从事一、二、三类公路工程、桥梁工程、隧道工程项目的监理业务。

(2)获得公路工程专业乙级监理资质,可在全国范围内从事二、三类公路工程、桥梁工程、隧道工程项目的监理业务。

(3)获得公路工程专业丙级监理资质,可在企业所在地的省级行政区域内从事三类公路工程、桥梁工程、隧道工程项目的监理业务。

(4)获得公路工程专业特殊独立大桥专项监理资质,可在全国范围内从事特殊独立大桥项目的监理业务。

(5)获得公路工程专业特殊独立隧道专项监理资质,可在全国范围内从事特殊独立隧道项目的监理业务。

(6)获得公路工程专业公路机电工程专项监理资质,可在全国范围内从事各等级公路、桥梁、隧道工程通信、监控、收费等机电工程项目的监理业务。

公路工程监理业务的分级标准见表2-1、表2-2。

公路工程分级标准　　　　　　　　　　　　　　　表2-1

分级	一类	二类	三类
1. 公路工程	高速公路	高速公路路基工程及一级公路	一级公路路基工程及二级以下各级公路
2. 桥梁工程	特大桥	大桥、中桥	小桥、涵洞
3. 隧道工程	特长隧道、长隧道	中隧道	短隧道

公路工程专项分级标准　　　　　　　　　　　　　表2-2

1. 特殊独立大桥		主跨250m以上钢筋混凝土拱桥、单跨250m以上预应力混凝土连续结构、400m以上斜拉桥、800m以上悬索桥等结构复杂的独立特大桥项目
2. 特殊独立隧道		大于3 000m的独立特长隧道项目
3. 公路机电工程		通信、监控、收费等机电工程

注:1. 本标准使用术语含义与《公路工程技术标准》(JTG B01—2003)规定一致。

　　2. 一、二、三类分级标准中含配套的交通安全设施、环保工程和沿线附属设施,不含各专项内容。

知识点二　监理企业资质申请与管理

1. 监理企业资质申请

符合监理企业资质条件的申请单位,申请公路工程监理企业资质的许可应向许可机关提出资质申请,并提交资质申请材料。

申请人申请公路工程监理企业资质应当向许可机关提交下列申请材料:

(1)《公路水运工程监理企业资质申请表》;

(2)《企业法人营业执照》(复印件);

(3)企业章程和制度;

(4)监理工程师和中级职称以上人员名单;

(5)企业、人员从业业绩清单;

(6)主要试验检测仪器设备和装备证明。

申请人应当按照规定,将人员业绩仪器设备等情况录入全国或省级交通运输公路建设市场信用信息管理系统。

2. 监理企业资质的行政许可

交通运输部负责公路、工程专业甲级、乙级监理企业资质和公路工程专业特殊独立大桥专项、特殊独立隧道专项、公路机电工程专项、监理企业资质的行政许可工作。

省、自治区、直辖市人民政府交通主管部门负责公路工程专业丙级监理企业资质的行政许可工作。

属于交通运输部受理的申请,申请人在向交通运输部递交申请材料的同时,应当向企业注册地的省、自治区、直辖市人民政府交通主管部门递交申请材料副本。

有关省、自治区、直辖市人民政府交通主管部门自收到申请人的申请材料副本之日起十日内提出审查意见报交通运输部。

交通运输部自收到申请人完整齐备的申请材料之日起二十日内作出行政许可决定。准予许可的,颁发相应的《监理企业资质证书》;不予许可的,应当书面通知申请人并说明理由。

属于省、自治区、直辖市人民政府交通主管部门受理的申请,申请人应当向企业注册地的省、自治区、直辖市人民政府交通主管部门递交规定的申请材料。省、自治区、直辖市人民政府交通主管部门自收到完整齐备的申请材料之日起二十日内作出行政许可决定。准予许可的,颁发相应的《监理企业资质证书》;不予许可的,应当书面通知申请人并说明理由。

许可机关在作出行政许可决定的过程中,可以聘请专家对申请材料进行评审,并且将评审结果向社会公示。

 特别提示

《监理企业资质证书》有效期限为四年。

3. 监理企业资质的管理

(1)监督管理部门

交通运输部负责全国公路工程监理企业资质管理工作。

省、自治区、直辖市人民政府交通主管部门负责本行政区域内公路工程监理企业资质管理工作,其所属的质量监督机构受省、自治区、直辖市人民政府交通主管部门委托具体负责本行政区域内公路工程监理企业资质的监督管理工作。

(2)年检

 特别提示

监理企业资质实行定期检验制度,每两年检验一次。

定期检验的内容是检查监理企业现状与资质等级条件的符合程度以及监理企业在检验期内的业绩情况。

对定期检验合格的监理企业,由质量监督机构在其《监理企业资质证书》上签署意见并盖章。

对定期检验不合格的监理企业,质量监督机构应当责令其在六个月内进行整改。整改期满仍不能达到规定条件的,由质量监督机构提请原许可机关对其予以降低资质等级或者撤销对其的资质许可。

监理企业未按规定的期限申请资质定期检验的,其资质证书失效。

(3)资质证书的补办

监理企业遗失《监理企业资质证书》,应当在公开媒体和质量监督机构指定的网站上声明作废,并到原许可机关办理补证手续。

监理企业的名称、地址、法定代表人、企业负责人和技术负责人等发生变更,应当在变更后十日内到原许可机关申请签注变更。

监理企业发生合并分立、重组、改制等重大事项变更,应当在变更事项发生十日内向原许可机关申请变更、由原许可机关重新核定企业资质等级。

模块二 监理工程师的有关规定

2020年2月28日住房和城乡建设部 交通运输部 水利部 人力资源社会保障部联合发布《监理工程师职业资格制度规定》《监理工程师职业资格考试实施办法》(建人规〔2020〕3号),明确了对监理工程师的考试、注册、执业等的基本要求。

知识点一 监理工程师的资格

1. 监理工程师的定义

(1)定义 监理工程师是指通过职业资格考试取得中华人民共和国监理工程师职业资格证书,并经注册后从事建设工程监理及相关业务活动的专业技术人员。

国家设置监理工程师准入类职业资格,纳入国家职业资格目录。

凡从事工程监理活动的单位,应当配备监理工程师。

监理工程师英文译为 Supervising Engineer。

(2)相关术语

监理机构中监理人员应由总监、监理工程师、试验检测人员和必要的监理员等组成。

总监理工程师:由监理单位法定代表人任命并书面授权,全面负责履行监理合同、注册项目监理机构工作的注册监理工程师。

监理工程师:经总监理工程师书面委托并授权,代表总监理工程师行使部分职权,负责项目部分施工监理工作的注册监理工程师。

监理员:经监理业务培训合格,取得监理业务培训证书,但尚未取得监理工程师资格证书而从事监理工作的人员统称为监理员。

特别提示

施工监理实行总监理工程师负责制。总监理工程师享有合同赋予监理单位的全部权利,全面负责受委托的监理工作。总监理工程师在授权范围内发布有关指令,签认所监理的工程项目有关款项的支付凭证。没有总监理工程师签字,建设单位不向施工单位拨付工程款,没有总监理工程师签字,建设单位也不组织进行竣工验收。总监理工程师有权建议撤销不合格的工程建设分包单位和项目负责人及有关人员。

(3)监理工程师资质实行分级管理。

住房和城乡建设部、交通运输部、水利部、人力资源社会保障部共同制定监理工程师职业资格制度,并按照职责分工分别负责监理工程师职业资格制度的实施与监管。

各省、自治区、直辖市住房和城乡建设、交通运输、水利、人力资源社会保障行政主管部门,按照职责分工负责本行政区域内监理工程师职业资格制度的实施与监管。

3. 监理工程师职业资格考试申请条件

凡遵守中华人民共和国宪法、法律、法规,具有良好的业务素质和道德品行,具备下列条件之一者,可以申请参加监理工程师职业资格考试:

(1)具有各工程大类专业大学专科学历(或高等职业教育),从事工程施工、监理、设计等业务工作满6年;

(2)具有工学、管理科学与工程类专业大学本科学历或学位,从事工程施工、监理、设计等业务工作满4年;

(3)具有工学、管理科学与工程一级学科硕士学位或专业学位,从事工程施工、监理、设计等业务工作满2年;

(4)具有工学、管理科学与工程一级学科博士学位。

经批准同意开展试点的地区,申请参加监理工程师职业资格考试的,应当具有大学本科及以上学历或学位。

4. 全国监理工程师职业资格考试科目及时间

(1)监理工程师职业资格考试全国统一大纲、统一命题、统一组织。

(2)监理工程师职业资格考试设置基础科目和专业科目。监理工程师职业资格考试设《建设工程监理基本理论和相关法规》《建设工程合同管理》《建设工程目标控制》《建设工程监理案例分析》4个科目。其中《建设工程监理基本理论和相关法规》《建设工程合同管理》为基础科目,《建设工程目标控制》《建设工程监理案例分析》为专业科目。

(3)2020年5月26日住房和城乡建设部建筑市场监管司公布了全国监理工程师职业资格考试基础科目和土木建筑工程专业科目大纲(建司局函市〔2020〕113号)。

监理工程师职业资格考试专业科目分为土木建筑工程、交通运输工程、水利工程3个专业类别,考生在报名时可根据实际工作需要选择。其中,土木建筑工程专业由住房和城乡建设部负责;交通运输工程专业由交通运输部负责;水利工程专业由水利部负责。

(4)监理工程师职业资格考试分4个半天进行。监理工程师职业资格考试原则上每年一次。

(5)监理工程师职业资格考试成绩实行4年为一个周期的滚动管理办法,在连续的4个考试年度内通过全部考试科目,方可取得监理工程师职业资格证书。

(6)已取得监理工程师一种专业职业资格证书的人员,报名参加其他专业科目考试的,可免考基础科目。考试合格后,核发人力资源社会保障部门统一印制的相应专业考试合格证明。该证明作为注册时增加执业专业类别的依据。免考基础科目和增加专业类别的人员,专业科目成绩按照2年为一个周期滚动管理。

知识点二　监理工程师岗位登记

1. 职业资格岗位登记制度

为加强对公路工程监理从业人员职业行为的管理,《公路水运工程监理工程师登记管理办法》(交质监发〔2011〕572号)规定交通行业实行监理工程师岗位登记制度。

监理工程师岗位登记制度,是政府交通主管部门对及监理人员实行市场准入控制的有效手段。岗位登记是加强交通建设监理市场监管,对监理工程师执业行为实施动态管理的重要形式,也是监理市场诚信体系的基础。

监理人员经岗位登记,即表明获得了政府交通主管部门对其以监理工程师名义从业的行政许可,从而就有相应的监理工作岗位的责任和权力。

(1)在监理企业中从事监理工作的公路工程监理工程师,均应进行岗位登记,接受监督管理。

(2)监理工程师必须在一个监理企业进行了岗位登记,才能取得岗位资格,而且只能在一个监理企业登记,而不能同时在两个或两个以上企业登记。

(3)未通过岗位登记的监理工程师不得从事公路工程监理工作,但其资格证书继续有效。

(4)交通运输部工程质量监督局(以下简称部质监局)负责建立和完善登记管理制度及网络登记系统,监督、检查和指导省级交通运输主管部门质量监督机构(以下简称省级质监机构)的登记工作。

各省级质监机构负责本地区监理工程师登记的具体工作。其中,从业登记由监理企业注册地的省级质监机构负责,业绩登记由负责工程项目监督工作的质量监督机构(以下简称项目质监机构)负责。

(5)登记工作依托部质监局网络登记系统进行,遵循个人录入、企业复核、质监机构审核的原则。监理工程师对其录入和填写资料的真实性负责。

(6)监理工程师岗位登记,包括从业登记和业绩登记。

从业登记是指与监理企业建立合同关系的监理工程师,声明以监理工程师名义从事工程监理或相关业务活动的起始记录。

业绩登记是指监理工程师在工程项目中代表监理企业以监理工程师名义从事监理工作的记录。

工程项目总监、副总监、总监代表、驻地、副驻地和专业监理工程师应在项目中标监理企业进行从业登记(表2-3)和业绩登记(表2-4),从业结束后填写监理工程师业绩登记截止表(表2-5)。

监理工程师从业登记表　　　　　　　　　　表2-3

姓名		性别		身份证件号	
专业技术职称				交通运输部监理资格证书号	□JGJ□JGZ□JSJ□JSZ
					书号
通信地址及邮编				联系电话	
本人已同(单位名称)签订劳动合同,合同自　年 月 日至　年 月 日,现提出在该企业进行从业登记。 本人签字: 　　　　　　　　　　　　　　　　　年　月　日					
(姓名)已同我单位签订劳动合同,合同自　年 月 日至　年 月 日。我单位已为其缴纳(保险名称)保险,并同意其在我单位进行从业登记。 监理企业负责人签字:　　(盖章) 　　　　　　　　　　　　　　　　　年　月　日					
省级质监机构意见	(审核未通过的应说明原因) 省级质监机构负责人签字:　　(盖章) 　　　　　　　　　　　　　　年　月　日				

注:本表一式三份,监理工程师、监理企业、省级质监机构各执一份;在□内打√或×。

监理工程师业绩登记表　　　　　　　　　　　　　　　　　　　　表 2-4

姓名		性别		身份证件号	
是否从业登记在中标监理企业	□是 □否	交通运输部监理资格证书号		□JGJ □JGZ □JSJ □JSZ	
本人已在(监理企业名称)中标的　　项目　　监理合同段从事(监理岗位)监理工作,现提出进行业绩登记。监理工作起始时间为　　年　月　日。 　　　　　　　　　　　　　　　　　　　　　　　　　　本人签字: 　　　　　　　　　　　　　　　　　　　　　　　　　　　　年　月　日						
(姓名)已在我单位中标的　　项目　　监理合同段从事(监理岗位)监理工作,监理工作起始时间为　年　月　日,现按规定办理业绩登记手续。 　　　　　　　　　　　　　　　　　　　　　监理企业负责人签字:　　(盖章) 　　　　　　　　　　　　　　　　　　　　　　　　　　　年　月　日						
建设单位意见: 　　　　　　　　　　　　　　　　　　　　　建设单位负责人签字:　　(盖章) 　　　　　　　　　　　　　　　　　　　　　　　　　　　年　月　日						
项目质监机构意见	(审核未通过的应说明原因) 　　　　　　　　　　　项目质监机构负责人签字:　　(单位盖章) 　　　　　　　　　　　　　　　　　　年　月　日				

注:本表一式四份,监理工程师、监理企业、建设单位、项目质监机构各执一份;在□内打√或×。

监理工程师业绩登记截止表　　　　　　　　　　　　　　　　　　表 2-5

姓名		性别		身份证件号	
是否从业登记在中标监理企业	□是 □否	交通运输部监理资格证书号		□JGJ □JGZ □JSJ □JSZ	
(姓名)已于　年　月　日离开我单位中标的　　项目　　监理合同段。 离开原因: 工作评价: 　　　　　　　　　　　　　　　　　　　　　监理企业负责人签字:　　(盖章) 　　　　　　　　　　　　　　　　　　　　　　　　　　　年　月　日						
建设单位意见: 　　　　　　　　　　　　　　　　　　　　　建设单位负责人签字:　　(盖章) 　　　　　　　　　　　　　　　　　　　　　　　　　　　年　月　日						
项目质监机构意见	(审核未通过的应说明原因) 　　　　　　　　　　　项目质监机构负责人签字:　　(单位盖章) 　　　　　　　　　　　　　　　　　　年　月　日				

注:本表一式三份,监理企业、建设单位、项目质监机构各执一份;在□内打√或×。

2. 从业登记

(1) 从业登记基本条件

申请从业登记的监理工程师应正式受聘于一家监理企业,依法与企业签订劳动合同,企业为其正常缴纳基本养老保险、基本医疗保险和失业保险(离退休人员除外,属于企业内部人事调动或事业单位编制情形的,需提供相关证明)。

(2) 不予登记的情形

申请人通过虚假手段获得监理资格证书的,提供虚假登记资料的,违反规定同时受聘于两家以上企业的,信用评价周期内从业承诺履行状况很差(信用评价累计扣分大于等于24分)的,仍在刑事、行政处罚期内的,或在职的国家公职人员,省级质监机构不得予以登记。

(3) 从业登记的申报与受理

申请从业登记人员需提交:监理工程师从业登记表;身份证件复印件(原件备查);监理资格证书和职称证复印件(原件备查);劳动合同复印件(原件备查)和缴纳保险情况证明(离退休人员除外,属于企业内部人事调动或事业单位编制情形的,需提供相关证明)及其他需提交的资料。

省级质监机构收到监理工程师的从业登记表及相关材料后,应当在20个工作日内完成审核工作。

特别提示

自从业登记审核通过之日起,省级质监机构6个月内不受理同一监理工程师的从业登记注销申请。

(4) 从业登记的注销

监理工程师与监理企业依法终止劳动合同的,应当在合同终止之日起20个工作日内向监理企业提交从业登记注销表。监理企业应在收到注销表之日起20个工作日内完成确认工作并报省级质监机构办理注销手续。

监理工程师因其他原因离开监理企业的,自其离开之日起,企业应在20个工作日内向省级质监机构提交从业登记注销表。

省级质监机构收到从业登记注销表后,应在20个工作日内完成审核注销。

监理工程师已离开监理企业,未在规定的时限内申请从业登记注销的,监理企业应当及时向省级质监机构申请办理其从业登记注销。

监理工程师已离开监理企业,并向监理企业提出从业登记注销,监理企业逾期未予以从业登记注销确认的,监理工程师可持相关证明材料直接向省级质监机构申请办理从业登记注销。

特别提示

监理工程师在原从业登记的监理企业注销登记后,方可变更登记至其他企业。

3. 业绩登记

业绩登记是监理工程师担任建设项目监理岗位职务的记录,监理企业应及时申报监理工程师业绩登记。

(1)业绩登记:在工程项目上从事监理工作的监理工程师应在进场后20个工作日内,向项目质监机构提交业绩登记表。项目质监机构收到监理工程师业绩登记表后,应在20个工作日内完成审核。

(2)业绩登记截止:监理工程师结束工程项目现场监理工作的,自其离开项目现场监理机构之日起20个工作日内,由监理企业向项目质监机构提交业绩登记截止表。质监机构收到业绩登记截止表后,应在20个工作日内完成审核;监理企业逾期未办理的,由项目质监机构责成其限期改正。

> **特别提示**
>
> 监理工程师在一个工程项目的业绩登记截止审核确认后,方可在下一工程项目上进行业绩登记。未进行业绩登记或业绩登记尚未截止的项目,不作为监理工程师个人的完整业绩。

知识点三 监理工程师的素质要求和职业道德准则

1. 监理工程师的素质要求

施工监理是高层次的咨询工作,也是一项技术性、政策性、经济性、社会性很强的综合监管工作,要求从事监理工作的监理工程师应具备以下素质:

(1)具有较高的理论水平;
(2)具有较高的专业技术水平;
(3)具有合理的知识结构;
(4)要有丰富的工程建设实践经验;
(5)具有高尚的职业道德和良好的敬业精神;
(6)具有较强的组织、协调能力和良好的协作精神;
(7)具有较高的外语水平和涉外工作经验;
(8)具有健康的体魄和充沛的精力。

2. 监理工程师的知识结构

国际上监理工程师通常由经济工程师担任,经济工程师既懂技术,又懂管理,融技术知识、经济知识于一体。很多国家经济工程师是通过双学位培养的,学技术后再学两年经济与管理课程。

监理工程师的知识结构主要包括四个方面,即经济、技术、管理、法律。

(1)经济主要是指技术经济知识。监理工程师应能进行技术方案的经济比较,应掌握可行性研究的方法、概预算的编制与审核等。

（2）技术主要是指路基、路面、桥梁结构、隧道、机电、试验检测等专业工程技术。

（3）管理主要是指项目管理。项目管理是一门学科，监理工程师要掌握现代化管理的方法和手段，如网络计划技术、费用、进度、质量的控制方法，计算机辅助管理技术等。

（4）法律主要是指与工程监理有关的法律、法规和各项规章等，如公路法、合同法、招标投标法、建设工程质量管理条例、建设工程安全生产管理条例、公路工程施工监理规范、公路工程施工监理招标投标管理办法等。

（5）与监理工程师知识结构相关的学科主要有：与工程项目决策咨询服务有关的学科，主要是投资学和技术经济学；与工程项目实施监理服务有关的学科，主要是组织论和工程监理学。

作为一个监理工程师，仅有理论知识还不够，还必须要有实践经验，或者有多年的设计经验，或者有丰富的施工经验，或者有做过经济工作、管理工作的经历，有较强的工作能力。

3. 监理工程师的职业道德准则

各行各业都有自己的道德规范，这些规范是由职业特点决定的。为了确保公路工程监理事业的健康发展，监理工程师应遵守以下的职业道德准则：

（1）热爱本职工作，忠于职守，认真负责，具有对工程建设的高度责任感。

（2）坚持严格按照合同实施对工程项目的监理，既要保护业主的利益，又要公平合理地对待承包人。

（3）监理工程师本身要模范地遵守国家以及地方的各种法律、法规和规定，同时也要求承包人模范地遵守，并据以保护业主的正当权益。

（4）监理工程师不得接受业主所支付的监理酬金以外的报酬以及任何形式的回扣、提成、津贴或其他间接报酬，同时，也不得接受承包人的任何好处，以保持监理工程师的廉洁性。

（5）监理工程师要为业主严格保密。监理工程师了解和掌握的有关业主的情报资料，必须严格保密，不得泄露。

（6）当监理工程师认为自己正确的判断或决定被业主否决时，监理工程师应阐明自己的观点，并且要以书面形式通知业主，说明可能给业主一方带来的不良后果。如认为业主的判断或决定不可行时，应书面向业主提出劝告。

（7）监理工程师当发现自己处理问题有错误时，应及时向业主承认错误，并同时提出改进意见。

（8）监理工程师对本监理机构的介绍应实事求是，不得向业主隐瞒本机构的人员现实情况、过去的业绩以及可能影响监理服务质量的因素。

（9）监理单位和监理工程师个人，不得经营或参与经营承包施工，也不得参与采购、营销设备和材料，也不得在政府部门、承包人和设备、材料供应单位任职或兼职。

（10）监理工程师不得以谎言欺骗业主和承包人，不得伤害、诽谤他人名誉借以提高自己的地位和信誉。

（11）监理工程师不得以个人名义接受委托，开展工程监理任务，只能由监理单位承担。

（12）为自己所监理的工程项目聘请外单位监理人员时，须征得业主的认可。

（13）接受职业继续教育，努力学习专业技术和监理知识，不断提高业务能力和监理水平。

模块三 监理组织机构

知识点一 现场工程监理机构与监理组织模式

1. 监理机构设置

监理单位与业主签订监理合同后，在实施工程监理之前，应在施工现场组建项目监理机构。监理机构的组织形式和规模，应根据监理合同规定的监理服务内容、服务期限、工程项目组成、工程规模、技术复杂程度、现场条件等因素确定。监理机构是指由监理单位派出，并代表监理单位履行监理合同的现场监理组织。

根据具体情况可设置一级监理机构或二级监理机构。

（1）一级监理机构：即只设置总监理工程师办公室（简称"总监办"）。

（2）二级监理机构：即同时设置总监理工程师办公室和驻地监理工程师办公室（简称"驻地办"）。

公路工程项目均应设置总监办，100km以上高速公路和一级公路可设置驻地办。

当不设驻地办时，总监办应同时履行驻地办职责。

凡是应该招标的监理项目，总监办应由中标的监理单位组建；可以不招标的项目，总监办可由建设单位委托的监理单位组建。建设单位不得使用总监办的名义，侵占监理单位的权利和费用。监理项目无论大小，均应设置总监办统一组织管理监理工作。

2. 组建监理机构的步骤

监理单位在组建项目监理机构时，一般按"确定工程监理目标—确定工作内容—组织结构设计—制定工作流程"的步骤进行。

（1）确定工程监理目标

工程监理目标是项目监理机构设立的前提，应根据工程监理合同中对监理工作服务内容、服务期限、职责权限等的规定确定监理总目标，再明确划分为具体的分目标，形成项目管理目标体系。

（2）确定工作内容

根据监理目标和监理合同中规定的监理任务，明确列出监理工作内容，并进行分类、归并及组合，这是一项重要的组织工作。

（3）组织结构设计

①确定组织结构模式

根据工程项目规模、性质、建设阶段等不同,可以选择不同的监理组织结构模式以适应监理工作的需要。结构模式的选择应考虑有利于项目合同管理,有利于目标控制,有利于决策指挥,有利于信息沟通。

②合理确定管理层次与管理跨度

监理组织结构中一般应有三个层次:决策层、中间控制层和作业层。

决策层:由总监理工程师或其助手组成,应能根据工程项目的监理活动特点与内容进行科学化、程序化决策。

中间控制层(协调层和执行层):是承上启下的管理层次,由驻地监理工程师和专业监理工程师组成,具体负责监理规划的落实、目标控制及合同实施管理。

作业层(操作层):由监理员等组成,具体负责监理工作的操作。

项目监理机构中管理跨度的确定,应考虑监理人员的素质、管理活动的复杂性和相似性、监理业务的标准化程度、各项规章制度的建立健全情况、建设工程的集中或分散情况等,按监理工作实际需要确定。

③监理机构部门划分

项目监理机构中合理划分各职能部门,应依据监理机构目标、监理机构可利用的人力和物力资源以及合同结构情况,将费用监理、进度监理、质量监理、安全与环保监理、合同其他事项管理、组织协调等监理工作内容按不同的职能活动形成相应的管理部门。

④制订岗位职责与考核要求

岗位职务及职责的确定,要有明确的目的性,不可因人设岗。根据责权一致的原则,应进行适当的授权,并明确相应的职责。监理人员岗位职责主要规定各类人员的工作职责和考核要求。在工作职责中又分为应完成的工作指标和基本责任。

在考核要求中又可分为考核标准和完成时间,对监理人员的工作进行定期考核,包括考核内容、考核标准及考核时间、奖惩办法等。

⑤配备监理人员

根据监理合同和监理工作的任务,按照合同约定配备各层次相应岗位的监理人员。配备监理人员除应考虑监理人员个人素质外,还应考虑总体的合理性与协调性。

（4）制订工作流程

监理工作流程是根据监理工作制度对监理工作程序所做的规定,它是监理工作科学、有序、高效和规范化进行的基本保证。

3. 常用的工程项目监理组织模式

监理组织模式应根据工程项目的特点、工程项目承发包模式、业主委托的任务以及监理单位自身情况而确定。在工程监理实践中形成的监理组织模式一般分为:直线式模式、职能式模式、直线—职能式模式和矩阵式模式4种。

(1) 直线式监理组织模式

直线式亦称军队式组织，是组织发展初期的一种最早、最简单的结构模式。这种组织结构的基本特点是：组织内不设职能部门，权力自上而下按垂直系统直线排列，一级服从一级，下一级只对顶头上司负责，组织结构呈金字塔形，各级部门主管人员对所属部门的问题负责，项目监理机构中不再另设职能部门，如图2-1所示。

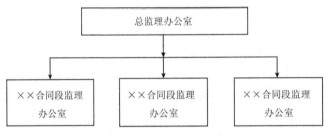

图 2-1　直线式监理组织结构图

这种模式具有结构简单、职责分明、权力集中、命令统一、决策迅速、指挥灵便、隶属关系明确等优点，但也存在结构呆板、专业分工差、横向联系困难、对高层管理者要求太高等缺点。

这种组织结构不适应生产技术较为复杂、生产专业化的需要，也不能满足日益复杂的管理要求。

(2) 职能式监理组织模式

职能式亦称参谋式组织，这是一种注重发挥专业职能机构作用的组织形式。这种组织结构是将职能授予不同专业部门，各专业职能部门对下级也拥有指挥权，他们有权对下级部门或个人直接命令和指导，如图2-2所示。

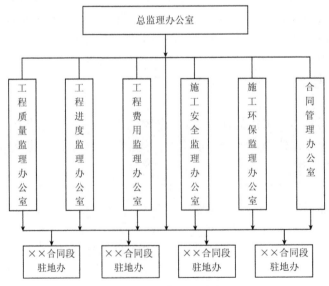

图 2-2　职能式监理组织图

这种组织形式适用于工作内容复杂,技术专业化强,管理分工较细的企业组织,其优点是能体现专业化分工特点,人才资源分配方便,有利于发挥人员的专业特长,处理专门性问题水平高。

它的缺点是在实际管理中易造成政出多门,责任不清,指令互相矛盾,协调困难。

公路工程监理组织采用职能型监理组织模式可以充分发挥监理机构内各专业职能部门的作用。但在设置时,必须注意各专业职能部门的职责与权限划分,以避免各职能部门间职责不清,协调困难。

(3)直线—职能式监理组织模式

直线—职能式又称直线参谋式,是吸收了直线式组织模式和职能式组织模式的优点而构成的一种组织模式。这种形式的特点是设有两套系统,一套是按命令统一原则设置的组织指挥系统,他们可以对下级发号施令;一套是按专业化原则设置的组织职能系统,他们是直线指挥人员的参谋,只能对下一级机构进行业务指导,不能对下级发号施令,其组织结构如图2-3所示。

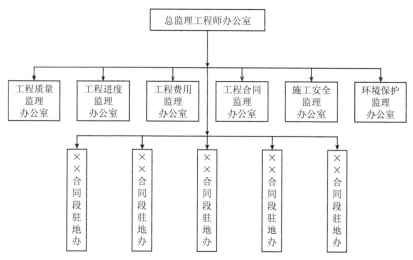

图 2-3 直线—职能式监理组织机构图

这种形式综合了直线式和职能式的优点;集中领导、统一指挥,便于人、财、物力的调配;分工合理、任务明确、办事效率高;组织秩序井然,稳定性较高,能较好地发挥组织的整体效率。

这种组织结构的缺点是:信息系统差,各部门之间、职能人员与指挥人员之间目标不易统一,易产生矛盾。因此,组织机构应注意职能部门和指挥部门之间的协调,使组织迅速适应新的情况,步调一致。此种模式在社会上被广泛采用。

公路工程监理组织采用此种组织模式,既可以发挥监理机构内各专业职能部门的作用,又可以发挥上级机构的领导、协调作用。我国世界银行贷款公路项目的监理组织普遍采用此种组织模式。

(4)矩阵式监理组织模式

矩阵结构是现代大型项目管理中应用最为广泛的新型组织形式。这种组织形式将专职能和项目职能有机结合起来,发挥专业职能部门横向优势和项目组织的纵向优势,形成了一种横向职能机构和纵向项目机构相交叉的"矩阵"式组织形式,如图2-4、图2-5所示。

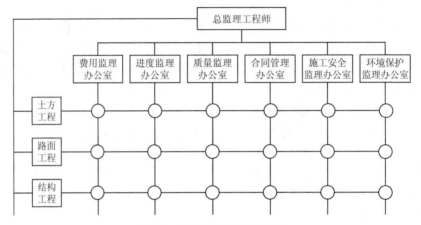

图2-4　矩阵式监理组织图示(1)

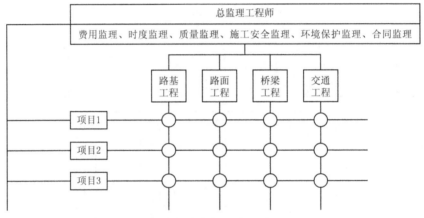

图2-5　矩阵式监理组织图示(2)

矩阵式组织结构模式的最大优点是:它是一种弹性组织结构,总监理工程师对横向职能系统和纵向项目系统有较灵活的指挥权,它能充分适应项目资源在时间、空间上投入的不均衡性这一特点。

根据横向和纵向系统的不同情况和要求,随时灵活地按时、按量、按比例投入或调出必要的人力、材料、设备、资金等资源;加强了各职能部门的横向联系,具有较大的机动性和适应性;把上下左右集权与分权实行最优的结合,有利于解决复杂难题;每个管理人员同时受纵、横两方面管理部门的领导,容易沟通信息,强化协调,提高效率。其缺点是:权力纵横交叉,命令源不唯一,纵横向协调工作量大,处理不当会造成扯皮现象,部门关系较为复杂。

当纵横双方意见分歧时,纵向领导往往难以开展工作,当事者更会觉得无所适从;管理人员受双重领导,职责不清。因此,矩阵组织模式需要在水平和垂直方向有良好的沟通与协调配合,且对整个企业组织和项目组织的管理水平、工作效率和组织渠道的畅通都提出了较高的要求。此种组织适用于现代化大型复杂项目或多个同时进行的项目。

随着公路工程建设事业的发展,工程监理单位不断涌现、壮大。当监理单位承担一个大型项目或同时承担多个项目,对专业技术和管理人才需求量很大而单位人才资源又有一定限度,且复杂项目又要求多部门、多专业配合实施,对人才资源利用率要求很高时,最适合采用矩阵型组织模式,这种模式能充分适应工程项目监理人才要素在时间、方位、工序上投入的不均衡性这一特点,优化人力资源,进行动态控制,以保证或协调工程项目在不同阶段的监理要求。

4. 监理组织机构工程应用示例(图 2-6 ~ 图 2-8)

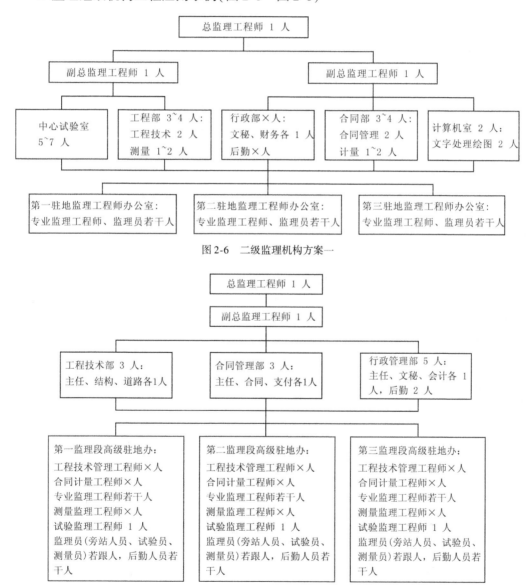

图 2-6　二级监理机构方案一

图 2-7　二级式监理机构方案二

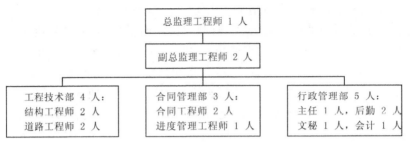

图 2-8　总监办公室组织结构图

知识点二　现场监理机构的人员配备

项目监理机构中配备监理人员的数量和结构,应根据监理内容、合同工期、工程规模、工程技术复杂程度、工程环境等因素综合考虑,并应符合监理合同中对监理工作的要求,能体现项目监理机构的整体素质,保证对工程实施有效监理满足监理目标控制的要求。

1. 监理人员的结构

项目监理机构应具有合理的人员结构,包括以下两方面的内容:

(1)合理的专业结构。项目监理机构应由与监理工程的性质及业主对工程监理的要求相适应的各专业人员组成,也就是各专业人员要配套。

(2)合理的技术职称结构。为了提高监理效率和经济性,项目监理机构应根据工程项目的特点和监理工作的需要,选择具有相应技术职称的各类监理人员。

合理的技术职称结构应是高级职称、中级职称和初级职称与监理工作要求相称的比例。

2. 监理人员的构成

我国工程项目监理机构实行总监理工程师负责制,监理机构应配备的监理人员通常包括总监理工程师、驻地监理工程师、专业监理工程师(以上统称为监理工程师),测量、试验人员和现场旁站人员等相关专业技术人员(以上统称为监理员)。

3. 监理人员的资格

总监理工程师应具有相应专业的高级技术职称、取得交通运输部监理工程师资格证书、具有 5 年以上的现场工程监理经历、担任过两项以上同类工程的总监或驻地职务。

驻地监理工程师应具有相应专业的中级或高级技术职称、取得交通运输部监理工程师资格证书、具有同类工程 3 年以上监理经历。

专业监理工程师应具有相应专业的中级或高级技术职称、取得交通运输部专业监理工程师资格证书、具有同类工程 3 年以上监理经历。

监理员一般应具有相应专业的初级以上技术职称、经交通主管部门批准的监理业务培训并取得监理培训结业证书、具有 1 年以上的工程及相关专业实际工作经历。

4. 监理人员的数量

监理机构中监理人员的数量和结构,应根据监理内容、工程规模、合同工期、工程条件和施工阶段等因素,按保证对工程实施有效监理的原则确定。

(1)高速公路、一级公路工程一般每年每 7 500 万元建安费宜配备交通运输部核准资格的监理工程师 1 名。并可根据工程特点和实际需要,上述配置可在 0.8~1.2 的系数范围内调整。其他监理人员的数量可根据具体情况适当配置。

如遇重大工程变更等情况,应经建设单位同意后,调整监理人员设备,并签订补充协议。

监理单位变更总监或监理工程师时,应经建设单位书面同意。

知识点三 各类监理人员的基本职责

工程项目监理机构中的各级监理人员的职责与该监理机构所承担的监理任务密切相关。在公路工程施工监理中,监理机构内各级监理人员的职责大致如下。

1. 总监理工程师的职责

工程监理实行总监理工程师负责制。总监理工程师应负责全面履行监理合同中所约定的监理单位的职责。其主要职责应包括以下各项:

(1)主持编制监理计划,制订监理机构规章制度,审批监理细则,签发总监办的文件。

(2)确定监理机构各部门职责分工及各级监理人员职责权限,协调监理机构内部工作。

(3)指导监理工程师开展工作;负责本监理机构中监理人员的工作考核,调换不称职的监理人员;根据工程建设进展情况,调整监理人员。

(4)主持审核承包人提出的分包项目和分包人,报业主批准。

(5)负责组建监理中心试验室。

(6)审批承包人提交的施工组织设计、总体施工进度计划及资金流计划、重要工程材料及配合比。

(7)主持召开监理交底会、第一次工地会议,主持或授权驻地监理工程师主持工地例会和专题工地会议。

(8)签发合同工程开工令、单位工程开工通知单、单位工程或合同工程的暂停令和复工令等重要监理文件。

(9)组织审核承包人提交的工程支付申请,签发各类支付证书。

(10)审核工程变更和延期及索赔等事宜,签发变更和延期及索赔的有关文件。

(11)主持施工合同实施中的协调工作,调解合同争议,必要时对施工合同条款作出解释。

(12) 要求承包人撤换不称职或不宜在本工程工作的现场施工人员或技术、管理人员。

(13) 审核承包人质量、安全、环保等保证体系文件并监督其实施；审批工程质量缺陷的处理方案；参与或协助业主组织处理工程质量及安全事故。

(14) 组织交工验收前的初验，审查合同工程交工验收申请，参与合同工程交工验收和工程竣工验收。

(15) 签认合同工程交工结账证书，签发工程缺陷责任终止书。

(16) 组织编写并签发监理月报、监理专题报告、监理工作报告。

(17) 主持整理工程项目监理资料，编制监理竣工文件。

2. 驻地监理工程师的职责

驻地监理工程师应按照总监理工程师所授予的职责权限开展监理工作，是执行监理工作的直接责任人，并对总监理工程师负责。其主要职责包括以下各项：

(1) 参与编制监理计划，主持编制监理细则。

(2) 受总监理工程师委托主持工地例会和专题工地会议。

(3) 负责组建监理驻地试验室。

(4) 预审承包人提出的分包项目和分包人。

(5) 预审承包人提交的施工组织设计、施工进度计划和资金流动计划。

(6) 预审或经授权签发施工图纸。

(7) 核查进场材料、构配件、工程设备的原始凭证、检测报告等质量证明文件及其质量情况。

(8) 审批一般工程原材料和混合料配合比、承包人的机械设备、施工方案。

(9) 审批分部和分项工程开工申请报告，签发分项和分部工程暂停令和复工令。

(10) 协助总监理工程师协调参建各方之间的工作关系，按照职责权限处理施工现场发生的有关问题，签发一般监理文件。

(11) 审批承包人测量基准点的复测、原地面线测量及施工放样成果。

(12) 检验工程的施工质量，并予以确认或否认。

(13) 审核工程计量的数据和原始凭证，确认工程计量结果。

(14) 预审各类支付证书。

(15) 提出变更、延期、索赔及质量和安全事故处理等方面的初步意见。

(16) 组织分部、分项工程中间验收和质量评定，签发中间交工证书。

(17) 按照职责权限参与工程的质量评定工作和验收工作。

(18) 收集、汇总、整理监理资料，编写合同段监理工作报告。

(19) 施工中发生重大问题和遇到紧急情况，及时向总监理工程师报告、请示。

(20) 指导、检查专业监理工程师和监理员的工作，必要时可向总监理工程师建议调换监理员。

3. 专业监理工程师的职责

专业监理工程师应按总监理工程师或驻地监理工程师所授的职责权限开展监理工

作,其主要职责包括以下各项:

(1)负责编制本专业的监理细则。

(2)负责本专业监理工作的具体实施。

(3)组织、指导、检查和监督本专业监理员的工作,当人员需要调整时,向总监理工程师提出建议。

(4)审查承包人提交的涉及本专业的计划、方案、申请、变更,并向总监理工程师或驻地监理工程师提出报告。

(5)日常巡视、旁站、抽检,并做好记录。

(6)定期向总监理工程师或驻地监理工程师提交本专业监理工作实施情况报告,对重大问题及时向总监理工程师和驻地监理工程师汇报和请示。

(7)根据本专业监理工作实施情况做好监理日记。

(8)负责本专业监理资料的收集、汇总及整理,参与编写监理月报。

(9)核查进场材料、设备、构配件的原始凭证、监测报告等质量证明及其质量情况,根据实际情况认为有必要时对进场材料、设备、构配件进行平行检验,合格时予以签认。

(10)负责本专业的工程计量工作,审核工程计量的数据和原始凭证。

4. 监理员的职责

监理员应按监理工程师授予的职责权限开展监理工作,其主要职责应包括以下各项:

(1)核实进场原材料质量检验报告和施工测量成果报告等原始资料。

(2)检查承包人用于工程建设的材料、构配件、工程设备使用情况,并做好现场记录。

(3)按设计图纸及有关标准,对承包人的工艺过程或施工工序进行检查和记录,对工序施工质量检查结果进行记录;对工程的重要环节或关键部位及隐蔽工程实施全过程监理。

(4)参加审查承包人的施工进度计划和施工方案,并督促检查其执行情况。

(5)监督检查承包人的各项试验、测量工作,复核所有试验、测量记录,认定并留下痕迹。

(6)初审承包人提交的各种资料和表格,核实承包人提交的工程计量表,提出审查意见。

(7)执行监理细则,做好监理日志和填好各种监理图表。

(8)授权核查关键岗位施工人员的上岗资格;检查、监督工程现场施工安全和环境保护措施的落实情况,发现异常情况及时向监理工程师报告。

(9)授权检查承包人的施工日志和试验室记录。

(10)协助专业监理工程师做好日常巡视、旁站、抽检取样等工作,并做好记录。

> **特别提示**
>
> 职责划分原则上应通过总监理工程师的授权进行。当设置一级监理机构时,其职责是总监办和驻地办的全部职责。当设置二级监理机构和监理总承包时,应由中标的监理单位划分各级监理机构及监理人员的职责和权限,避免交叉管理和出现管理漏洞;对监理机构分别招标时,应由建设单位划分确定监理机构各自的职责和权限,但不得将《公路工程施工监理规范》中明确规定的总监理工程师的权利或职责授予或转嫁给驻地办。

在《公路工程施工监理规范》明确写明"总监理工程师"的应为总监办的职责或权利;写明"驻地监理工程师"的应为驻地办的职责或权利;写明"监理工程师"的应为总监办或驻地办的共同职责或权利,应通过授权明确。

知识点四　监理设施和设备

公路工程项目一般投资大、现场条件复杂、施工难度大、质量要求高、影响因素多,监理工作任务重、内容多、程序复杂。因此,为确保监理工作的顺利进行,监理机构必须配备足够数量和相应质量水平的监理设施和设备。监理设施和设备一般应包括以下几方面。

1. 试验检测设备

监理工程师要坚持服务的客观性、科学性,要坚持用数据判断工程质量,以达到质量监控的效果。只有把好试验关,通过可靠的试验设备、严格的试验操作和符合规范要求的试验成果才能实现。为此,监理中心试验室、监理工地试验室配备齐全、准确、可靠的试验检测设备就十分重要。

2. 测量仪器及设备

公路路线的平纵指标、大中桥隧、路基及路面等工程几何尺寸的控制是否符合标准,工程量的收方计量,都必须进行测量检查、验收。为此,配备各类精密的测量仪器和设备是监理工作的重要保证之一。

3. 交通工具及通信设施

公路工程施工路线长、内容多、任务重、要求严、时间紧,为了有效地对工程实施监理,随时沟通各方信息,及时协调配合处理问题,应配置必要的监理用车和通信设施。

4. 照相、摄像器材

施工现场、施工过程、施工技术以及覆盖前的隐蔽工程和基础状况,都需要一定数量的工程照片或录像作为原始记录和档案保存下来。为此,可视项目情况配置适当的照相、摄像设备。一般照相设备是监理必须配置的。

5. 办公和生活设施等

为了提高监理工程师及其助手的工作效率和工作质量,应为他们提供良好的工作条件和生活环境,如办公室、生活住房和必需的办公和生活设施(计算机、复印机、文件柜、彩电、电扇等)。

6. 气象设备

公路工程施工受气候条件影响较大,监理工程师要随时掌握和记录施工期间的气温及降雨信息,以便要求承包人采取相应的施工措施,避免不必要的损失。同时,恶劣的气候条件也是造成承包人提出工程延期的主要因素之一。因此,可视现场具体情况设立气象观测人员,配备适当的气象设备。

在有气象台站的地区,各施工合同段的气象资料应由业主、监理工程师与当地气象部门签订合同,由当地气象部门提供距离施工合同段最近的气象站(哨)的气象资料。

各种监理设施和设备的规格和数量,应根据工程规模、工程种类、监理工作内容、监理人数及通行条件等实际情况,由监理工程师与业主共同商定,在监理合同文件中列出清单。

特别提示

监理设施和设备一般应由监理单位配备,业主在监理费中支付设施和设备的折旧费、使用费和维护费等,工程完工后,监理设施和设备的产权归监理单位所有。

第三单元　施工监理的主要工作内容

施工监理按阶段划分,可分为施工准备阶段监理、施工阶段监理和交工验收与缺陷责任期监理;按施工监理的工作内容,可分为工程质量监理、施工安全监理、施工环境保护监理、工程进度监理、工程费用监理、合同其他事项管理、信息管理、组织协调等。

模块一 施工准备阶段监理

施工准备阶段是施工监理的重要工作阶段,是事先监理、主动监理,是为施工阶段奠定良好基础的阶段。施工准备阶段监理的工作主要包括两个方面,即监理机构自身的准备工作和对施工单位开工前施工准备活动的监理工作内容。

知识点一 监理工作条件准备

1. 配备试验室设备

总监办中心试验室应按监理合同要求配备常规的试验检测设备;驻地办试验室应按监理合同要求配备现场抽查常用的试验检测设备。

2. 熟悉合同文件

监理机构应组织监理人员熟悉有关法律、法规、文件,当发现有关文件不一致或有错误时,应及时书面报告建设单位。

3. 调查施工环境条件

监理工程师应对施工合同约定的施工条件进行调查,掌握有关情况。

4. 编制监理计划

总监理工程师应在合同规定的期限内主持编制监理计划,按合同规定报批后执行。监理计划应明确监理目标、依据、范围和内容,监理机构各部门及岗位职责,监理人员和设备的配备及进退场计划,监理方案,监理制度,监理程序及表格,监理设施等。

5. 编制监理细则

驻地监理工程师应根据监理计划在相应工程开工前主持编制监理细则,明确监理的重点、难点、具体措施及方法步骤,经总监理工程师批准后实施。

知识点二 施工准备活动的监理工作内容

1. 参加设计交底

监理工程师应参加设计交底,掌握本工程的设计意图、设计标准和要点;熟悉对材料与工艺的要求,施工中应特别注意的事项,以及对施工安全、环保工作的要求等;澄清有关问题,收集资料并记录。

2. 审批施工组织设计

总监理工程师应在合同规定的期限内及时审批施工单位提交的施工组织设计,重点包括:施工组织设计的审批手续是否齐全有效;施工质量、安全、环保、进度、费用目标是否与合同一致;质量、安全和环保等保证体系是否健全有效;安全技术措施、施工现场临时用电方案及工程项目应急救援抢险方案是否符合要求;施工总体部署与施工方案和安全、环保等应急预案是否合理可行。

技术复杂或采用新技术、新工艺或在特殊季节施工的分项、分部工程和危险性较大的分部工程,应要求施工单位编制专项施工方案,并由驻地监理工程师审核,总监理工程师批准后实施。

3. 检查保证体系

监理机构应对施工单位的工程质量登记表进行初审。

监理工程师应检查施工单位质量、安全和环保等保证体系是否落实,重点检查项目经理、技术负责人、工地试验室负责人的资格及质量、安全、环保人员的履约情况。

4. 审核工地试验室

监理工程师应审核施工单位工地试验室的人员、设备和试验检测能力是否满足合同要求,管理制度是否健全。

5. 审批复测结果

监理工程师应对施工单位提交的原始基准点、基准线和基准高程的复测结果进行审核和平行复测。当双方复测结果一致并满足规范要求时,监理工程师应在合同规定的期限内批复。

6. 验收地面线

监理工程师应监督施工单位在原始地面线未被扰动前测定地面线,并对测定结果进行抽测。抽测频率应能判定施工单位测定结果是否真实可靠,且不低于施工单位测点的30%。监理工程师应对施工单位提交的土石方工程量计算资料进行审核。

7. 审批工程划分

总监理工程师应于总体工程开工前对施工单位提交的分项、分部、单位工程划分予以批复并报建设单位备案。

8. 确认场地占用计划

监理工程师应对施工单位提交的场地占用计划及临时增减的用地计划予以确认,并及时提交建设单位。

9. 核算工程量清单

监理工程师应对工程量清单复核结果进行核算。

10. 签发开工预付款支付证书

总监理工程师应在施工单位提交了开工预付款担保后,按合同规定的金额签发开工预付款支付证书,报建设单位审批。

11. 召开监理交底会

总监理工程师应在合同工程开工前主持召开由施工单位项目经理、技术负责人及相关人员参加的监理交底会,介绍监理计划的相关内容。

12. 召开第一次工地会议

总监理工程师应在工程正式开工前主持召开第一次工地会议。

13. 签发合同工程开工令

监理工程师收到施工单位提交的合同工程开工申请后,应对合同工程的开工条件进行核查。具备开工条件的,由总监理工程师签发合同工程开工令,并报建设单位备案。

模块二 质量监理

知识点一 工程质量监理基本内容

1. 质量监理的特点

实行公路工程施工监理是公路建设管理体制改革的重要内容,是强化质量管理、控制工程造价、提高投资效益及施工管理水平的有效方法。以国际通用的 FIDIC 合同条件为基础的工程质量监理与传统的质量管理相比具有以下特点。

(1)监理工程师对工程质量的监理权受法律保护

监理工程师的法律地位是由国家法律法规确定的,并建立在监理合同的基础上。《建设工程质量管理条例》赋予监理工程师多项签字权,并明确规定了监理工程师的多项职责,从而使监理工程师执业有了明确的法律依据,确立了监理工程师作为专业人士的法律地位;监理工程师受业主委托从事监理工作,其权利和义务在监理合同中有具体规定,双方是合同的主体,形成法律关系,其行为受到法律的保护。

(2)工程质量监理强调事先监理和主动监理

质量监理的重点放在施工前的准备阶段和施工阶段,即对原材料、施工机械和施工技术方案等的检验和审查,以及对施工过程中各环节的质量监理,以便及早发现问题,防患于未然。

(3)工程质量监理是全过程、全方位和全天候的全面质量管理

监理人员在现场通过采取旁站、巡视等方法,对施工过程中的每道工序、工艺或部位施工进行全过程管理,它使得工程各环节、各部位的质量都处于监理工程师的全面监控之下,这不同于施工企业内部的质量管理和政府监督部门对质量进行的抽查。

(4)工程质量监理与工程计量支付挂钩,质量好坏直接关系到承包人的经济利益

这是工程监理制度最显著的特点。按合同条款规定,未经监理工程师验收并签字认可的工程项目,一律不予支付费用。监理工程师有了这个权力,就能运用经济杠杆的作用,有效地保证工程质量,形成了监理工程师对施工全过程、全方位质量监理的特征。

综上所述,工程监理制度管理模式清楚地表明,工程质量监理不是单一的技术管理,而是集技术、经济及法律于一体的一种综合性管理,是技术、经济与法律在公路工程质量上的统一体现。

2. 质量监理的主要内容

（1）向承包人书面提供图纸中的原始基准点、基准线和基准高程等资料，进行现场交验，并对承包人提交的原始基准点、基准线和基准高程的复测结果进行审核和平行复测；检查承包人使用测量仪器是否按规定进行了校准；审查承包人提交的施工测量放线数据、图表及放线成果，并予以批复。

（2）在合同规定的期限内及时审批承包人提交的施工组织设计。

（3）审核承包人工地试验室的人员、设备和试验测试能力是否达到合同要求以及管理制度是否健全。

（4）检查承包人质量保证体系是否落实，重点检查项目负责人、技术负责人、工地试验室负责人的资格，检查质量自检人员的履约情况。

（5）在总体工程开工前，审批承包人提交的分项、分部、单位工程分划，并报业主备案。

（6）审查承包人申报的原材料、混合料试验资料，对原材料应独立取样进行平行试验，对混合料应在承包人标准试验的基础上进行试验验证，必要时做标准试验，在合同规定的期限内予以批复。

（7）分项工程开工前，审查承包人提交的该分项工程的施工组织及人员（包括技术负责人、质量自检人员、试验检测人员及主要施工操作人员）配备是否符合合同要求并满足施工需要。

（8）审查承包人进场的施工机械设备是否满足合同规定的施工质量要求。

（9）审查承包人提交的分项、分部工程的施工方案及主要工艺，对技术复杂或采取新技术、新工艺、新材料、新设备的工程，应根据试验工程结果审批。

（10）审查承包人提交的分项、分部工程开工申请，在合同规定的时间内应对工程的开工条件进行审查，并批复开工申请。

（11）对承包人外购或定做用于永久工程的构、配件或设备进行验收，并应要求承包人提交产品合格证和自检报告；可采用常规仪器设备进行检测的，应按规定的频率进行抽检，合格后方可准予使用。

（12）在施工过程中，按合同规定的抽检频率，对已批准使用的原材料、混合料和已完工的工程实体质量进行抽检。对于不符合合同要求的材料，有权拒绝使用；对于不符合合同质量要求的工程，有权要求承包人返工或采取其他补救措施，以达到合同规定的技术要求。

（13）在施工过程中对施工现场进行巡视，并重点对正在施工的分项、分部工程检查是否已批准开工，质量检测人员是否按规定到岗，现场使用的原材料或混合料、外购产品、施工机械设备及采用的施工方法与工艺是否与批准的一致，试验检测仪器、设备是否按规定进行了校准，是否按规定进行了施工自检和工序交接，施工质量措施是否落实到位，特种作业人员是否持证上岗等，并做好巡视检查记录（表3-1）。

（14）在施工过程中，应对试验工程、重要隐蔽工程和完工后无法检测其质量或返工会造成较大损失的工程的工序、工艺或部位的施工全过程进行旁站（表3-2）。发现问题应责令承包人立即改正；当可能危及工程质量时，应予制止。

旁站项目的工序完工后，应组织检查验收，验收合格的方可进行下道工序的施工，并应按规定的格式做好旁站记录（表3-3）。

（15）在施工过程中应对承包人的检验测试工作全面进行监理；有权使用承包人或自备的测试仪器设备对工程质量进行检验，凭数据对工程质量进行监理。

（16）施工过程中当发生可由监理机构处理的质量缺陷、质量隐患时，应立即向承包人发出工程暂时停工指令，并要求立即书面报告质量问题发生的时间、部位、原因及已采取的措施和进一步处理方案；对处理方案进行审核后应报业主批准，对处理方案的实施进行监理并予以验收，处理合格、隐患消除的可发出复工指令。当发生不属于监理机构处理的质量事故时，应要求承包人按规定速报有关部门，同时应和承包人等一起保护事故现场，抢救人员和财产，防止事故扩大，积极配合调查。此外，要对加固、返工或重建的工程进行监理。

（17）按合同及有关标准规定要求对工程进行独立抽检，对承包人检评资料进行签认，对工程质量进行评定。

巡 视 记 录　　　　　　　　　　　　　　　　　表3-1

_____工程项目

编号：_____

施工单位		合同号	
巡视监理		日　期	
起始时间		终止时间	
巡视范围、主要部位、工序			
施工单位主要施工项目、人员到位、工艺合规性简述			
巡视人主要巡检数据记录			
巡视人发现的问题及处理情况简述			

公路工程监理旁站工序/部位一览表　　　　　表3-2

单位工程	分部工程	分项工程	旁站工序或部位
路基工程	路基土石方工程	软土地基处治（碎石桩、塑排桩、粉喷桩等）	试验工程
		土工合成材料处治层	试验工程
	大型挡土墙	基础	混凝土浇筑
路面工程	路面工程	底基层、基层、垫层、联结层	试验工程
		沥青面层	试验工程
		水泥混凝土面层	试验工程、摊铺

续上表

单位工程	分部工程	分项工程	旁站工序或部位
桥梁工程	基础及下部构造	桩基	试桩、钢筋笼安放、混凝土浇筑
		地下连续墙	混凝土浇筑
		沉井浇筑顶板混凝土	定位、下沉、浇筑封底混凝土
		桩的制作、墩台帽、组合桥台	张拉、压浆
	上部构造预制和安装	预应力筋的加工和张拉	张拉、压浆
		转体施工拱	桥体预制、接头混凝土浇筑
		吊杆制作和安装	穿吊杆、预应力束张拉、压浆
	上部构造现场浇筑	预应力筋的加工和张拉	张拉、压浆
		主要构件浇筑、悬臂浇筑	主梁段混凝土浇筑、压浆
		劲性骨架混凝土拱、钢管混凝土拱	混凝土浇筑
	总体、桥面系和附属工程	桥面铺装	试验工程
		钢桥面板上沥青混凝土面层	试验工程、面层铺筑
		伸缩缝安装,大型伸缩缝安装	首件安装
隧道工程	洞身衬砌	初期支护	试验工程
		混凝土衬砌	试验工程
	隧道路面	基层、面层等	同路面工程基层、面层
	辅助施工措施	小导管周壁预注浆、深孔预注浆	注浆
交通安全设施	防护栏	混凝土护栏	首段混凝土浇筑

注：互通立交工程各分部、分项工程须旁站的工序同主线各相应分项工程的规定。

旁 站 记 录　　　　　　　　　　　　　　　　　　　　表 3-3

_____工程项目

编号：_____

施工单位		合同号	
旁站监理		日　　期	
到场时间		离场时间	
质检人员		部位或桩号	
天气			
旁站工序或主要工作内容			
施工过程简述			
监理工作简述			
主要数据记录			
发现问题及处理结果			

知识点二　质量监理基本程序与方法

监理程序是用来指导、约束监理工程师工作，协调监理单位和承包人工作关系的规范性文件，拟定的依据主要是合同文件和技术规范。质量监理工作程序主要包括：质量监理基本程序、质量缺陷与施工处理程序、监理试验工作程序等。

1. 质量监理基本程序

开工前，监理工程师应向承包人提出适用所有工程项目质量监理的程序及说明，以供所有监理人员、承包人的自检人员和施工人员共同遵循，使质量监理工作程序化。在施工过程中，质量监理一般应按以下程序进行。

（1）审批《工程开工申请单》

在分项（或分部）工程开工之前，监理工程师应要求承包人提交《工程开工申请单》并进行审批。

监理工程师在收到《工程开工申请单》后，在合同规定的时间内，应检查承包人的施工准备工作情况，审查其是否具备开工条件。如果确认满足合同要求和具备施工条件，则批复开工申请并签发开工令。承包人在接到监理工程师签发的开工令后即可开工。

（2）填报《工序质量检验通知单》

在每道工序完工之后，监理工程师应要求承包人的自检人员按照监理工程师批准的工艺流程和提出的工序检查程序，首先进行自检，自检合格后，填写工序质量检验通知单，并附上工序自检资料，报请监理工程师进行检查认可。

（3）签发《工序质量验收单》

监理工程师在收到承包人提交的《工序质量检验通知单》并检查该工序的质量自检资料后，对已完工的每道工序进行检查，并按规定的抽检频率进行抽检，检验合格后，签发《工程质量验收单》。承包人可进行下道工序的施工。

对不合格的工序，监理工程师应指示承包人进行缺陷修补或返工。前道工序未经检查认可，不得进行后道工序。

（4）填报《中间交工报告》

当分项（或分部）工程的全部工序完工后，承包人的自检人员应再进行一次系统的自检，归总各道工序的检查记录及测量和抽样试验的结果，填写《中间交工报告》，提出中间交工申请，报请监理工程师进行中间交工验收。自检资料不全的交工报告，监理工程师应拒绝验收。

（5）签发《中间交工证书》

监理工程师在收到承包人提交的中间交工申请并检查该工程中每道工序的质量验收单后，应对该工程进行一次系统的检查验收，必要时应做测量或抽样检验。检查合格后并按合同规定进行质量等级评定后，监理工程师签发《中间交工证书》（表3-4）。未经中间交工检验或检验不合格的工程，不得进行下一分项（或分部）工程的施工。

中间交工证书 表3-4

_____工程项目

编号：_____

施工单位		合同号	
监理单位		监理机构	
中间交工内容(桩号、项目划分、工程项目、工程数量)			
施工单位签字		申请日期	
监理接收人		接收日期	
监理机构对施工单位中间交工申请的评述意见及其结论			
监理机构签字		日期	
施工单位签字		日期	

为了保证工程质量，监理工程师在工程施工监理过程中应做到四不准：人力、材料、机械设备准备不足不准开工；未经检查认可的材料不准使用；施工工艺未经批准，施工中不准采用；前道工序未经验收，后道工序不准进行。

(6)中间计量

对填发了《中间交工证书》的工程，方可进行中间计量，并由驻地监理工程师签发《中间计量表》。若完工项目的竣工资料不全，可暂不计量支付。

综上所述，一个分项工程的质量控制程序是从开工到完工而言的，且主要是控制开工申请批复、质量验收、中间交工证书的签发三个基本环节。为了减少工作层次，节省时间，使在检查中所发现的问题能得到及时沟通和纠正，在质量控制程序具体执行中，若承包人的自检与监理工程师的检查配合得好，亦可以同时平行进行。

施工过程中工程质量监理的程序流程见图3-1。

2. 施工质量监理的主要方法

公路工程质量监理是对公路工程施工的各个阶段及施工各个环节、各道工序进行严格的、系统的、全面的质量监督和管理，为了保证达到质量监理的目标，一般可以采用以下各种监理手段来开展质量监理工作：检查核实、签认与审批，试验、测量与检测，旁站，工地巡视，签发指令文件，随机抽查，工序控制，计量与支付等。

(1)检查核实、签认与审批

监理工程师在施工的全过程中，需要经常对承包人所报送的各类报表和质量数据进行检查核算(内业)或进行现场核实(外业)，如：监理工程师在审批承包人提交的开工报告时，对承包人所提供的开工条件(如施工人员组织，施工机械配备，材料质量和配合比试验结果及施工放样等)应逐一进行检查、核实、签认与审批。

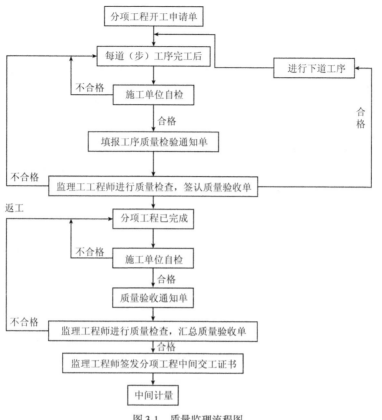

图 3-1 质量监理流程图

(2) 抽检试验

抽检试验包括室内试验和现场检测两大类,它是监理工程师确认各种材料及施工部位质量的主要依据,是监理工程师坚持一切用数据说话的基础。

公路工程施工质量判断,大多数情况下,必须经过取样试验才能提出结论。因此,试验是监理工程师控制工程质量的一个重要手段。

抽检试验的内容主要以能控制各施工项目施工质量关键工序的质量指标为依据。

(3) 测量与检测

在施工全过程中,不论是承包人还是监理工程师,都离不开测量与检测。测量是监理工程师在质量监理过程中,对施工各部位的平面位置、高程、几何尺寸等进行检查和控制的重要手段,主要包括施工放样现场复核、施工过程中的跟踪测量,以及工程验收包括分项工程完工验收、交工验收及竣工验收的各项检测工作。

(4) 旁站

旁站即"盯现场",就是监理工程师在承包人施工期间,用全部或部分时间盯在施工现场,对承包人的各项施工活动进行跟踪监理,这种方法在公路工程质量监理工作中十分重要。实际工作中,监理工程师对施工条件比较复杂、工程质量难于保证的关键工序及工程的关键部位,一般应进行全过程的旁站监督,如钻孔灌注桩施工中的混凝土灌注工序、沥青混凝土面层施工的全过程等。而对施工质量相对稳定、由多道施工工序所组成的分项工程中的次要工序,可进行部分时间的旁站监督。但对影响施工质量关键工序不仅应进行旁站(见表3-2),而且应进行抽检,如路基工程施工时,路基分层填筑和分层压实等必须进行压实度抽检。

(5)工地巡视

工地巡视是监理工程师在公路工程的施工过程中,为了解工程施工质量的全貌,利用相对较短的时间,对工程的整体(包括工程的较次要部位、较次要工序等)进行巡查、检视,并做好巡视记录(表3-1)。这也是监理工程师进行质量监理的基本方法之一。

(6)签发指令文件

指令文件,一方面包括施工监理过程中,监理工程师以书面文件的形式签发给承包人提醒注意施工中存在的质量隐患或质量问题的书面文件;另一方面还包括监理工程师为保证工程质量,向承包人发布的工程变更、补充技术标准、施工技术要求、工地会议纪要等。这些文件都直接关系工程的质量,是进行工程质量监理必不可少的手段。

(7)随机抽查

抽查是指工程项目的高层监理机构为了支付已完工程的费用,对工程质量进行复核的一种方式。通常情况下,工程项目总监办为保证重点工程和关键工程的质量,根据对各种报表、申请等的分析结果,决定抽查密度。这种随机的抽查形式,也是工程施工质量得以保证的措施之一。

(8)工序控制

工序控制是监理工程师对施工质量进行有效监理的重要手段之一,必须按"质量监理程序流程"和前述的质量监理"四不准"原则进行严格控制,以确保工程质量达到合同要求。

(9)计量与支付

所谓计量与支付是指向承包人支付各项工程款时,必须由监理工程师对该工程进行计量并签发支付证书后,业主才能向承包人支付工程款,否则不能支付。监理工程师有了这个权力,就能运用经济手段对工程质量进行监理。这也是监理的核心权力之一。

知识点三 施工阶段质量监理的主要内容

公路工程施工阶段质量监理的主要内容,如图3-2所示。

由3-2图可知,施工阶段质量监理工作主要分为如下四个方面。

1. 审查或审批分项(或分部)工程开工前的各项准备工作

分项(或分部)工程开工前,监理工程师必须审查或审批以下六项工作:

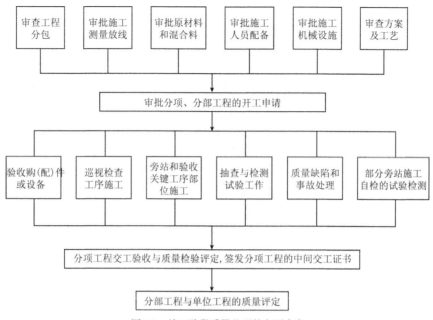

图 3-2 施工阶段质量监理的主要内容

（1）审查工程分包。在施工中有工程分包时，监理工程师应按合同规定对工程分包进行审查，审查合格后报业主批准。监理工程师发现有非法分包、转包时，应指令承包人纠正并报告业主。

（2）审批施工测量放线。监理工程师应检查承包人使用的测量仪器是否按规定进行了检定或自核，审查其提交的施工测量放线数据、图表及放线成果并予以批复。监理工程师应对从基准点引出的工程控制桩进行复测，对施工放线的重点桩位（如道路工程的路线平面控制点和各种结构物定位的轴线控制桩位等以及各高程控制点）100%复测，其他桩位不低于30%抽测。

（3）审批工程原材料与混合料。监理工程师应审查承包人申报的原材料、混合料试验资料。对原材料应独立取样进行平行试验；对混合料可在承包人标准试验的基础上进行试验验证。

监理工程师对承包人申请使用的配合比设计和标准试验结果进行复核性试验后，证明承包人所作的配合比设计不能满足合同要求时，应要求承包人重新进行配合比设计和试验，并指派监理试验检测人员旁站承包人的设计和试验过程。

若结果仍无改进，可由监理试验室做平行的标准试验。在合同规定的期限内予以批复。监理工程师应对承包人申请使用的商品混凝土或商品混合料配合比进行审查，并进行试验验证。

（4）审批施工组织及人员配备。分项工程开工前，监理工程师应审查该分项工程的施工组织，包括项目负责人、技术负责人及质量、安全、环保等自检人员、试验检测人员及主要施工操作人员的配备是否符合合同要求并满足施工需要。

(5)审批施工机械设备。监理工程师应审查承包人进场的施工机械设备是否满足合同的要求,重点审查机械设备是否满足施工质量、安全、环保、进度等要求。

承包人使用合同约定外的施工机械,监理工程师应要求其提出使用申请,解释变动原因,对拟使用的机械作充分说明,认为可行的应及时批准,否则应提出否决意见批复承包人。对承包人拟使用替代的施工机械,监理工程师在既无充分依据批准使用,又无充分理由拒绝使用时,可通过试验工程的结果来决定是否批准使用。

(6)审查施工方案及主要工艺。监理工程师应审查承包人提交的分项(或分部)工程的施工方案及主要工艺,对技术复杂或采用新技术、新工艺、新材料、新设备的工程,应根据试验工程结果进行审批。

2. 审批分项(或分部)工程的开工申请

监理工程师应要求承包人提交分项(或分部)工程的开工申请,在合同规定的时间内重点审查以上六个方面的工作。如果这六个方面均符合要求,具备开工条件,可批准分项(或分部)工程开工,否则,不能批准其开工。

监理工程师要求承包人提交的分项工程开工申请的内容应包括:分项工程的概况、施工方案及主要工艺、质量保证、安全技术和环境保护措施、进度计划、质量控制指标及试验检测项目、频率和方法、施工组织、管理人员及施工人员的配备、人员、材料、机械设备等进场情况、测量放线成果等。

对分项工程开工申请的批准,不仅仅是对某一特定分项工程的批准,也包括在同一合同工程中所有相同单位工程、分部工程中相同分项工程的审批,但是分项工程开工条件有变化的应另行审批。这是因为施工阶段的质量控制是以分项工程的施工全过程为单位进行的,所以开工申请也应尽量以分项工程为主。但分部工程与分项工程内容相同时也可按分部工程报批。

3. 对分项工程施工过程实施质量监理

施工阶段的质量监理主要是以分项工程的施工全过程为单位进行的,其工作内容主要包括以下几个方面:

(1)验收构件、配件或设备。对承包人外购或定做的用于永久工程的构件、配件或设备,监理工程师应要求承包人提交产品合格证和自检报告。可采用常规仪器设备进行检测的,监理工程师应按不低于承包人自检频率的20%进行抽检,合格后方可准予使用。

(2)巡视。巡视是指监理人员对施工现场进行经常性的巡回检查活动。监理人员应重点巡视:正在施工的分项工程是否已批准开工;质量检测、安全管理人员是否按规定到岗;特种作业人员是否持证上岗;现场使用的原材料或混合料、外购产品、施工机械设备及采用的施工方法与工艺是否与批准的一致;质量、安全及环保措施是否落实到位;试验检测仪器设备是否按规定进行了标定或自校;是否按规定进行了施工自检和工序交接。

监理人员每天对每道工序的巡视应不少于一次,每次巡视后应将巡视的主要内容、现场施工概况、发现的问题、处理意见和处理结果等如实记录。当天问题未及时处理的,应在处理完成之日及时补记。

(3)旁站。旁站是指监理人员在施工现场对某一具体的工序、工艺或部位施工全过程进行的监理。监理机构应依据《公路工程施工监理规范》及施工合同的规定确定本合同工程旁站的项目,制订旁站计划并认真实施。

正常情况下,监理人员应对试验工程、隐蔽工程、重要工程部位、重要工序及工艺和完工后无法检测其质量或返工会造成较大损失的工程进行旁站。

旁站监理人员应重点对旁站项目的工艺过程进行监督,对发现的问题应责令立即改正;当可能危及工程质量、施工安全或环境时,应予制止并及时向驻地监理工程师或总监理工程师报告。旁站监理人员应按规定的格式,如实、准确、详细地做好旁站记录。

旁站项目完工后,监理工程师应对旁站的工序进行检查验收,验收合格的方可进行下道工序。旁站的工序完工后,未经承包人自检合格和监理工程师验收认可的,不得转入下道工序施工。

(4)抽检。抽查是指在施工过程中,监理人员对已批准使用的原材料、混合料和已完工的工程实体质量进行的抽查检测、测量和取样试验。监理工程师应按规定对施工过程中使用的主要原材料及各种混合料进行抽检,抽检频率应不低于承包人自检频率的20%,其余材料应不低于10%;对已完工程实体质量的抽检频率应不低于承包人自检频率的20%。

(5)关键工序签认。关键工序是指在分项工程中与《公路工程质量检验评定标准》(JTG F80—2004)中涉及结构安全和使用功能的关键实测项目相关的施工工序。对工程完工后无法再进行检验的关键工序,在承包人自检合格后监理工程师应进行检查验收,合格后予以签认。

(6)质量事故处理。按照质量事故的处理原则和程序,对施工过程中发生的、可由监理机构处理的质量缺陷和不可由监理机构处理的一般质量事故或重大质量事故进行处理。

4. 分项工程交工验收与质量评定,并签发中间交工证书

监理工程师收到分项工程中间交工申请后,应检查各道工序的施工自检记录、交接单及监理工程师签认的关键工序的交接单,检查分项工程的质量自检和质量等级评定资料,检查质量保证资料的完整性。

驻地办应按合同规定对交工的分项工程进行质量等级评定并签发《中间交工证书》。

监理工程师应在合同工程交工之前,随着施工的进展按《公路工程质量检验评定标准》(JTG F80—2004)第3.2.2条"分部工程和单位工程质量评分"的规定,陆续完成对各分部工程与单位工程的质量等级评定,为合同工程的交工验收作准备。

知识点四 监理中心试验室

工程施工监理的中心任务是工程质量控制。监理工程师对施工质量的判断是以检测和试验数据为依据的,质量合格与否要用数据说话,而数据主要来源于承包人的自检报告。但从承包人的自检结果中往往会发现一些不可信的数据,为此,监理工程师必须设立自己的专用试验室——中心试验室,以便对这些结果进行核查。

1. 中心试验室的职责

(1)中心试验室是监理工程师为检查、核实承包人工地试验室试验数据的监理部门。

(2)凡涉及质量标准的一切试验,现场监督人员进行监督和审查后,应报监理工程师批准。当监理工程师认为有必要时,可指令中心试验室作对比试验。经批准后的试验数据应成为各项质量的控制指标。

(3)确当现场各专业监理人员对承包人提供的试验资料有疑问或者认为其可靠性有问题时,应提请中心试验室核查,并提供新的试验数据。

(4)承担各合同段送交或提出的抽样试验,并根据部分工程完工情况迅速提出试验数据,以满足各合同段的需要。

(5)审查承包人试验室人员、仪器和设备,并监督承包人定期将仪器交由政府监督部门进行标定。

(6)向试验监理人员提供试验标准、规范、试验统计报表和管理试验统计报表。

2. 中心试验室工作范围

(1)验证试验

验证试验,是指对材料或商品构件进行预先鉴定,以决定其是否可以用于工程。凡用于工程的一切材料,均应在材料监理人员在场的情况下,由承包人的试验人员取样进行验证,经现场材料监理人员及材料监理工程师签字认可后,由中心试验室审查备案。验证试验应按以下要求进行:

①在材料或商品构件订货之前,应要求承包人提供生产厂家的产品合格证书及试验报告,必要时监理人员还应对生产厂家生产设备、工艺及产品的合格率进行现场调查了解,或由承包人提供样品进行试验,以决定同意采购与否。

②材料或商品构件运入现场后,应按规定的批量和频率进行抽样试验,不合格的材料或商品构件不准用于工程,并应由承包人运出场外。

③在施工过程中,应随机对用于工程的材料或商品构件进行符合性的抽样试验检查。

④随时监督检查各种材料的储存、堆放、保管及防护措施。

(2)标准试验

标准试验,是指对各项工程的内在品质进行施工前的数据采集,它是控制和指导施工的科学依据,包括各种标准击实试验、集料的级配试验、混合料的配合比试验、结构的强度试验等。标准试验应按以下要求进行:

①在各项工程开工前合同规定或合理的时间内,应由承包人先完成标准试验,并将试验报告及试验材料提交监理工程师中心试验室审查批准。试验监理工程师应派出试验监理人员参加承包人试验的全过程,并进行有效的现场监督检查。

②监理工程师中心试验室应在承包人进行标准试验的同时或以后,平行进行复核(对比)试验,以肯定、否定或调整承包人标准试验的参数或指标。

(3)工艺试验

工艺试验,是指依据技术规范的规定,在动工之前,对路基、路面及其他需要通过预先试验方能正式施工的分项工程预先进行工艺试验,然后依其试验结果全面指导施工,如试验段的铺筑等。工艺试验应按以下要求进行:

①监理工程师应要求承包人提交工艺试验的施工方案和实施细则,并予以审查批准。

②工艺试验的机械组合、人员配额、材料施工程序、预埋观测以及操作方法等,应有两组以上方案,以便通过试验选定。

③监理工程师应对承包人的工艺试验进行全过程的旁站监理,并应作出详细记录。

④试验结束后,应由承包人提出试验报告,并经监理工程师审查批准。

(4)抽样试验

抽样试验,是指对各项工程实施中的实际内在品质进行的符合性检查,内容应包括各种材料的物理性能、土方及其他填筑施工的密实度、混凝土及沥青混凝土强度等的测定和试验。

抽样试验一般分为两种情况,一种为任意抽样,一种为随机抽样。任意抽样主要在施工中进行,随机抽样则在工程竣工或部分工程交工时进行。抽样试验应按以下要求进行:

①监理工程师应随时派出试验监理人员,对承包人的各种抽样频率、取样方法及试验过程进行检查。

②在承包人的工地试验室按技术规范的规定进行全频率的抽样试验的基础上,监理工程师中心试验室应按10%、20%的频率(或规定的频率)独立进行抽样试验,以鉴定承包人的抽样试验结果是否真实可靠。

③当施工现场的旁站监理人员对施工质量或材料产生疑问并提出要求时,监理工程师中心试验室应随时进行试验,必要时还应要求承包人增加抽样频率。

(5)验收试验

验收试验,是指对各项已完工程的实际内在品质作出评定,应按如下要求进行:

①监理工程师应派出试验监理人员,对承包人进行的钻芯抽样试验的频率、抽样方法和试验过程进行有效的监督。

②监理工程师应对承包人按技术规范要求进行的加载试验或其他试验检测项目的试验方案、设备及方法进行审查批准;对试验的实施进行现场检查监督;对试验结果进行评定。

知识点五　公路工程质量事故等级划分和报告制度

1. 公路工程质量事故定义

2016年11月08日发布的《公路水运建设工程质量事故等级划分和报告制度》(交办安监〔2016〕146号)规定,公路建设工程质量事故,是指公路建设工程项目在缺陷责任期结束前,由于施工或勘察设计等原因使工程不满足技术标准及设计要求,并造成结构损毁或一定直接经济损失的事故。

2. 公路工程质量事故等级划分

根据直接经济损失或工程结构损毁情况(自然灾害所致除外),公路建设工程质量事故分为特别重大质量事故、重大质量事故、较大质量事故和一般质量事故四个等级;直接经济损失在一般质量事故以下的为质量问题。

(1)特别重大质量事故,是指造成直接经济损失1亿元以上的事故。

(2)重大质量事故,是指造成直接经济损失5000万元以上1亿元以下,或者特大桥主体结构垮塌、特长隧道结构坍塌的事故。

(3)较大质量事故,是指造成直接经济损失1000万元以上5000万元以下,或者高速公路项目中桥或大桥主体结构垮塌、中隧道或长隧道结构坍塌、路基(行车道宽度)整体滑移的事故。

(4)一般质量事故,是指造成直接经济损失100万元以上1000万元以下,或者除高速公路以外的公路项目中桥或大桥主体结构垮塌、中隧道或长隧道结构坍塌的事故。

"以上"包括本数,"以下"不包括本数。

3. 工程质量事故报告责任单位及责任人

工程项目交工验收前,施工单位为工程质量事故报告的责任单位;自通过交工验收至缺陷责任期结束,由负责项目交工验收管理的交通运输主管部门明确项目建设单位或管养单位作为工程质量事故报告的责任单位。

事故报告责任单位应在应急预案或有关制度中明确事故报告责任人。

4. 工程质量事故的报告制度

一般及以上工程质量事故均应报告。事故报告应及时、准确,任何单位和个人不得迟报、漏报、谎报或瞒报。

事故发生后,现场有关人员应立即向事故报告责任单位负责人报告。事故报告责任单位应在接报2小时内,核实、汇总并向负责项目监管的交通运输主管部门及其工程质量监督机构报告。接收事故报告的单位和人员及其联系电话应在应急预案或有关制度中予以明确。

重大及以上质量事故,省级交通运输主管部门应在接报2小时内进一步核实,并按工程质量事故快报统一报交通运输部应急办转部工程质量监督管理部门;出现新的经济损失、工程损毁扩大等情况的应及时续报。省级交通运输主管部门应在事故情况稳定后的10日内汇总、核查事故数据,形成质量事故情况报告,报交通运输部工程质量监督管理部门。

对特别重大质量事故,交通运输部将按《交通运输部突发事件应急工作暂行规范》由交通运输部应急办会同部工程质量监督管理部门及时向国务院应急办报告。

5. 工程质量事故现场保护

工程质量事故发生后,事故发生单位和相关单位应按照应急预案规定及时响应,采取有效措施防止事故扩大。同时,应妥善保护事故现场及相关证据,任何单位和个人不得破坏事故现场。因抢救人员、防止事故扩大及疏导交通等原因需要移动事故现场物件的,应做出标识,保留影像资料。

6. 工程质量事故处理原则及程序

质量事故的调查处理实行统一领导、分级负责的原则。

质量事故处理实行"四不放过"原则:事故原因不清不放过;事故责任者和群众没有

受到教育不放过;没有防范措施不放过;相关责任人没受到处理不放过。

施工过程中发生了可由监理机构处理的质量问题时,监理工程师应立即向承包人发出工程暂时停工指令,并要求其立即书面报告质量缺陷发生的时间、部位、原因及已采取的措施和进一步处理方案;监理工程师应对处理方案进行审核后报业主批准,并对处理方案的实施进行监理并予以验收,处理合格的可发出复工指令。

当发生了不属于监理机构处理的一般质量事故或重大质量事故时,可按如下程序处理:

(1)监理工程师应立即发出暂时停工指令,要求承包人按规定速报有关部门,并采取有效的措施保护现场,抢救人员和财产,防止事故扩大,做好相应记录。

(2)监理工程师要求承包人尽快提出质量事故的报告并按规定速报有关部门。

(3)监理工程师应积极配合有关部门进行质量事故调查,客观地提供相应证据。

(4)监理工程师接到质量事故调查组提出的质量事故技术处理意见后,审核鉴认有关单位提出的质量事故技术处理方案。

(5)监理工程师指示承包人按照批准的工程质量事故处理方案对事故进行处理。

(6)监理工程师承包人实施质量事故处理方案或对加固、返工、重建的工程进行监理,并进行检查验收。经检验合格后,监理工程师发出复工指令。

特别提示

总监办应建立专门台账,记录质量事故发生、处理和返工验收的过程和结果。

模块三 施工安全监理

知识点一 安全监理概述

1. 安全监理的概念

交通建设工程安全监理是指工程监理单位受建设单位的委托,依据国家法律、法规和工程建设强制标准及合同文件,对交通建设工程安全生产实施的监督检查。

公路工程安全监理是公路工程监理的重要组成部分,也是公路工程安全生产管理的重要保障。公路工程安全监理的实施,是提高施工现场安全管理水平的有效方法,也是建设管理体制改革中加强安全管理、控制重大伤亡事故的一种新模式。

2. 公路工程安全监理的依据

公路工程安全监理的依据包括有关安全生产、劳动保护、环境保护、消防等的法律法规和标准规范、公路工程批准文件和设计文件、公路工程委托监理合同和有关的公路工程合同等。

(1)有关安全生产、劳动保护等的法律法规和标准规范有关公路建设工程安全生产、劳动保护等的法律法规和标准规范包括:《中华人民共和国安全生产法》、《中华人民共和国公路法》、《中华人民共和国港口法》、《中华人民共和国劳动法》、《中华人民共和国环境保护法》、《中华人民共和国消防法》、《建设工程安全生产管理条例》等法律法规,《公路建设市场管理办法》、《公路建设监督管理办法》等部门规章以及地方性法规等,也包括《工程建设标准强制性条文》、《公路工程施工监理规范》(JTG G10—2006)以及有关的工程安全技术标准、规范、规程等。

(2)建设工程批准文件

建设工程批准文件包括:批准的可行性研究报告、建设项目选址意见书、建设用地规划许可证、建设工程规划许可证、施工许可证以及初步设计文件、施工图设计文件等。

(3)委托监理合同和有关的建设工程合同文件

工程监理单位应当根据两类合同进行安全监理。这两类合同包括:工程监理单位与建设单位签订的建设工程委托监理合同,建设单位与施工单位签订的有关建设工程合同。

3. 工程安全监理的业务范围

监理单位应当按照法律、法规和工程建设强制性标准进行监理,对工程安全生产承担监理责任。应当编制安全生产监理计划,明确监理人员的岗位职责、监理内容和方法等。对危险性较大的工程作业应当加强巡视检查。

监理单位应当审查施工组织设计中的安全技术措施或专项施工方案是否符合工程建设强制性标准。监理单位在实施监理过程中,发现存在安全事故隐患的,应当要求施工单位整改,必要时,可下达施工暂停指令并向建设单位和有关部门报告。

监理单位应当填报安全监理日志和监理月报。

《建设工程安全生产管理条例》规定了监理单位安全生产管理的业务范围如下:

(1)审查施工单位的施工组织设计中安全技术措施或专项施工方案;
(2)在实施监理过程中,发现存在安全事故隐患的,应当要求施工单位整改;
(3)情况严重时,应当要求施工单位暂时停止施工,并及时报告建设单位;
(4)施工单位拒不整改或者不停止施工的,应当及时向有关主管部门报告;
(5)应当按照法律、法规和工程建设强制性标准实施监理。

建设单位、勘察设计单位、施工单位及其他与建设工程安全生产有关的单位,应当按照《建设工程安全生产管理条例》等有关法律法规和工程建设强制性标准的规定,在各自职责范围内承担安全生产责任,并支持和配合监理单位做好安全监理工作。

监理单位履行安全监理职责,不能免除施工单位的安全生产主体责任,也不能免除建设单位、勘察设计单位及其他与建设工程安全生产有关单位的安全生产责任。

知识点二 施工准备阶段安全监理的主要内容

监理单位在施工准备阶段的安全监理工作:

(1)制订安全监理工作文件,建立岗位责任制。

（2）协助建设单位办理建设工程安全报监备案手续。

（3）协助建设单位与施工单位签订建设工程项目安全生产协议书。

（4）在审查勘察、设计文件时，发现不满足有关法律、法规、强制性标准的规定，或存在较大施工安全风险时，应及时向建设单位、施工单位提出。

（5）审查总包单位、专业分包和劳务分包单位资质、安全生产许可证。

（6）审查施工现场专职安全员及电工、焊工、架子工、起重机械工、塔吊司机及指挥人员、爆破工等特种作业人员资格。

（7）审查施工单位编制的施工组织设计、专项安全施工方案等。

（8）检查施工单位是否制定确保安全生产的各项规章制度、建立岗位责任制。

（9）检查施工单位是否针对施工现场实际制定应急救援预案、建立应急救援体系。

（10）检查施工单位拟投入施工使用的大型施工机械（特别是塔式起重机等垂直运输机械，整体提升脚手架、模板等自升式架设设施，打桩机械等大型施工机械）的检测检验、验收、备案手续。

（11）检查施工现场的实体安全施工前提条件。

知识点三　施工阶段安全监理的主要工作

（1）《建设工程安全生产管理条例》（国务院令第393号）规定"监理单位应当审查施工组织设计中的安全技术措施或者专项施工方案是否符合工程建设强制性标准"。

公路工程监理工程师作为监理单位的现场代表，在开工前，应审查施工组织设计中的安全技术措施或专项施工方案是否符合公路工程强制性条文的规定。结合公路建设特点，重点审查下列内容，并强调安全技术措施，专项施工方案经审查合格后方可同意工程开工。

①安全管理和安全保证体系的组织机构，包括项目经理、专职安全管理人员、特种作业人员配备的数量及安全资格培训持证上岗情况。

②是否制订了施工安全生产责任制、安全管理规章制度、安全操作规程。

③施工单位的安全防护用具、机械设备、施工机具是否符合国家有关安全规定。

④是否制订了施工现场临时用电方案的安全技术措施和电气防火措施。

⑤施工场地布置是否符合有关安全要求。

⑥生产安全事故应急救援预案的制订情况，针对重点部位和重点环节制订的工程项目危险源监控措施和应急预案。

⑦施工人员安全教育计划、安全交底安排。

⑧安全技术措施费用的使用计划。

（2）监理工程师应审查分包合同中是否明确了施工单位与分包单位各自在安全生产方面的责任。

通过审查施工分包合同中安全生产的责任条款，促进施工单位与分包单位各自强化质量意识，明确责任，落实安全保证体系。

（3）监理工程师在巡视、旁站过程中，应监督施工单位按专项安全施工方案组织施工。若发现施工单位未按有关安全法律、法规和工程强制性标准施工，违规作业时，应予制止。对危险性较大的工程作业等要定期巡视检查，如发现安全事故隐患，应立即书面指令施工单位整改；情况严重的，应签发《工程暂停令》要求施工单位暂停施工，并及时报告建设单位。施工单位拒不整改或者不停止施工的，监理工程师应及时向有关主管部门报告。

（4）督促施工单位进行安全生产自查工作、落实施工生产安全技术措施，参加施工现场的安全生产检查。

监理工程师应督促施工单位认真履行有关安全生产的各项规章制度，并定期进行自查。监理工程师应参加上级单位、建设单位、施工单位组织的各种施工现场安全生产检查。

（5）建立施工安全监理台账。监理机构应建立施工安全监理台账，并由专人负责。监理人员应将每次巡视、检查、旁站中发现的涉及施工安全的情况、存在的问题、监理的指令及施工单位处理的措施和结果及时记入台账。总监理工程师和驻地监理工程师应定期检查施工安全监理台账记录情况。

（6）如分项、分部工程发生过安全事故，到其交工验收时施工单位仍未按有关规定把事故现场处理完成，监理工程师可暂不签发《中间交工证书》，待处理完毕后签发。

模块四　进度监理

知识点一　进度监理概述

为了加强公路工程基本建设项目管理，合理控制工程质量、工期和费用，提高投资效益与工程管理水平，必须进行工程承包合同条件下的项目建设监理，即实施合同管理中的质量、工期、费用三大控制。工程进度是工程承包合同规定工期中施工活动的时间安排，因此，进度监理是履行工程承包合同的重要内容，工程进度涉及业主和承包人的重大利益，是合同能否顺利执行的关键。为此，在工程进度监理中，一定要把计划进度与实际进度之间的差距作为进度控制的关键环节；除满足工期要求外，还应满足合同规定的工程质量及费用要求，从而达到高效、经济的工程施工的目的。

1. 进度监理的作用

实施公路工程项目的施工活动，是根据工程承包合同所规定的工期要求来安排的，且整个施工过程中，必须在限定的工期内，按照技术规范、图纸等有关要求完成。因此，在公路工程施工过程中，工程进度监理不仅仅是时间计划的管理和控制问题，同时还需要考虑劳动力、材料和机械设备等所需的资源能否最有效、合理、经济地配置与使用，使工程在预定的工期内完成,并争取早日使工程投入使用而获得最佳投资效益。可见,对工程项目的施工进度进行监理是十分必要的。它的作用主要表现在:

(1)合理控制工期、质量和费用,使项目管理达到综合优化;

(2)通过审查施工进度计划及控制实际进度与计划进度差异情况,从而完善施工进度计划管理;

(3)除充分考虑时间控制问题外,同时还考虑劳动力、材料、施工机具设备等所必需的施工资源问题,使其最有效、合理、经济地配置与利用;

(4)通过计划、组织、协调、检查与调整等手段,调动施工活动中的一切积极因素,努力实现施工过程中各个阶段的进度目标,以确保工程施工全过程总工期目标的实现。

2. 进度监理的任务

监理工程师在工程进度监理方面的主要任务是:要求承包人在工程开工前或施工中根据招标合同文件和施工进展实况,编制出清楚、明了、真实、可靠,能表达施工中全部活动及其之间的相关联系,反映施工组织及施工方法,符合实际且便于管理的施工组织计划;审批承包人编制的施工组织计划;督促承包人执行已审批的施工组织计划,并在执行过程中通过计划进度与实际进度的比较,定期地、经常地检查和调整进度计划;协调业主和承包人、承包人与分包人、材料设备供货、交通通信、电力供应、消防治安、地方政府、当地群众等各方面、各部门之间的关系,使方方面面不致产生矛盾,确保工程进度的合理控制,以便工程能按预期进度进行,保证总工期目标的实现。

3. 进度监理的目标

施工过程中进度监理一般包括三个阶段,即编审计划、实施计划、调整计划;各个阶段进度控制的目标分别为:计划工期、检查偏差、调整内容。

(1)编审施工进度计划阶段

进度控制的目标是确定一个合理的计划工期。在承包人编制及监理工程师审批施工进度计划时,计划工期的确定应依据以下资料:

①本工程项目的工程承包合同中有关工期的规定,是确定计划工期的基本依据;合同规定的工程开工、竣工日期,必须通过进度计划落到实处。

②材料和设备的供应计划,如果已经编制了材料和设备的供应计划,那么施工进度计划必须与其相协调。

③已建成的同类工程或相似项目的实际工程进度情况是编制本项目施工进度计划的重要参考资料。

④投标书中确定的项目施工方案及工程进度计划。

⑤承包人的施工人员技术素质及其机具设备能力。

⑥施工现场的特殊环境及其气候条件等。

具体制定施工进度计划时,应根据上述资料编制并对其进行优化后,方可予以实施。

(2)实施施工进度计划阶段

在实施施工进度计划的过程中,进度控制的目标是实际进度按计划进度执行,直到工程项目按计划工期完成。但工程实际中,计划的不变是相对的,实际进度的改变是绝对的。因为在拟定施工进度计划时,不可能把施工中所有可能出现的情况考虑进去,而且施工过程中由于自然条件等因素的影响,打破原有施工进度计划是司空见惯的事情,尤其是公路工程项目施工在露天进行,受气候影响严重。因此,公路工程施工过程中,进度计划不可能完全按照原计划执行,其实际进度与计划进度经常出现差距。监理工程师在实施进度监理时,就是控制实际值与计划值的偏差情况,以便做出合理的施工进度计划调整。

(3)调整施工进度计划阶段

在施工进度计划开始实施以后,监理工程师必须经常评估和监督进度计划的实际执行情况,如果出现工期延误及实际进度的其他变化,则应将执行中的进度计划予以部分或全部的修改与调整,调整的工作内容及其调整期限,应依据工程项目实际情况确定。调整进度计划的目的是使其符合变化了的实际情况,以保证施工进度计划的顺利实现。

4. 工程进度监理方面的职责

(1)审批承包人在开工前提交的总体施工进度计划、现金流动计划和总说明,以及在施工阶段提交的各种详细计划和变更计划。

(2)审批承包人根据总体施工进度计划编制的年度或月进度计划。

(3)在收到承包人提交的合同工程开工申请后,应对合同工程的开工条件进行核查。具备条件的,应签发合同工程开工令,并报业主备案。

(4)在施工过程中监督进度计划的执行情况,检查工程实际进度,分析计划进度与实际进度偏差及产生原因;对每月的工程进度进行分析和评价,并做好进度记录。

(5)对总体工程进度起控制作用的分项工程的实际工程进度明显滞后于计划进度,且承包人未获得延期批准时,应签发监理指令,要求承包人采取措施加快工程进度;需要调整进度计划的,应要求承包人调整进度计划并审批调整后的工程进度计划。承包人获得延期批准时,应要求承包人根据延期批复调整工程进度计划,并审批调整后的工程进度计划。

(6)由于承包人原因造成工程进度延误,在收到监理指令后承包人未有明显改进,致使合同工程在合同工期内难以完成时,应及时向业主提交书面报告,并按合同规定处理。

(7)定期向业主报告工程进度情况,及时提交监理月报。

5. 进度监理的工作程序

在公路工程施工进度计划的实施过程中,监理工程师的工作程序如下:

(1)施工进度计划的编制。督促和指导承包人按要求编写和提交公路工程施工进度计划,包括总体计划和阶段性计划。

(2)施工进度计划的审批。按规定的审批步骤和审查内容进行各种施工进度计划的审批。

(3)施工进度计划的执行检查。监理工程师对承包人施工进度计划的执行情况进行跟踪检查,并对工程的实际进度做出评价,确认计划进度计划与实际进度是否相符。

(4)施工进度计划的调整。当工程施工的实际进度滞后时,可根据具体情况对原订进度计划做合理调整。

以上施工进度计划监理的工作程序是从开始到结束循环进行的过程。

6. 工期、质量、费用三者的关系

工期是由工程项目从开工到竣工的一系列施工活动所需的持续时间之和构成的;工程质量是施工过程中生产出来的产品结果;工程费用则是施工过程中所产生的消耗。所以,工程项目施工过程中,工期、质量、费用三者构成了相互联系、互相制约的密切关系,其关系曲线如图 3-3 所示。

由图 3-3 知,工程进度的加快与减慢对工程质量及费用都产生直接影响。设 T_A 为正常工期,其质量 Q_A 也正常,此时费用 C_A 最低;当放慢施工进度,即 $T>T_A$ 时,质量上升,但费用也随之上升;当加快施工进度,即 $T<T_A$ 时,质量将下降,而费用仍然增加。因此,工程进度监理不仅仅是单纯进度计划管理和时间控制问题,而且还要同时考虑工程质量的好坏及工程费用的高低问题。

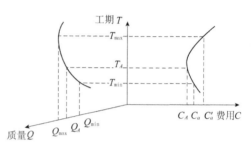

图 3-3 工期、质量、费用三者关系

知识点二 进度计划的表示方法

监理工程师对工程项目施工进度进行监理时,常采用单项工程进度控制法、工程管理曲线监控法、网络技术控制法及进度表控制法等。以上几种方法均采用图(横道图、斜道图、进度曲线图及网络计划图)表(工程统计报表等)来显示承包人的实际施工进度,并直观反映工程实际进度与计划进度之间的差距。使监理工程师能据此确定承包人的实际进度是否影响到整个工程的竣工日期,从而要求承包人采取相应措施确保工期。

1. 横道图

横道图又称为甘特图(Gantt chart),它是美国工程师亨利•甘特在第一次世界大战期间创造的一种生产进度表达方法。横道图是以时间为横坐标,以各分项工程或施工工序为纵坐标,按照一定的先后施工顺序和工艺流程,用带时间比例的水平横道线表示对应项目或工序持续时间的施工进度计划图表。

(1)横道图的常用格式

横道图的常用格式,一般由两大部分组成。

①左面部分为主要表格,其内容应包括编号、工程名称(施工工序)、施工方法、工程量或工作量的单位及数量等。

②右面部分为指示图表,它是由左面的数据经计算得到的。在指示图表中用水平横道线条形象地表示出分项工程或施工工序的施工进度,其线条长度代表施工持续时间长

短,线条的位置表示施工过程,线条上方的数字表示该项目所需的劳动力数量,有时也可采用不同线条符号表示施工作业班组或施工段,如图3-4所示。

编号	工程名称	施工方法	工程量 数量	工程量 数量	20××年（月份） 1	2	3	4	5	6	7	8	9	10	起止时间 开工	起止时间 结束
1	临时通信线路	人工为主	km	80	6										1月初	7月底
2	沥青混凝土基地	人工安装	处	1	35										1月上旬	5月上旬
3	清除路基	机械	m³	700 000			4								3月初	7月底
4	路用房屋	人工	m²	1 300	65				40						1月初	6月底
5	大桥	半机械化	座	1						94					4月中旬	9月中旬
6	中桥	半机械化	座	5					53		38				3月15日	8月底
7	集中性土方	机械	m³	430 000						20					4月上旬	9月底
8	小型构造物	半机械化	座	23					30						5月初	9月底
9	沿线土方	机械为主	m³	39 000					36						5月初	10月底
10	基层	半机械化	m²	550 000						48					5月上旬	10月上旬
11	面层	半机械化	m²	560 000						18					5月上旬	10月上旬
12	整修工程	人工为主	km	80						10					5月上旬	10月上旬

图3-4 施工进度横道线图

由图3-4可知,横道图可以方便地表达出施工计划的总工期和各分项工程或施工工序的持续时间;每项工作何时开始、何时完成一目了然;便于计算完成施工计划所需要的劳动力、材料、机械设备及资金等各种资源用量。但是分项工程或施工工序的逻辑关系不明确,施工期限与地点关系无法表达,无法寻找施工计划的潜力。

（2）横道图的特点

横道图编制施工进度计划的优点为:简单、形象、明了、直观、易懂,且便于检查和计算资源用量。它的不足表现为:

①不容易看出工作之间相互依赖、相互制约的关系,仅反映工作之间的前后衔接关系;

②无法反映工作的机动使用时间,反映不出关键工作及哪些工作决定总工期;

③不能实现定量分析,因而无法采用计算机计算;

④计划执行过程中实施计划偏离原计划时,只能进行局部简单的调整;

⑤无法进行施工组织及施工技术方案的比较与优化。

因此,横道图只适宜于编制集中性工程进度计划、材料供应计划或者简单的工程进度计划。

横道图作为一种施工进度监理的工具,不仅可用于编制施工进度计划,而且还可用于工程进度实施中的监控。在进度计划实施中,在计划进度横道线下方有时标出各分项工程或施工工序的实际进度。根据实际进度与计划进度的比较,可对进度计划进行必要的修改与调整。

2. S 曲线法

S 曲线即工程进度曲线,又称为现金流动曲线,因其曲线形状大致呈 S 形故而得名。

S 曲线是针对横道图监控工程进度时,计划进度与实际进度的比较只能在各个分项工程或工作(序)之间进行,无法对整个工程进度情况进行全局性的管理这一不足而提出的。S 曲线以工期为横轴,以累计完成工程费用的百分比或累计完成工程量的百分比为纵轴的图表化曲线,如图 3-5 所示。

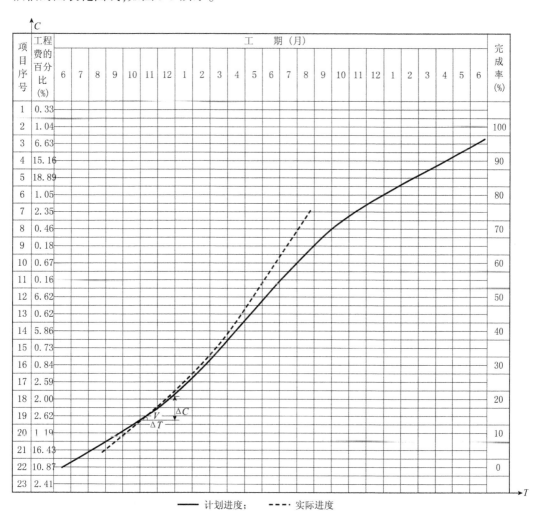

图 3-5 工程进度曲线

(1)S 曲线的形状特点

假设工程进度曲线用函数 $C=f(T)$ 表示,则 $V=dC/dT$ 表示工程在点 T 处的施工速度,也就是该点处曲线的切线方向即为曲线的斜率。

如果工程项目施工中投入相同数量的劳动力和施工机械,每天保持完成相等的工作量,则工程按相同的施工速度进行,工程进度曲线就是一条直线。这种情况在项目实际施工中很少出现,如图 3-6a)所示。

一般情况下,项目施工初期要进行临时工程建设或做各项施工准备工作,劳动力和施工机械的投入逐渐增多,每天完成的工作量也逐渐增加,所以施工速度逐渐加快,即工程进度曲线的斜率逐渐增大,此阶段的曲线呈凹形;在项目施工稳定期间,施工机械和劳动力投入最大且保持不变时,若不出现意外作业时间损失,且施工效率正常,则每天完成的工作量大致相等,这时施工速度近似为常数,工程进度曲线的斜率几乎不变,故该阶段的曲线接近为直线;项目施工后期,主体工程项目已完成,剩下修理加工及清理现场等收尾工作,劳动力和施工机械逐渐退场,每天完成的工作量逐步减少,此时施工速度也逐步减小即工程进度曲线的斜率逐步减小,此阶段的曲线则为凸形,如图 3-6b)所示。

由此可见,一般工程进度曲线大体上呈 S 形,所以该曲线又称为 S 曲线。

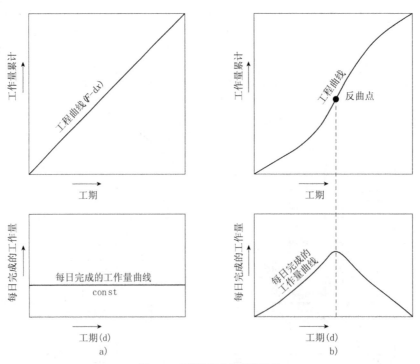

图 3-6　工程进度曲线形状特点

(2)S 曲线在公路工程施工监理中的作用

由于 S 曲线是工程进度曲线,也是现金流动曲线,所以它在公路工程施工进度及费用监理中均可应用,其作用如下:

①审批施工进度计划时,可用 S 曲线判断承包人编制的施工进度计划是否合理。合理的施工进度计划,其工程进度曲线的形状大致呈 S 形,劳动力、材料和施工机具设备供应及工程费用分配使用符合一般规律。反之,工程初期曲线不是凹形,或者施工稳定期间曲线完全不是直线,或者工程后期曲线不呈凸形等均说明施工中资源调配违背了一般规律。上述任何一种不合理情况都应要求承包人重新修订施工进度计划。

②监控施工进度计划实施阶段,进度控制可方便地利用 S 曲线评价实际进度情况属于正常、提前或滞后。

如图 3-7 所示,当实际进度按计划进度正常施工时,其实际进度与计划进度曲线相吻合,此时说明实际进度正常。但在进度计划实施中,如果实际进度比计划进度提前,则实际进度曲线用虚线表示应在 S 曲线上方,此时实际施工速度比计划施工速度快,照此施工下去工期就会提前,监理工程师据此可作出两种决策:一是工程成本消耗较合理时,按实际进度施工不变,提前完成任务;二是工程成本消耗较高时,应适当放慢施工速度,使实际进度按计划进度进行,确保按工期完成任务。如果实施中实际进度比计划进度滞后,则虚线表示的实际进度在 S 曲线的下方。这时实际施工进度比计划施工进度慢,照此下去工期就会拖延。此时监理工程师的一般决策是:增加资源供应,加快施工速度,使实际进度赶上计划进度,保证计划工期的按时完成。

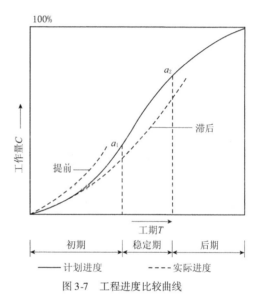

图 3-7 工程进度比较曲线

③S 曲线可用于工程费用监理中工程计量和费用支付的依据。

S 曲线是工程进度与累计完成的工程量或工作量(工程费用)的百分比图表曲线,也是工程项目实施中进度与现金流动关系曲线。项目实施期间实际完成了多少工程量或工作量(工程费用),在实际进度曲线上一目了然,据此可方便地进行中期工程量的计量与支付。

(3) "香蕉"曲线

在项目施工进度计划实施过程中,实际工程进度曲线将因施工条件及管理条件而变化,所以实际进度曲线往往与计划进度曲线不一致。如果二者的偏差太大时,将使工程陷入难以恢复的状态,因此,应使实际进度始终处在一个安全的区域内,这样才能确保工程项目按时完工。为此,可用进度管理曲线规定这个安全区的范围。

进度管理曲线实际上是由两条 S 形曲线组合而成。由于进度管理曲线形如香蕉,故而亦称为"香蕉"曲线,如图 3-8 所示。

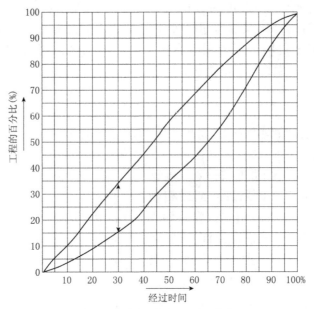

图 3-8 进度管理曲线("香蕉"曲线)

从图 3-8 可以看出,工程管理曲线是由两条具有同一开始时间和同一结束时间的曲线组成,其中一条是以各项工作均按最早开始时间安排进度所绘制的 S 形曲线,简称为 ES 曲线;而另一条则是以各项工作均按最迟开始时间安排进度所绘制的 S 形曲线,简称为 LS 曲线。很显然,上述两条曲线除开始和结束点重合外,某一时刻两条曲线对应完成的工作量是不同的,ES 曲线上各点均落在 LS 曲线的上方。因此,进度管理曲线是工程进度曲线规定的允许界限线,它明确指出了施工进度允许偏差范围所应满足的进度曲线变动区域。虽然组织突击赶工也可以按期交工,但这样做将会影响工程质量和经济效益,而进度管理曲线指出的安全区,不是组织突击赶工,而是在保证工程质量和经济性的条件下,施工进度曲线规定的允许变动范围。

综上所述,在绘制工程进度曲线及管理曲线时,应注意下列问题:

①首先应根据横道式工程进度图来绘制计划进度曲线,此曲线应位于进度管理曲线的允许界限以内。假如进度曲线偏离了允许界限,则一般来说此工程项目的进度计划安排的不够合理,此时需要将横道式工程进度计划图中的主体工程向左右移动进行调整。

②当计划进度曲线在进度管理曲线的允许界限内时,合理地调整工程初期和后期的进度,尽量使 S 形曲线的中期即正常工程进展阶段与允许界限的线段相吻合。

③由计划进度曲线的终点所引出的曲线的切线,表示工程进度危险的下限,所以应在这个界限内维持施工。假如实际进度曲线接近限界时,则需要立即采取补救措施。

④实际进度曲线超出香蕉曲线及其他管理曲线的下限时,表示工程拖延相当严重,此时不可避免地要进行突击赶工。因此,应研究突击赶工时控制投资和保证质量的措施。使用工程进度曲线和进度管理曲线,能够把工程进度的偏差控制在适当的范围之内

来进行计划和管理,可将它们作为判断工程全局进度情况的工具。但由于它们是建立在横道图的基础之上,因而仍不能弥补横道图所具有的缺点。

3. 斜条图法

(1)斜条图法又称为垂直图法或垂直坐标表示法。斜条图以纵坐标表示施工期限,横坐标表示里程或工程位置,而各分项工程或施工工序的施工进度,则相应地以不同形式的斜条线表示。

(2)斜条图的特点:斜条图与横道图相似,它是横道图的另一种表示方法。在斜条图中,各分项工程或施工工序的相互关系、施工紧凑程度及施工速度都十分清楚,工程的分布情况和施工日期清晰可见,从图中还可以直接找出任何时间各施工队伍所在的施工位置和应完成的工程数量。它与横道图相比,减少了横道图的不足,但它作为一种进度监理工具,仍然存在以下缺点:不能反映各项目或工作(工序)之间错综复杂的关系;不能确定工作的机动时间及其关键工作;不能使用电子计算机进行定量分析;计划的编制及修改的工作量较大;不能进行计划方案的比较及优选等。因此,斜条图法仅是编制道路、隧道等线形工程施工进度计划的一种较好形式(图3-9)。

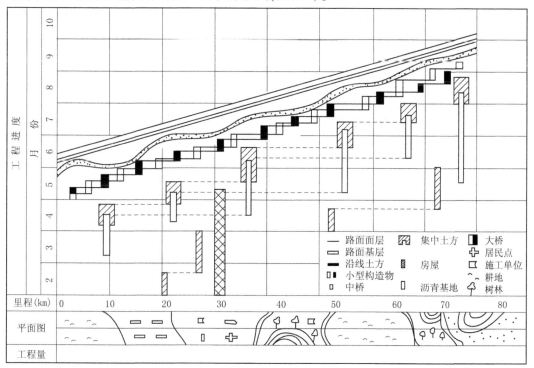

图3-9 斜条图示例

4. 网络计划图法

网络计划技术是20世纪50年代国外陆续出现的一些计划管理的新方法。由于这些方法将计划的工作关系均建立在网络模型上,把计划的编制、协调、优化和控制有机地结合起来,所以称之为网络计划技术。

(1)网络计划图是以加注工作持续时间的箭线和节点组成的网状流程图来表示施工进度计划。其基本原理是:首先根据工作间的相互关系及其工作先后顺序流程绘制工程项目施工进度计划网络图;其次通过计算找出计划中的关键工作及关键线路;最后通过不断调整、改善网络计划,选择最优的方案付诸实施。在网络计划实施过程中进行有效的监督与控制,确保工程项目按合同条件顺利完成。

(2)网络计划的主要特点是:能够反映各项工作之间的相互制约、相互依赖的关系;可以区分关键工作和非关键工作,并能找出关键线路,反映出各项工作的机动时间,因而可以更好地调配和使用工、料、机等各种资源;能够进行计划的优选比较,从而选择最佳方案。

(3)网络计划的方法主要有关键线路法(CPM)、计划评审法(PERT)、流水作业网络计划法、搭接网络计划法(CNT)、图例评审法等。

(4)网络计划图的分类:按箭线和节点表达的含义不同,可分为双代号网络图和单代号网络图。前者每项工作均由一根箭线和两个节点表示。其中,箭线代表工作,节点表示工作间的逻辑关系;后者每项工作由一个节点组成,以节点代表工作,箭线表示工作间的逻辑关系。

(5)网络计划在工程进度监理中的作用表现在采用网络计划方法可加强工程项目的施工管理,使其取得又好又快的全面效果。它在工程进度监理中可给监理工程师提供下列可靠信息:

①合理赶工及其工期与成本的关系信息;

②各项工作有无机动时间及机动时间极限数据信息;

③劳动力、材料、施工机具设备等资源利用信息;

④哪些工作提前或拖延预测对总工期的影响等信息(图3-10~图3-12)。

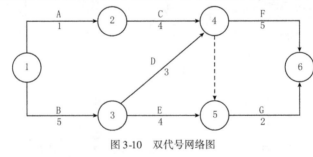

图3-10 双代号网络图

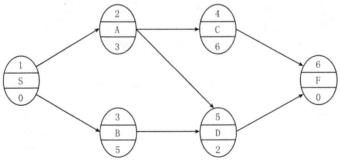

图3-11 无搭接单代号网络图

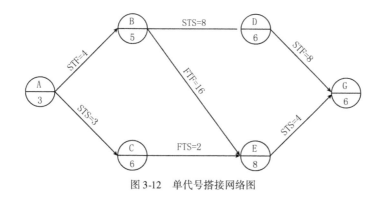

图 3-12　单代号搭接网络图

知识点三　进度监理的基本方法

监理工程师对工程项目施工进度进行监理时,常采用单项工程进度控制法、进度表控制法、网络计划控制法及工程曲线控制法等。

1. 采用单项工程进度控制法控制工程进度

在工程开工之后,监理工程师应对整个工程进行专业分析,建立工程分项的月、旬进度控制图表,以便对分项施工的月、旬进度进行监控。其图表宜采用能直观反映工程实际进度的形式,如形象进度图等,可随时掌握各专业分项施工的实际进度与计划间的差距。当出现差距时应及时向承包人发出进度缓慢信号,要求承包人采取措施,加快进度,及时向监理工程师汇报并提供资料,供监理工程师对工程实际进展情况进行综合评价。如果承包人实际施工进度确实影响到整个工程的完工日期,应要求承包人尽快调整施工进度计划。

2. 采用进度表控制工程进度

进度表是监理工程师要求承包人每月按实际完成的工程进度和现金流动情况向监理工程师提交的报表。这种报表应由下列两项资料组成：一是工程现金流动计划图,应附上已付款项曲线；二是工程实施计划条形图,应附上已完成工程条形图。承包人提供上述进度表,由监理工程师进行详细审查,向业主报告。当月进度报表反映的实际进度和计划进度失去平衡时,监理工程师应对这种不平衡情况进行详细分析,结合现场记录和各分项所控制的进度以及实际完成的工程和工程支付的实际情况进行综合评价。如果监理工程师根据评价的结果,认为工程或其工程的任何部分进度过慢与进度计划不相符合时,应立即通知承包人并要求承包人采取监理工程师同意的必要措施加快进度,以确保工程按计划完成。

3. 采用网络计划控制工程进度

用网络计划法制定施工计划和控制工程进度,可以使工序安排紧凑,便于抓住关键,保证施工机械、人力、财力、时间均获得合理的分配和利用。因此,承包人在制定工程进度计划时,采用网络计划法确定本工程关键线路是相当重要的。监理工程师除要求承包人制定网络计划外,监理机构内部也要求监理人员随时用网络计划检查工程进度。

4. 采用工程曲线控制工程进度

分项工程进度控制通常是在分项工程计划的条形图上画出每个工程项目的实际开工日期、施工持续时间和竣工日期,这种方法比较简单直观,但就整个工程而言,不能反映实际进度与计划进度的对比情况。采用工程曲线法进行工程进度的控制则比较全面。把计划的工程进度曲线与实际完成的工程进度曲线绘在同一图上,并进行对比分析,当发现工程实际进度与计划进度出现差距时,监理工程师可通知承包人采取措施,调整计划,以确保按期完成工程。

知识点四 施工进度计划的编制

监理工程师应要求施工单位在合同规定的期限内编制并提交进度计划。进度计划应有文字说明、进度图表和保证措施等。总体进度计划中宜绘制网络图,标注关键路线和时间参数。总体进度计划和月进度计划中应绘制资金流量 S 曲线图。

依合同规定按时编报进度计划是施工单位的责任。监理工程师从进度监理出发,有特殊要求时,可以细化或补充具体规定,施工单位应遵从。总体进度计划网络图时间参数供发生延期或索赔事件时使用。进度计划不能仅有图表,还须有相关保证措施。

1. 编制原则

工程进度计划必须真实、可靠并符合实际;清楚、明确并便于管理;表达施工中的全部活动及其联系;反映施工组织及施工方法;充分使用人力和设备;预料可能的施工阻碍及变化;贯穿合同条件及技术规范。

2. 编制的依据

进度计划的编制依据主要是合同中规定的合同工期、开工日期及竣工日期;投标书中确认的工程进度计划及施工方案;主要材料和设备的采购合同及供应计划;工程现场的特殊环境及气候条件;施工人员的技术素质及设备能力;已建成的同类工程的实际进度及经济指标等。

3. 施工进度计划的形式与内容

(1)总体进度计划

工程项目的施工总进度计划是用来指导工程全局的,它是工程从开工到竣工的各个主要环节的总的进度安排,起着控制构成工程总体的各个单位工程或各个施工阶段工期的作用。因此,工程的总进度计划可供监理工程师作为控制和协调工程总体进度之用。

在承包人提交的工程总体进度计划中,应当反映出以下主要内容:

①工程项目的合同工期;

②完成各单位工程及各施工阶段所需要的持续时间、最早开始和最迟结束的时间;

③各单位工程及各施工阶段需要完成的工程量及现金流动估算；
④各单位工程及各施工阶段所需配备的人力和机械数量；
⑤各单位工程或分部工程的施工方案和施工方法等。

(2) 阶段性进度计划

对于一个公路工程项目来说，仅有工程项目的总体进度计划对于工程的进度监理是不够的，尤其当工程项目比较大时，还需要编制阶段性进度计划，即年度和月(季)进度计划及关键工程进度计划。年度进度计划要受工程总体进度计划的控制，而月(季)进度计划又受年度进度计划的控制。月(季)进度计划是年度进度计划实现的保证，而年度进度计划的实现，又保证了总体进度计划的实现。

关键工程进度计划，是指一个公路工程项目中起控制作用的关键工程，如某一桥梁工程、隧道工程或立体交叉工程的进度计划。

4. 施工进度计划的表示方式及应用

总体进度计划的编制可以采用横道图、斜道图或进度曲线等方式表示；对于大型工程应用网络计划图表示；现金流动估算表即与总体进度计划相应的进度曲线，通过现金流动估算表可以得到每月完成的工程费用额及已完成工程费用的累计。年度、月(季)工程进度计划可采用横道图、进度曲线及有关进度图表示。但无论采用什么方法，都应反映出相应内容。

知识点五　进度计划的审批

监理工程师应在合同规定的期限内审批施工单位提交的进度计划。总体进度计划应由总监理工程师审批；月进度计划等应由驻地监理工程师审核并报总监办。经批准的进度计划作为进度监理的依据。

1. 总体进度计划的提交

在中标通知书发出后合同规定的时间内，监理工程师应要求承包人书面提交以下文件(即总体进度计划文件)：

(1) 一份详细和格式符合要求的工程总体进度计划及必要的各项关键工程的进度计划；

(2) 一份有关全部支付的现金流动估算；

(3) 一份有关施工方案和施工方法的总说明(即通过施工组织设计提出)。

2. 阶段性进度计划的提交

在开工以前或在开工以后合理的时间内，监理工程师应要求承包人提交以下文件(即阶段性进度计划文件)：

(1) 年度进度计划及现金流动估算；

(2) 月(季)度进度计划及现金流动估算；

(3) 分项(或分部)工程的进度计划。

3. 进度计划审批的步骤

监理工程师应组织有关人员对承包人提交的各项进度计划进行审查,并在合同规定或满足施工需要的合理时间内审查完毕。进度计划审批应以合同文件、工艺周期、工期定额、主要构(配)件及设备供货期限、气候条件、征地拆迁计划、其他现场实际状况等为依据,审批时限遵从合同文件规定。对于总体工程进度计划和阶段工程进度计划,宜在批准前征求建设单位意见。审查工作应按以下程序进行:

(1)阅读文件、列出问题、进行调查了解;
(2)提出问题,与承包人进行讨论或澄清;
(3)对有问题的部分进行分析,向承包人提出修改意见;
(4)审查批准承包人修改后的进度计划。

4. 进度计划审查的内容

监理工程师在审批承包人的工程进度计划时应审查内容如下:

(1)工期和施工时间安排的合理性。承包人提交的工程总进度计划的总工期必须符合工程项目的合同工期,即计划总工期应少于或等于合同工期;各施工阶段或单位工程(包括分部、分项工程)的施工顺序和时间安排与材料和设备的进场计划相协调;施工的开始时间和结束时间应合理,尽可能使施工对资源的要求趋于均衡;易受冰冻、低温、炎热、雨季等气候影响的工程应安排在适宜的时间,并应采取有效的预防和保护措施;对动员、清场、假日及天气影响的时间,应有充分的考虑并留有余地。

(2)施工准备的可靠性。承包人的主要骨干人员及施工队伍的进场日期是否已经落实;施工测量、材料检查及标准试验的工作是否已经安排;驻地建设、进场道路及供电和供水等是否已经解决,或已有可靠的解决方案;所需主要材料和设备的运送日期是否已有保证。

(3)计划目标与施工能力的适应性。审查承包人各阶段或单位工程计划完成的工程量及投资额应与承包人的设备和人力实际状况相适应;各项施工方案和施工方法应与承包人的施工经验和技术水平相适应;关键线路上的施工力量安排应与非关键线路上的施工力量安排相适应。

根据规定,当监理工程师通过调查研究,落实了上述对工程进度计划有关的条件和因素并经过评价后,如确认承包人为完成工程而提供的工程进度计划是合理的,而且计划切实可行,则应在合理的时间内批准承包人编制的进度计划,并通知承包人可以按照计划安排施工。如果监理工程师经过充分的分析和调查了解,认为承包人所提交的工程进度计划与其实际的技术装备能力不相适应,尤其是计划中关键线路上的工作安排不合理时,则应要求承包人修订工程进度计划,并重新拟定一份工程进度计划,亦应报监理工程师,以取得监理工程师的批准。

监理工程师在批准了承包人所提交的工程进度计划之后,应在第一次工地会议上提供有关监督控制工程进度计划方面的一整套报表和有关规定。同时为了保证工程进度计划的正常进行,监理工程师应经常根据有关影响工程进度计划的记录资料,分析工程进度方面存在的问题,随时掌握承包人的工程进展情况。

通常工程项目进度计划的审核工作由监理工程师负责进行,但对于较大且复杂的工程,其进度计划审核工作的工作量将很大。一般的做法是监理工程师审核工程项目总进度计划;单项工程进度计划(或关键工程进度计划)的审核由单项工程驻地监理工程师进行,并对监理工程师负责。

知识点六　施工进度计划的检查与调整

1. 进度计划的检查

监理工程师应根据进度计划检查工程实际进度,并通过实际进度与计划进度的比较,对每月的工程进度进行分析和评价。评价结论写入工程监理月报。

在整个施工进度监理过程中,专业监理工程师应做好以下工作:

(1)在工程项目的施工中,专业监理工程师应要求承包人每日按单位工程、分项工程或工点对实际进度进行记录,并予以检查,以作为掌握工程进度和进行决策的依据。每日进度检查记录应包括以下基本内容:当日实际完成及累计完成的工程量;实际参加施工的人力、机械数量及生产效率;施工停滞的人力、机械数量及其原因;承包人的主管及技术人员到达现场的情况;当日发生的、影响工程进度的特殊原因和时间;当日的天气情况等。

(2)驻地监理工程师应要求承包人根据现场提供的每日施工进度记录,及时进行统计和标记,并通过分析和整理,每月向总监理工程师及其他代表、业主提交一份每月工程进度报告。该报告应包括以下主要内容:工程进度概况或说明,应以记事方式对计划进度执行情况提出分析;编制出工程进度累计曲线和完成投资的进度累计曲线;显示关键线路(或主要工程项目)上一些施工活动及进展情况的工程图片;反映承包人的现金流动、工程变更、价格调整、索赔、工程支付及其他财务支出情况的财务状况;影响工程进度或造成延误的其他特殊事项、因素及解决措施等。

(3)监理工程师应编制和建立各种用于记录、统计、反映实际工程进度与计划工程进度的差距的进度控制图及进度统计表,以便随时对工程进度进行分析和评价,并作为要求承包人加快工程进度、调整进度计划或采取其他合同措施的依据。

在工程实施过程中,如果实际进度(尤其是关键线路上的实际进度)与计划进度基本相符时,监理工程师不应干预承包人对进度计划的执行,但应及时掌握影响和妨碍工程进度的不利因素,督促工程按计划进行。

监理工程师在批准工程进度计划后,应立即着手制定有关进度控制整套报表记录和有关规定。为保证工程进度计划的正常实施,监理工程师应配备专门人员对承包人的工程进度进行监理,并要求所有监理人员随时收集和记录影响工程进度的有关资料和事项,随时掌握承包人工程施工过程中存在的问题,并及时向监理工程师汇报,以便及时协调和解决影响进度的各种矛盾和不利因素。

2. 进度计划的调整

（1）对总体工程进度起控制作用的分项工程的实际工程进度明显滞后于计划进度且施工单位未获得延期批准时，监理工程师必须签发监理指令，要求施工单位采取措施加快工程进度。需要调整进度计划的，调整后的工程进度计划必须报监理工程师重新审核。

（2）施工单位获得延期批准后，监理工程师应要求施工单位根据延期批复调整工程进度计划。调整后的工程进度计划应报监理工程师审批。

（3）由于施工单位自身原因造成工程进度延误，在监理工程师签发监理指令后施工单位未有明显改进，致使合同工程在合同工期内难以完成时，监理工程师应及时向建设单位提交书面报告，并按合同规定处理。

（4）建设单位或施工单位提出工程进度重大调整时，应按合同或签订的补充合同执行。

3. 进度监理的措施

（1）组织措施。监理单位本身应配置分管进度监理的人员。在项目施工监理机构中，应具体落实进度监理部门的人员，并安排监理任务和管理职能分工；确定进度协调工作制度，包括协调会议举行的时间，协调会议的参加人员等；对影响进度目标实现的组织干扰和风险因素等进行有依据的分析研究。

（2）技术措施。主要指进行技术革新、改进施工方法或施工手段等，以便加快进度。同时，监理工程师应根据工程实际情况，及时与设计单位联系，通过协商，优化或修改设计；定期组织设计单位向承包人进行技术交底；当因某种原因无法要求或来不及要求设计单位进行设计修改时，监理工程师亦可根据合同文件规定直接进行修改。

（3）合同措施。监理工程师可依据合同文件，对进度计划完成较好的承包人实行奖励；把某些具有控制进度，关键的单项工程单独拿出来进行招标，以利加快进度；当承包人因自身原因无法完成某个项目施工时，可采取分包办法，让更具实力的另一承包人参与施工；对各合同段的合同工期及进度计划进行协调等。

（4）经济措施。在整个进度监理工作中，监理工程师应注意和掌握业主和承包人的财务情况。对承包人，当其资金周转困难时应提供相应的预付款，或在关键时段，采取适当方式激励承包人，以促进工程进度；对业主，当其预算资金尚未到位或财务状况发生变化，或在关键时段未能激励承包人，均有可能导致工程进展速度改变，造成竣工延期，最终引起工程的投资剧增，监理工程师应协助业主避免产生这种尴尬情况。

（5）信息管理措施。监理工程师应经常到施工现场了解情况，不断搜集、分析、汇总、掌握与进度有关的资料。通过经常性的计划进度与实际进度的动态比较，定期向承包人通报，向业主提供比较报告等。

公路工程施工进度监理程序流程，如图3-13所示。

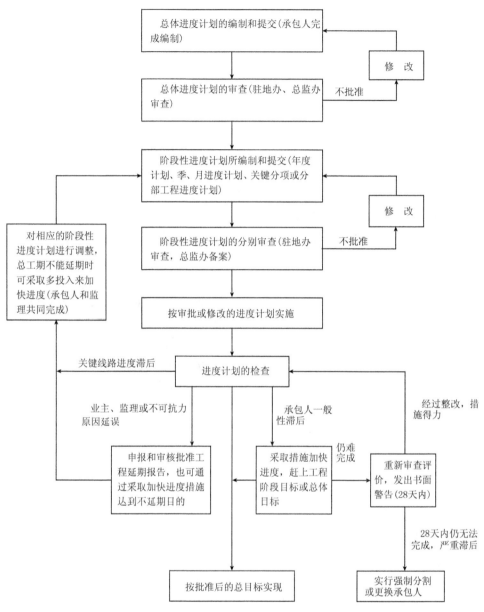

图 3-13 施工进度监理程序流程

知识点七 影响进度的主要原因

影响公路工程施工进度的因素很多,按照建设主体,可分为承包人的原因、业主的原因、监理工程师的原因和特殊原因。

1. 承包人的原因

（1）承包人在合同规定的时间内，未按时向监理工程师提交符合监理工程师要求的施工进度计划。

（2）工程施工过程中，各种原因使工程进度不符合工程施工进度计划时，承包人未按监理工程师的要求在规定时间内提交修订的工程施工进度计划，使后续工作无章可循。

（3）承包人技术力量及其设备、材料的变化，工程承包合同以及施工工艺等不熟悉，造成承包人违约而引起的停工或缓慢施工，也是影响工程施工进度的原因之一。

（4）承包人的质检系统不完善和质量意识不强，将对工程施工进度造成严重影响。

2. 业主的原因

在工程施工过程中，除承包人的原因外，业主未能按工程承包合同的规定履行义务，也将影响工程施工进度，甚至造成承包人终止合同。

（1）监理工程师同意承包人提交的工程施工进度计划后，业主未能按施工进度计划随工程进展向承包人提供施工所需的现场和通道。承包人的施工进度计划难以实现，容易导致工程延期和索赔事件的发生。

（2）由于业主的原因，监理工程师未能在合理的时间内向承包人提供图纸和指令，给工程施工带来困难；或承包人已进入施工现场并开始施工，而设计发生变更，变更设计图纸无法按时提交给承包人，这都将严重影响工程施工的进度。

（3）工程施工过程中，业主未能按合同规定的期限支付承包人的款项，造成承包人暂停施工或缓慢施工，也是影响工程施工进度的一个主要因素。

3. 监理工程师的原因

在公路工程的施工过程中，由于监理工程师的失职、判断或指令错误以及未按程序办事等原因影响工程施工进度。

4. 其他特殊原因

工程进度计划的实施过程中，除承包人、业主、监理以外，还会存在影响进度的其他特殊原因，例如：

（1）额外或附加工程的工程量增加。如土石方数量增加，土石比例发生较大变化，涵洞改为桥梁等，均会影响工程施工的进度。

（2）工程施工中，承包人碰到异常恶劣的气候条件。

（3）人们无法预测和防范的任何自然力的作用以及特殊风险的出现，诸如战争、地震、暴乱等。

模块五　施工环境保护监理

施工环境保护监理，是指监理单位受建设单位的委托，依法对施工单位在施工过程中影响环境的活动进行监督管理，确保各项环保措施满足公路施工环境保护的要求。

知识点一　公路施工期对环境影响因素分析

环境保护已列入我国的基本国策之中。环境保护涉及范围广,根据可持续发展的理论,项目地区环境包括自然环境、生态环境、社会环境和人民生活环境。公路施工期对环境的影响因素有以下几点：

(1) 对生态环境的主要影响：水土流失,植被破坏,天然森林、动物生活区的破坏等。

(2) 对人民生活环境的主要影响：夜间施工机械的噪声、灰尘等。

(3) 对水环境的主要影响：挖泥、取砂、材料冲洗引起水质混浊；施工机械的含油污水及油料泄漏造成油污染；施工人员的生活污水、垃圾直接排入水体；沥青、油料、化学品等因保管不善进入水体等。

(4) 对大气环境的主要影响：灰土拌和、扬尘、沥青烟、废气等。

(5) 对社会经济环境的主要影响：临时占地及施工作业对周边农田的损坏,对沿线河道、人工渠道的施工干扰,加重了地区道路的负荷等。

公路施工监理过程中,应着重检查、控制施工对生态环境、水环境、大气环境的影响。

知识点二　施工环境保护监理任务

1. 监理任务

公路施工环境保护监理是针对施工过程环境保护的全方位、全环节、全过程的监理,其主要任务：

(1) 根据《中华人民共和国环境保护法》及相关法律法规、监理合同的有关条款、公路项目环境评价的内容及相关批复,对工程建设过程中污染环境、生态破坏防治及恢复的措施进行监督管理,如噪声、废气、污水等污染物的排放应达标、减少水土流失和生态环境破坏,也称为"环保达标监理"。

(2) 对建设项目配套的环保工程进行施工监理,确保"三同时"的实施,如对水处理设计、噪声屏障、绿化工程、自然保护区、水源保护区以及风景名胜保护区的保护等进行监理,也称为"环保工程监理"。

2. 监理依据

公路工程施工环境保护监理的主要依据包括：国家有关法律、法规、条例、办法和规定,地方性法规和文件；国家标准,主要有噪声标准、空气标准、水质标准和振动标准等；项目的环境影响评价和水土保持报告及批复；项目的环保行动计划；工程设计文件；监理合同、施工合同以及有关补充协议；施工工程中的会议纪要和文件。

3. 监理工作程序

公路工程施工环境保护监理一般应按照下列工作程序进行：

(1) 依据监理合同、设计文件、环评报告、水土保持方案以及施工合同、施工组织设计等编制施工环境保护监理规划。

（2）按照施工环境保护监理规划、工程进度、各项环保对策措施等编制施工环境保护监理实施细则。

（3）依据编制的施工环境保护监理规划和实施细则，开展施工期环境保护监理。

（4）工程竣工交工后编写施工环境保护监理总结报告，整理监理档案资料，提交建设单位。

（5）参与工程竣工环保验收。

4. 监理工作方式

监理工程师一般应常驻工地，对施工活动的环保工作进行动态管理。工作方式以巡视为主，根据施工区污染源分布情况，监理工程师定期进行巡视。对特别关心的节点可以进行旁站监理，必要时还可以进行环境监测。巡视和旁站监理的情况，均应予以详细记录。

监理过程中如发现环境污染和生态破坏等情况，监理工程师应立即通知施工单位限期整改。一般性或操作性的问题，可以采取口头通知形式。口头通知无效或有污染隐患时，应发出书面的监理通知，要求施工单位整改，并根据施工单位的书面回复检查整改结果。严重的环境问题，还应同时向建设单位汇报。如整改情况不理想，可以发布停工指令。

5. 事故处理

当工程施工过程中出现重大环境污染和生态破坏事故时，按如下程序处理：

（1）施工单位在发生事故后，除在规定时间口头报告监理工程师外，应尽快提出书面报告事故初步调查结果，报告应初步反映该工程名称、部位、污染事故原因、应急环保措施等。

（2）立即汇报建设单位，及时向当地汇报，同时书面通知施工单位暂停该工程的施工，并根据环保主管部门有关意见，采取有效的环保措施。

（3）监理工程师和施工单位对污染事故继续深入调查，并和有关方面商讨，提出事故处理的初步方案后报建设单位，交环保主管部门研究处理。

（4）督促施工单位做好善后工作。

6. 施工环境保护监理方面的职责

（1）审查承包人编制的施工环境保护方案和技术措施。

（2）审查承包人的环保管理组织体系及管理人员的资格。

（3）审查新材料、新工艺、新技术、新结构使用的环保措施。

（4）对承包人执行环境保护法律、法规的情况，以及环保体系运转情况和环保措施落实情况进行监督检查。

（5）审核承包人提交的工序交接及分部分项工程环保检查报告。

（6）监督承包人严格按批准的弃渣规划有序地堆放、处理和利用废渣，防止任意弃渣造成的环境污染。

（7）监督承包人严格执行有关规定，加强对噪声、粉尘、废气、废水、废油的控制，并按有关规定及合同约定进行处理。

（8）要求承包人保持施工区和生活区的环境卫生，及时清除垃圾和废弃物，并运至指定地点进行处理。进入现场的材料、设备应有序堆放。

（9）施工中出现违反有关环保规定或未按合同要求落实环保措施的情况，应书面指令承包人整改；情况严重时，应立即下令承包人暂停施工，并及时报告业主。

（10）根据施工安排及工程进度情况，对施工现场的环保情况进行巡视检查，并做好记录。

（11）若监理合同约定了环境监测事项，应依据合同进行相应的环境监测，以监测数据指导环保监理工作。对于监测结果超标的情况，应要求并监督承包人认真分析原因，有针对性地调整施工行为，甚至采取或调整必要的环境保护措施。

（12）工程完工后，应监督承包人按合同约定拆除施工临时设施，清理场地，做好环境恢复工作。

知识点三　施工环境保护监理工作制度

公路工程施工环境保护监理工作制度具体如下。

1. 例会制度

建立施工环境保护监理例会制度，定期召开环保会议。在例会期间，施工单位对近一段时间的环境保护工作进行回顾性总结，监理工程师对该月单位工程的环境保护工作进行全面评议，肯定工作中的成绩，提出存在的问题及整改要求。每次会议都应形成会议纪要。

2. 报告制度

监理单位在定期编报的月报或年报中，应包括环保监理工作情况，主要内容有：当前阶段环保工作的重点和取得的成果、现存的主要环境保护问题、建议解决的方案、随后的工作计划等。

3. 函件来往制度

监理工程师对现场检查过程中发现的环境保护问题，应通过书面监理通知单形式，通知施工单位需要采取的纠正或处理措施。情况紧急需口头通知时，随后必须以书面函件形式予以确认。同样，施工单位对环境问题处理结果的答复以及其他方面的问题，也应致函监理工程师。

4. 人员培训制度

对监理工程师必须进行培训，持证上岗，并协助建设单位组织工程施工人员的环境保护培训。

5. 工作记录制度

施工环境保护监理记录是信息汇总的重要渠道，是监理工程师作出决定的重要基础资料，其内容主要有：会议记录，监理日记，环保监理月报，气象及灾害记录，质量记录，交工与竣工文件等。

知识点四 监理工程师对环保的控制措施

监理工程师应按照事前指导、过程控制检查和施工验收三个环节控制施工期间对环境的影响。通过事前、事中、事后一系列程序化的监控,使其各项程序控制的内容满足合同要求和相关技术规范、技术标准规定,使其更具科学化。

1. 施工前期的控制

(1)严格审批施工方案。施工方案对工程顺利进行有重要意义,监理工程师应认真审核,提出改进意见;对环境保护措施不力的不允许开工。

(2)检查、督促施工单位的各项开工准备工作。比如临时用地征地情况、临时排水设施等,各项检查合格后方允许施工单位开工。

(3)对全线设计的取、弃土场进行实地踏勘,做到心中有数,提出切实有效的控制措施;对变更的取、弃土场,除了实地调研外,在承包人上报征地报告时,要求其提出环保措施,监理认可方案可行后,方可批准征地。

2. 施工过程中的控制

(1)规范施工单位操作,合理指导施工。监理工程师只有坚守岗位,认真负责地履行职责,才能督促施工单位严格执行工程承包合同中有关环境保护的条款和国家环境保护的有关法律规范,才能规范管理。

(2)加强对施工单位的监督管理,以便在施工过程中,能保护施工现场周围的环境,防止对自然环境造成不应有的破坏,防止和减轻粉尘、噪声等对周围环境的污染和危害。

(3)经常检查施工单位环境保护工作的进度和质量,及时纠偏,对达不到合同要求或不符合规范要求的项目不予计量。

3. 施工后期的控制

督促施工单位整理有关环境保护的合同条件和技术档案资料;督促施工单位完善项目的环境保护工作。

模块六 费用监理

知识点一 费用监理概述

工程费用是指通过施工生产活动而形成的建筑安装工程所具备的价值或工程价值的货币表现。它是工程项目造价的主要组成部分和直接基础,又分为预算工程费用和实际工程费用两类。工程费用具有如下特点:预先定价;以工程成本为基础;主要由承包人使用;必须由监理工程师签认;由业主支付等。

1. 工程费用的组成

工程费用由直接成本、间接成本和利润三部分组成。

(1)直接成本：是指完成该建设项目的施工任务而直接用于工程上的费用，包括消耗在施工中的全部材料费、机械设备费、人工费和其他有关费用等。

(2)间接成本：是指为完成工程施工任务而间接发生的费用及间接为工程服务而发生的费用，由施工管理费(包括现场管理费及总部或上级管理费)和其他间接成本组成。其中，其他间接成本包括各种分摊费用，如投标费、合同公证费、各种保险和保函手续费、临时设施费、各种税金、办公费和试验费等。

(3)利润：工程费用中利润的多少主要取决于承包人施工管理水平的高低及合同价格的合理程度。一般情况下，编制标的时按平均利润率来确定预算工程费用中的利润，而承包人在投标报价时，则是按自己的投标策略来确定利润额，并将其注入单价中。因此，工程价值的大小已由合同预先确定，承包人实际获得利润的多少，必须取决于他对工程实际成本的控制能力。

2. 影响工程费用的因素

公路工程是一种线长面广，受各种自然因素和社会因素影响较多的工程项目。其施工活动必然会受到各种因素的干扰，进而使工程费用受到影响。影响工程费用的因素很多，归纳起来有如下几种：①设计因素；②施工因素；③合同因素；④社会因素；⑤自然因素；⑥监理因素；⑦业主管理因素。以上诸因素都是影响工程费用的关键性因素和决定性因素。

3. 费用监理的主要任务

监理工程师在管理与控制项目投资方面有以下的主要任务：

(1)在施工招标阶段，准备与发送招标文件，协助编制标的及评审投标书，提出决标意见，并协助业主与承包人签订施工承包合同。

(2)在施工准备阶段，以合同为依据，全面核实工程量清单，科学预测承包人的施工成本和预期利润，审查承包人的用款计划；收集市场价格信息，掌握价格动态。

(3)在施工阶段，编制资金的使用计划，督促检查承包人严格执行工程承包合同，调解业主与承包人之间的争议，检查工程进度和施工质量，验收竣工工程，审查工程结算，签认工程付款凭证。

(4)在工程竣工及缺陷责任期阶段，协助业主正确编制竣工决算，分析考核项目的投资效果，进行项目后评价，督促承包人对项目进行保修与回访。

综上所述，工程费用监理是工程监理的一项主要任务，它贯穿于工程建设的整个过程中的各个环节，起到了对项目投资进行系统管理与控制的作用。监理工程师应负的责任十分重大。

4. 费用监理的工作内容

根据现行《公路工程施工监理规范》及《公路工程标准文件》，费用监理的主要工作内容如下：

（1）计量和确认承包人所完成的合同工程量，并及时签认计量表；

（2）审查承包人所提交的支付申请，并及时签发支付证书；

（3）及时办理施工合同的交工结算和建设项目的竣工决算；

（4）公正处理合同管理中工程变更、施工索赔、价格调整所引起的造价管理及费用审批事宜；

（5）有效利用计量支付及反索赔等费用监理手段进行施工合同的质量控制和进度控制；

（6）严格控制工程变更，积极预防施工索赔，进而有效控制工程造价。

5. 费用监理的准备工作

为做好费用监理工作，监理工程师在具体的费用监理工作开始之前应积极认真地做好以下基础工作：

（1）认真研究招标文件和施工承包合同文件，明确业主、承包人之间的权利义务，熟悉或掌握有关本项目（合同）的计量支付方法和程序，以及有关工程变更、施工索赔、价格调整的合同规定、审批原则、审批程序和方法等。

（2）认真分析投标报价及合同价格，全面核实工程量清单，及时发现合同工程量中可能存在的错误，主动研究承包人在合同中的不平衡报价及产生的原因，动态预测不平衡报价给造价控制带来的影响，为处理工程变更的计价工作提供科学合理的依据。

（3）认真分析承包人的施工组织设计和施工进度计划，科学预测承包人的施工成本及预期利润，分析和提出为满足施工进度计划要求业主应及时解决的外部施工条件，从而积极预防施工索赔。

（4）认真审查承包人提交的用款计划，动态预测施工过程中的用款需求，为业主制订年度投资计划或季度投资计划提供依据，从而积极预防付款延误现象。

（5）认真收集市场价格信息，及时掌握市场价格动态，为处理工程变更、施工索赔、价格调整等计价工作提供科学合理的计价依据。

6. 费用监理的原则

（1）政策性原则。工程费用监理是一项政策性、法律性、经济性和技术性很强的工作，必须严格遵守国家法律和有关制度，正确处理国家全局和工程局部利益的关系。

（2）合同原则。工程承包合同一方面综合体现了国家的经济政策、基本建设管理制度及法规，另一方面也全面概括了工程设计的意图及其要求，同时还综合考虑了工程施工中的各种因素。因此，合同是关于工程施工的综合性文件。监理工程师应以合同为依据，按其基本精神和要求进行费用监理，保证每一笔工程费用的支付都符合合同的原则和要求。

（3）公正原则。监理工程师在工程费用监理中，应实事求是、客观公正、认真负责地做好每一项工作。尤其是当施工中发生工程变更、工程费用索赔和各种特殊风险时，更应独立而公正地做出判断及对其进行合理估价，使承包人和业主的货币收支行为趋于准确和合理。

(4)责、权、利相结合的原则。工程费用监理的目标不是使工程实际支付的费用少于合同价,而是让实际支付的工程费用更趋合理,且符合合同的要求。这就需要费用监理的责、权、利高度结合,即让监理工程师职责明确,权力适当,利益合理。如此,方可充分调动他们的积极性,搞好工程费用监理。

7. 费用监理的方法

工程费用监理的方法很多,根据采取费用监理措施的时间来划分,工程费用监理的方法可分为事前主动监理、事中跟踪监理和事后反馈监理三类。

(1)事前监理,又叫主动监理,是指在发生目标偏差以前,即在实际工程费用超过合同价格之前,根据预测的信息,采取相应的措施予以调节,使工程费用不偏离或尽量少偏离合同价。

(2)事后监理,是指监理工程师将费用监理信息输送出去后又把作用结果返送回来,并对信息的再输出产生影响,以起到费用监理的作用。在费用监理中,为了对施工中的各种耗费进行有效监理,要求把实际耗费与合同价进行比较,并把发生偏差的信息反馈给各方,以便及时进行调整,保证费用监理目标的实现。

从事后监理来说,监理工程师往往由于获得偏差信息的时间和偏差发生的时间之间有时间差,所以这种信息反馈的滞后性使得偏差无法立即被发现,影响纠正偏差的时效和作用。

(3)事中监理,又叫跟踪监理,是指监理工程师跟踪施工过程,并对其进行监理的一种监理方法。旁站监理即是一种典型的跟踪监理。

事中监理与事前监理的区别是,前者在工程费用发生的当时就在现场进行监理,而后者则是通过制订措施,明确合同价款等来进行监理;后者还有可能对现有施工条件进行改变,是从较远的时间和较好的施工条件出发来加以考虑,而事中跟踪监理就没有这些条件。

事中监理与事后监理的区别是,跟踪监理的反馈时间很短,几乎是瞬时反馈,必须当机立断,没有过多的时间来全盘考虑;而事后监理则不同,它可以把实际的工程费用及工程费用的目标值与合同价进行比较,把差异原因搞清楚,把差异责任查明白,并提出全面的处理措施和意见,作为下一步工作的依据,而跟踪监理就不能这样。

事中跟踪监理是一种日常的监理,事前监理与事后监理最后都要通过日常监理才能起作用。没有跟踪监理,事前监理和事后监理就没有意义。另一方面,跟踪监理能及时反馈信息,可以立即采取措施加以调整,取得立竿见影的监理效果。

因此,费用监理事实上存在三种方法,只有将三者有机地结合起来,才能做好费用监理,片面或单纯采用某一方法都无法有效地做好费用监理工作。

8. 费用监理的目的和程序

费用监理的目的是在费用监理过程中发现和减少偏差。费用监理的偏差有两个方面:工程施工的实际耗费与合同价的偏差;工程费用的计量与估价是否符合合同的要求。

费用监理的核心是工程计量和费用支付;费用监理的要求是准确计量,及时支付;费用监理是确保工程质量和进度的重要手段,必须由专门的机构来执行。

工程费用监理应遵循以下程序：落实费用监理的机构，配置费用监理工程师；落实计量、支付人员，明确由谁对最终结果负责，即由谁在计量证书和支付证书上签字；制定计量支付的规章制度和审批程序，以保证计量支付准确无误。

知识点二　工程费用监理的职责与权限

监理工程师对工程费用的监理，是通过工程计量和支付工程费用两个环节来实施的。监理工程师只有对工程具有计量权和工程费用支付权，才能做好费用监理工作。工程计量的范围不仅包括对工程量清单中已列的工程细目的实际工程量进行测定，也包括对施工过程中所有与费用支付有关的工作内容的记录，如自然因素影响导致的停工、窝工对承包人的实际影响等。

1. 计量的职责与权限

（1）计量的职责

按照合同文件的规定，准确测量并记录已完工程的实际完成量，是计量工作的基本职责。公路工程普遍采用的是单价合同，而工程量清单（报价单）中的工程数量，是一种按设计图纸估算的工程量。每一工程细目竣工后的实际工程量需由监理工程师按清单前言和技术规范中有关的计量规定在现场进行计量、确认。因此，计量是监理工程师的一项基本职责。

（2）计量的权力与限制

在承包合同中，都明确规定了计量工作由监理工程师负责，无论采用监理工程师独自计量、承包人独自计量还是双方联合计量中的哪种方式，最终工程数量的确认权归监理工程师所有。同时，监理工程师有权审查和核实承包的计量记录，删除其中不合理的部分，即删除那些工程质量虽然合格，但没有按计量规则和计量方法进行计量的部分；或大多数工程合格，但其中含有不合格的部分等。

工程计量直接关系到付款，涉及业主和承包人双方的直接经济利益。监理工程师对于计量又具有最终确认权，其权力是很大的。虽然在合同文件中没有对监理工程师的计量权加以具体限制，但合同对监理工程师的工作原则都进行了限定，即：不得损害业主的利益，必须公正独立地开展工作，认真地尽职和行使职权。这些原则无形间对监理工程师的计量权力起到了约束和限制的作用；同时，政府监督机构亦可对监理工程师的工作进行监督，从而在另一个方面对其权力加以限制。

2. 工程费用支付的职责与权限

工程费用支付就是承包人提出付款申请后，经监理工程师审核，将付款证书送达业主，业主在规定的时间内向承包人付款的过程。它是工程费用监理的最后一个环节，是确认实际工程费用的过程，同时也是监理工程师进行合同管理的最后一个环节。

（1）在承包人提交了开工预付款担保后，按合同规定的金额签发开工预付款支付证书，并报业主审批。

（2）依据合同规定的计量原则对工程量清单进行审核。审核无误后，及时对承包人提交的工程量清单复核结果予以签认。

（3）在承包人提交了计量申请后，应按合同规定及时地计量核实合同工程量清单规定的任何已完工程的数量；对复杂、有争议需要现场确认的项目，应会同建设、设计、施工等单位现场计量；对于不符合合同规定的项目，有权拒绝计量。

（4）对承包人提交的工程支付申请进行审核，确认无误后应在合同规定的时间内签发中期支付证书及最后支付证书，并报业主审批；对于不符合合同要求的工程项目和施工活动，有权暂拒支付，直到上述项目和施工活动达到要求。

（5）应建立计量与支付台账，将计量与支付随时发生的变化登账记录，实行动态管理，当有较大差异时应报业主。

3. 计量与支付的原则

（1）合同性原则

无论是计量，还是支付，在合同文件中都有明确规定，监理工程师在进行计量和支付时，必须全面理解合同条件、技术规范、设计图纸和工程量清单等合同文件的各组成部分。

（2）公正性原则

监理工程师在计量与支付两个环节中拥有广泛的权力，承包人与业主的货币收支是否合理，取决于监理工程师签认的工程量和工程费用是否准确和真实。只有监理工程师保持公正的立场和公正的原则，才能在计量与支付工作中正确地使用权力，准确地计量，实事求是地处理好业主与承包人之间的有关纠纷，合理地确定工程费用。

（3）时效性原则

计量与支付都具有严格的时间要求，时效性极强。计量不及时，会影响承包人的施工进度。支付不及时，直接产生合同纠纷。《公路工程标准文件》对计量与支付规定了严格的时间限制。因此，监理工程师一定要按时进行计量和支付。

（4）程序性原则

为了保证计量与支付的准确、真实和合法，合同条款和各项目的监理组织都规定了严格的程序。这些程序规定了各项工程细目和各项工程费用进行计量与支付的条件、办法以及计算、复核、审批的环节，是从合同上、组织上和技术上对计量与支付加以严格管理，以确保准确和公正。如计量必须以质量合格为前提，支付必须以计量为基础等。因此，计量与支付必须遵守程序，通过按程序办事来提高数据的准确性、真实性和合法性，以保证计量与支付准确、合理。

知识点三　工程计量

计量是按照招标文件中技术规范所规定的方法对承包人符合要求的已完工程的实际数量所进行的测量、计算、核查和确认的过程。计量是监理工程师的基本职责和基本权力，也是费用监理的基本环节。

计量的任务是确定实际工程数量的多少。计量必须准确、真实、合法和及时。准确指计量结果是正确地按照规定的计量方法和工程量计算规则而得出的,方法正确、结果准确无误,使已完工程的实际数量得到准确的确定,没有漏计和错计。真实指被计量的工程内容真实可靠,没有虚假的部分,即被计量的工程中没有质量不符合要求的,也没有重复计量,隐蔽工程的数量没有弄虚作假,工程量中没有虚报成分。合法指计量是按规定的程序合法进行的。因为计量结果是支付的直接基础和依据,直接关系到业主和承包人双方的经济利益。

1. 计量的必要性

在公路工程施工中,合同工程量清单中所开列的工程数量是按图纸计算的预计数量,该工程量仅是估算的数量,不能作为承包人应予完成工程的实际和确切的数量,只是为投标人提供了一个计算标价的共同基础。

对承包人的工程价款的支付,应按其实际完成的工程数量进行计算;单价合同工程的付款,是将监理工程师认可的实际和准确的工程量与承包人在报价单中该项工程的填报单价相乘;另外,由于对不合格的工程和工作,监理工程师可不予计量(这就迫使承包人必须按照合同规定行事),因此,承包人所得工程价款均以计量的工程量为基础,而计量的准确与否则是保证业主与承包人双方实现公平交易的关键;再则,因单价已在合同中签订,是固定不变的,则影响付款金额的唯一参数便是通过计量的工程量。此外,对于工程变更、计日工等,更应进行工程计量,以便取得完整的计量资料,作为工程费用支付时的依据。

通过按时计量,监理工程师还可随时掌握承包人工作的进展情况和工程进度,以便调整施工组织计划。

2. 计量时间

根据合同规定,监理工程师应及时对已经完成且质量合格的工程细目进行计量,并且对一切进行中的工程,均须每月粗略计量一次,到该部分工程完工后,再根据规范的条款进行精细计量。每月进行计量是为了掌握工程进度情况及核定月进度款(即期中支付证书),为此,监理工程师一般需填制"中间计量单"。

3. 工程计量的范围

工程计量的范围包括:工程量清单及修订的工程量清单的内容;技术规范和合同文件规定的各项费用支付(如费用索赔、各种预付款及其扣回、保留金、违约金、材料设备的价格调整等)。

4. 工程计量的依据

工程计量的主要依据是:质量合格证书、工程量清单及其说明、合同图纸、工程变更令及修订的工程量清单、合同条件中的"计量支付"条款,技术规范中有关计量支付的内容(或独立的计量支付说明)、有关计量的补充协议、《索赔时间/金额审批表》及各种测量数据。也就是说,计量时必须以这些资料为依据。

(1)质量合格证书。计量的基本条件和前提是质量合格,质量不合格部分不予计量。因此,计量工程师进行计量时,一定要同质量工程师配合。只有通过质量监理,经质量监理工程师签发了质量合格证书的工程内容,才能进行计量。

(2)工程量清单说明和技术规范。因为工程量清单说明(前言)和技术规范中的"计量支付"规定了工程量清单中每一项工程的计量方法,同时还规定了按规定的计量方法确定的单价,即包括的工作内容和范围。

(3)设计图纸。工程量清单的数量是该工程的估算工程量,但是被计量的工程数量,并不一定是承包人实际施工的数量,因为计量的几何尺寸应当以设计图纸为准。例如,根据计量规定,对就地灌注桩的计量支付,应根据图纸所示由监理工程师确定的从设计基础表面到下方桩端间的长度考虑。

(4)测量数据。与计算有关的测量数据有原始地面线高程的测量数据、土石分界线的测量数据、基础高程的测量数据、竣工测量数据等。测量数据的准确性严重影响计量结果的准确性。

5. 工程计量的文件

工程计量的主要文件如下:《中间计量表》、《工程分项开工申请批复单》、《检验申请批复单》及有关的自检资料、《工程质量检验表》及有关的质量评定意见、《工程变更令》、《中间交工证书》。

6. 工程计量形式

工程计量一般有三种组织形式,即监理工程师独立计量,承包人单独计量,监理工程师与承包人联合计量。这三种形式各有特点,其计量必须符合合同要求,其结果必须由监理工程师确认。

(1)监理工程师独立计量。监理工程师独立计量时,可以由监理工程师完全控制被计量的部位,质量不合格的工程肯定不会被计量,也很少出现多计的情况,能够确保记录结果的准确性。但监理工程师的工作量较大,且容易引起承包人的异议而延误计量工作时间。

(2)承包人单独计量。这种方式可以减轻监理工程师的工作量,让监理工程师有时间进行计量分析和计量管理,但由于承包人是自行计量,往往会出现多计和冒计的问题,有时计量细节和计量方法甚至算术计算也有差错,并且一些质量不合格的工程也可能被计量。因此,监理工程师一定要认真细致地审查计量结果,并定期派人对承包人的计量工作进行检查,最好派有经验的计量人员经常检验及控制承包人的计量工作,即当由承包人单独计量时,监理工程师一定要对计量结果的准确性和计量方法及计算规则进行严格审查。

(3)联合计量。这种方式有利于消除双方的疑虑,当场解决分歧,减少争议,又能较好地保证计量结果的公正性和准确性,简化程序,节约时间。因此,公路工程合同中,较多地采用联合计量,即承包人和监理工程师共同进行计量工作。

通常,工程量的计量由承包人负责,且由双方共同进行。监理工程师必须对计量结果做出准确的记录,并将记录的副本抄送给承包人,以及负责计量结果的审核。计量结果须经承包人和监理工程师双方签字同意。如出现争议,首先应协商解决,如协商解决不了,仍由监理工程师最后确定。

7. 工程计量方式

工程计量方式主要有以下三种:

(1)实地测量与实地勘察,如土石方工程,场地清理工程等;

(2)室内按图纸计量,如钢筋混凝土结构物及多数永久工程;

(3)根据现场记录计量,如计日工、打桩工程、工程量清单中第100章的大部分内容等。

8. 工程计量的原则

监理工程师对工程计量或对承包人申报的已完成工程数量的确认,应符合以下原则:

(1)不符合合同文件要求或未经质量验收不合格的工程,不予计量。

(2)计量的主要文件及附件的签认手续不完备,资料不齐全的,不予计量。

(3)按监理工程师同意的计量方法计量。

(4)计量时必须按照采用合同的计量细则的规定进行,且不得按习惯方法计量,更不能按别的计量规则计量。

(5)按合同文件所规定的方法、范围、内容、单位计量。

(6)计量不排除承包人应尽的任何义务,尽管要求计量的对象是合格品,但如事后发现已计量的工程有缺陷或发生质量事故,仍不免除承包人无偿返工和承担事故赔偿。

工程计量只计量工程量清单中的全部项目;已由监理工程师发出变更指令的工程变更项目;合同文件中规定由监理工程师现场确认,且已获得监理工程师批准的项目;确属完工或正在施工中的已达到合同规定和技术标准,即已计量并签发了中间交工证书的工程项目;申报资料和验收手续齐全的项目;对于隐蔽工程,必须在其覆盖之前进行计量。

9. 工程计量的程序

工程计量由承包人向监理工程师提出并附有必要的中间交工验收申请、试验资料或质量合格证明等。

监理工程师对工程的任何部分进行计量时,则应先审查承包人提交的计量申请,再按照项目合同条款规定,事先通知承包人或承包人代表,承包人或承包人代表应立即参加或委派合格人员前往协助监理工程师进行计量工作,还应提供必要的人员、设备和交通工具。计量工作可以由监理工程师和承包人双方委派合格人员在现场进行,也可以采用记录和图纸在室内按计量规则进行计算,其结果都必须经监理工程师和承包人双方同意,签字认可。

如果承包人在收到监理工程师的计量通知后,不参加或未派人参加计量工作,根据项目合同条款规定,由监理工程师派出人员单方面进行的工程计量,经监理工程师批准的应认为是正确的工程计量,可以用作支付的依据,承包人不可以对此种计量提出异议。

如果对永久工程采用记录和图纸的方式计量,则监理工程师应准备该项工程项目的图纸和记录。当承包人被通知要求参加此项计量时,应在通知发出14天内同监理工程师一道查阅和确认记录与图纸,并在双方取得同意时,在上面签字。如果承包人不参加或不委派人员参加上述记录和图纸的审查与确认,则应认为这些记录和图纸是正确无误的。除非承包人在上述计量后14天内向监理工程师提出申辩,说明承包人认为上述记录和图纸有不正确之处,要求监理工程师予以决断。监理工程师在收到承包人的申辩后应进一步检查记录和图纸,或者维持原议或者进行修改,并将复议后的结果通知承包人。

对计量结果必须清楚、真实地填写入《中间计量表》,并经双方签字认可。倘若承包人对监理工程师计量核实后的确定不予同意,则应在上述审查后7天之内将其认为不正确的有关方面向监理工程师提出申辩。则监理工程师进一步检查计量记录并复议,然后将复议的结果通知承包人。

如果监理工程师在审查承包人为计量准备的有关资料的过程中发现问题或资料不全时,应将这些资料退还给承包人,且暂不进行计量,或计量后暂不予以支付,直到合格为止。

10. 工程计量记录

工程计量记录与档案是计量管理中的一个重要内容,对于公路工程这样大型的复杂项目,要进行多次计量,并形成一系列的计量资料。只有在完善计量记录的基础上加强对计量的档案管理,才能使项目的计量工作顺利完成。

为了便于合同管理,正确评价工程和查询交流计量工作,必须加强工程计量,特别是中间计量的档案管理。

计量应根据合同的要求做好记录。符合要求的记录应能说明哪些已经计量,哪些尚未计量,哪些已经签发支付证书,哪些尚未签发证书。计量时监理工程师还应完成以下工作。

(1)应有一套图纸(最好挂在墙上),用彩笔将所进行的工程位置在图纸上标示出来,并在适当的位置作详细补充说明,如工程的开始、结束及几何尺寸等数据,这将有助于作好计量记录。

(2)应有一套档案,包括计量证书的号码及所计量的数量。所有计量证书必须是承包人和监理工程师共同签署的,只有这样才能作为支付的凭证。

(3)记录工程量清单中所列出的分类细目的数量与计量后数量的差异及双方同意的任何进度款支付证书应付的款额。

(4)对计日工应记录在有号码的计量证书上,并由承包人代表及监理工程师代表共同签名。计日工应详细记录如下内容:

①记录已指令进行的这项计日工的估计数量和付款额已获同意,记录计日工已完成的数量及付款金额。

②如果计日工的时间超过一个月,应在暂时计量单上记账,记录已同意的计日工单价、付款的金额、付款报表号码,并在计量证书上另立系列号码,这些记录应与累计账册一同归档。

(5)工程变更应记录已下达的变更指令依据,已同意的单价和价格调整,增加费用的计量证书应另编系列号码分开存档。

(6)对于现场存放的材料应每月计量记录一次,其计量表中应记录已发到现场的材料的种类和数量及这些材料的发票面值;已计量的数量应记录每一次报表中的预付金额及回收金额，材料计量证应另编系列号码，并应与发票及所有材料的累计账册一同归档。

11. 工程计量分析

为了搞好计量的管理工作，除落实职责和加强记录与档案的管理外，还应加强计量分析，一方面及时发现计量工作中的问题，另一方面及时掌握工程进度，为进度监理和费用支付提供基础。

工程计量分析时，一方面应对照原工程量清单和设计图纸进行分析，将实际工程量与原设计的工程量进行对比，发现偏差并分析偏差的原因；另一方面以计量的工程量为依据，计算出实际进度，将实际进度与批准的进度比较，发现进度偏差，并找出原因从而采取措施改进。

计量分析也应对计量的方法是否恰当、计量的结果是否准确以及是否有质量不合格的工程等进行分析，通过分析找出是否有多计、错计的部分。

为了便于计量的分析与管理，对计量的表格应统一，使其标准化和规范化。监理工程师应设计好表格让承包人和具体从事计量的人员按此填写，这便于采用计算机辅助计量和进行计量分析。

知识点四 费用支付的一般规定

支付是指按合同规定对承包人的应付款项进行确认并办理付款手续的过程。支付是业主与承包人之间的一种货币收支活动，既是施工合同中经济关系全面实现的一个主要环节，也是监理工程师控制工程的根本手段和制约合同双方（业主与承包人）的有力杠杆。

支付签认权是监理工程师三大权力（质量否决权、计量确认权和支付签认权）之一，是监理工程师控制工程的最后一个环节，是对承包人施工行为的最终评价，是监理工作的关键和核心。支付必须以合同为依据，计量为基础，质量为前提。只有符合合同规定的费用才能签认。对合同中规定不明确的，要依据合同精神，实事求是地去确认，如索赔金额、变更的估价等。支付金额的多少，必须以准确的计量为基础，对质量不合格的工程量一律不能支付，并且还要承包人自费返工使其达到质量要求。

1. 支付时间

（1）进度付款证书的核查时间

监理人在收到承包人进度付款申请单以及相应的支持性证明文件后的14天内完成核查，提出发包人到期应支付给承包人的金额以及相应的支持性材料，经发包人审查同意后，由监理人向承包人出具经发包人签认的进度付款证书。监理人有权扣发承包人未能按照合同要求履行任何工作或义务的相应金额。

（2）竣工付款证书的核查时间

监理人在收到承包人提交的竣工付款申请单后的14天内完成核查，提出发包人到期应支付给承包人的价款送发包人审核并抄送承包人。发包人应在收到后 14 天内审核完毕，由监理人向承包人出具经发包人签认的竣工付款证书。监理人未在约定时间内核查，又未提出具体意见的，视为承包人提交的竣工付款申请单已经监理人核查同意；发包人未在约定时间内审核又未提出具体意见的，监理人提出发包人到期应支付给承包人的价款视为已经发包人同意。

（3）最终结清证书的核查时间

监理人收到承包人提交的最终结清申请单后的 14 天内，提出发包人应支付给承包人的价款送发包人审核并抄送承包人。发包人应在收到后 14 天内审核完毕，由监理人向承包人出具经发包人签认的最终结清证书。监理人未在约定时间内核查，又未提出具体意见的，视为承包人提交的最终结清申请已经监理人核查同意；发包人未在约定时间内审核又未提出具体意见的，监理人提出应支付给承包人的价款视为已经发包人同意。

（4）付款时间

发包人应在监理人收到进度付款申请单后的 28 天内，将进度应付款支付给承包人；或在监理人出具竣工付款证书后的 14 天内，将应支付款支付给承包人；或在监理人出具最终结清证书后的 14 天内，将应支付款支付给承包人。发包人不按期支付的，按专用合同条款的约定支付逾期付款违约金。

2. 支付的最低限额

公路招标项目在合同专用条件中规定每月支付的最低限额。一般规定每月支付金额不低于合同总价的 2%。若没有达到，则暂缓支付，有利于监理工程师进行进度控制。

3. 支付范围

所有到期并符合合同要求的工作内容均应计量支付。

4. 支付方法

根据各种工程费用的特点和支付要求分项、分类计算，汇总后扣减承包人对业主的支付。

清单中的内容，应按各工程细目的支付项目分项计算；各类附加支付则应分类计算，汇总各分项和各类金额。承包人对业主的支付主要是三种：动员预付款、材料预付款、保留金。它们均应按规定比例扣减。

5. 支付货币

工程费用中人民币与外汇的比例应按合同补充资料表所定的百分比确定。需要说明的是，补充资料表对工程费用支付有较大的参考价值，它不仅规定了外汇需求量，而且还有支付计划表，价格调整指数表等，这些资料直接关系到费用支付。因此，监理工程师进行费用支付时，应参照补充资料表中的有关内容。

6. 支付依据

支付依据必须准确可靠，进行工程费用支付时，需要大量的凭证和依据，这些依据直接确定了支付费用的数额。监理工程师在支付时，必须取得和分析这些数据，并对其可靠性进行评价判断。所支付的工程费用必须能够被这些凭证确切地说明。这些依据或凭证,一方面必须在数量上准确,另一方面必须在程序上完备。数量上准确是不言而喻的,计量证书中的工程量必须按计量的要求和程序确认,价格调整采用的价格指数必须准确等。程序上的完备包括监理工作的管理程序和财务制度及合同方面所规定的程序,即通过这些程序确保凭证的合法性。

7. 支付条件

支付是对承包人应获得的款项予以确认并进行付款的过程。款项支付应满足下列条件:

(1) 质量合格的已完工程是支付的必备条件;
(2) 变更项目必须有总监理的变更令;
(3) 各项支付款项必须符合合同条款的规定;
(4) 中期支付金额大于招标文件规定的中期支付证书要求的最低限额;
(5) 任何工程款项的支付必须经监理工程师的审批;
(6) 支付不解除承包人合同内应尽的责任。

8. 支付原则

支付是工程费用监理的关键,亦是监理工程师的核心权力。因此,监理工程师在费用支付中,一定要公平准确地评价承包人的施工活动,认真、负责、正确地确定工程费用并及时加以签认,让承包人能及时得到补偿。为了达到公平合理的支付目标,则应遵守以下原则:

(1) 支付必须以工程计量为基础;
(2) 必须以技术规范和工程报价单为依据;
(3) 必须以合同条款和日常记录资料为依据;
(4) 必须严格执行规定的程序;
(5) 支付金额必须大于规定的阶段最低限值;
(6) 必须经监理工程师审批;
(7) 必须及时、准确、规范;
(8) 支付不解除承包人合同内应尽的责任和义务。

9. 支付的程序

工程费用支付的基本程序如下:

(1) 承包人提出申请。支付工程费用一般由承包人先通过监理工程师向业主提出付款申请,承包人在付款申请时要出具一系列的有效报表,以说明申请金额的准确性。其主要工作就是填好月报或月结账单。承包人的月报表应说明他在这个月应收取的金额。

(2) 监理工程师审核与签认。其审查应满足公平性、及时性、准确性的要求。就其公平性而言,一方面应通过审查剔除承包人支付申请中不符合合同规定的付款要求,并扣除承包人的违约金或其他损害赔偿,保护业主的合法权益不受损害;另一方面,对承包人支付申请中符合合同规定的支付要求应及时予以确认,并办理付款签证,以保护承包人的合法权益。就准确性而言,在审查过程中,应注意承包人的支付申请原始凭据是否齐全,是否有合同依据。

监理工程师对承包人的月报表进行全面审核和计算,在逐项审核和计算的基础上签认应支付的工程费用。一般以支付证书的方式确认工程费用的数额。

(3)业主付款。业主收到监理签认的支付证书后,按合同规定的时间支付费用给承包人。

知识点五 费用支付项目的分类

支付可以分为很多种,不同种类的支付有不同的规定和不同的程序及支付办法,作为监理工程师必须予以了解。根据发生时间的不同,费用支付可分为前期支付、中期支付、交工支付、最终支付等形式。

1. 按支付的时间分类

按支付的时间分类,可分为前期支付、中期支付、交工支付和最终支付四种。

(1)前期支付。《公路工程标准文件》通用条款规定的预付款有两种:动员预付款和材料预付款,是由业主提供给承包人的无息款项,按一定条件支付并扣回。

(2)工程进度款支付。就是我们所熟悉的进度款,按月支付,即按本月完成的工程价值及其他有关款项进行综合支付,由监理工程师开出中期支付证书来实施。

(3)竣工付款支付。即在项目完工或基本完工,监理工程师签发交工证书后办理的费用支付。

(4)最终付款支付。即在缺陷责任期结束后,监理工程师签发缺陷责任证书后,办理的最后一次支付手续。

2. 按支付的内容分类

费用支付项目按内容不同可分为清单支付项目和合同支付项目两大类,具体内容如图3-14所示。

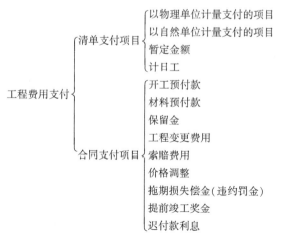

图3-14 工程费用支付项目

知识点六　清单支付项目的支付

清单支付项目在工程费用支付中所占比重很大，包括以物理单位计量支付的项目、以自然单位计量支付的项目、暂定金额和计日工四类。

1. 以物理单位计量支付的项目

工程量清单中的绝大部分工程内容是以物理单位计量支付的，其费用约占工程总费用的85%，其支付条件和费用计算方法应满足下列要求：

(1) 支付条件是完成了技术规范和设计图纸所规定的工作内容，且质量合格，计量结果准确无误，并使监理工程师满意。

(2) 费用计算方法是以每月完成工程项目的计量数量与报价单中相应的单价相乘来求得支付金额的。如果某一项目是一次完成的，则十分简单；如果是分多次完成的，则应在计量单上列出设计数量、上期累计完成数量和本期完成数量并附上计算公式和简图。

2. 以自然单位计量支付的项目

以自然单位计量支付的项目分为按项支付和单纯按自然单位计价支付两种情形。

工程量清单中多数开办的项目如承包人驻地建设、临时工程等，都属于按项支付项目。这些项目的特点是总额包干，因此，在合同有关文件中被称为总额支付细目。为做好这些项目的支付工作，根据《公路工程标准文件》合同通用条件第57.2款的规定，承包人应在签订合同协议书后28天内，并在总额价支付细目支付前，向监理工程师提交其工程量清单每个总额支付细目的分目，且该分目须经监理工程师批准。

工程量清单中另有一些支付细目属于单纯按自然单位计价支付的项目，如桥梁支座以块计价、照明灯柱以根计价以及砍伐树木以棵计价等，它们都只需将实际数量与报价单中的单价相乘即可。

3. 暂定金额

暂定金额是工程量清单中比较特殊的一类项目。暂定金额顾名思义，是指合同工程量清单中因所发生的项目及所需的金额不明确而暂时确定的一笔金额。根据《公路工程标准文件》通用条款第58.1款规定："暂定金额"是指包括在合同之内，并在工程量清单中以"暂定金额"名称标明的一项金额。

(1) 暂定金额的主要特点。暂定金额下的项目具有如下特点：发生项目的不确定性；发生金额的不确定性；承担单位的不确定性。

(2) 暂定金额的使用。除合同另有规定外，暂定金额应根据监理工程师指令（由监理工程师报业主批准后指令）全部或部分地使用，或者根本不予动用。承包人有权得到的暂定金额应限于监理工程师根据规定决定动用暂定金额的工程、供应或不可预见费用方面的金额。监理工程师应将做出的每项决定报业主批准并通知承包人。

动用暂定金额时，监理工程师应审批承包人提交的相应工程的施工组织计划及其所需要的人工费、材料费、机械费、设备费及计算说明，并与业主和承包人就暂定金额的支付进行协商。

(3)暂定金额项目的执行。暂定金额项目可由承包人或指定的分包人(特殊分包人)完成。具体由谁承担,应根据合同条款(特殊分包人)、特殊分包人的招标情况或监理工程师的指示来确定。

(4)暂定金额项目的计价与支付。属于特殊分包项目的专项暂定金额,根据特殊分包合同的价格来计价(根据《公路工程标准文件》第59.4款,承包人可收取一定的手续费及利润提成),在监理工程师签发支付证书后由业主支付给承包人,承包人再付给特殊分包人。当承包人不履行向特殊分包人付款的义务时,业主有权根据监理工程师签发的支付证书,直接向特殊分包人支付分包合同内规定而承包人未支付的一切款项(扣除保留金),并从应付给承包人的款项中扣回。监理工程师在发给承包人下一期的支付证书时,应从该证书的支付款额中扣除已由业主支付的款额。

对于其他暂定金额项目,如属于计日工的,按计日工的有关规定办理;如属于新增工程、附加工程等变更工程的,按变更工程的有关规定办理;如属于价格调整的,按价格调整的有关规定办理;如属于施工索赔的,按施工索赔的有关规定办理等。根据监理工程师的要求,承包人应提交有关暂定金额项目开支的全部报价、发票、凭单、账目和数据,经审核后才能进行暂定金额项目的费用支付。

4. 计日工

计日工的发生应以监理工程师的指示为依据,计日工的单价应以工程量清单中的所报单价为基础,完成的计日工数量应有监理工程师的认定和批准。《公路工程标准文件》通用条款第15.7款,对计日工有如下规定:

(1)发包人认为有必要时,由监理人通知承包人以计日工方式实施变更的零星工作。其价款按列入已标价工程量清单中的计日工计价子目及其单价进行计算。

(2)采用计日工计价的任何一项变更工作,应从暂列金额中支付,承包人应在该项变更的实施过程中,每天提交以下报表和有关凭证报送监理人审批:工作名称、内容和数量;投入该工作所有人员的姓名、工种、级别和耗用工时;投入该工作的材料类别和数量;投入该工作的施工设备型号、台数和耗用台时;监理人要求提交的其他资料和凭证。

(3)计日工由承包人汇总后,列入进度付款申请单,由监理人复核并经发包人同意后列入进度付款。

值得注意的是,用于计日工的劳务,未经监理工程师同意不得按加班情况计算费用;用于计日工的施工机械应由承包人提供,因故障或闲置的施工机械不支付费用。

知识点七 合同支付项目

1. 动员预付款支付

动员(开工)预付款是一项由业主提供给承包人用于项目启动的无息贷款。国际上一般规定范围是0~20%。提供这项资金的目的仍然是减轻承包人资金周转的压力。

(1)动员预付款支付的一般规定

承包人有权在工程开工前得到业主提供的一笔相当于10%签约合同价的无息的动员预付款项,用以支付施工初期的各项费用。这种款项应在合同实施中在规定的期限内分批扣回。

开工预付款的金额在项目专用条款数据表中约定。在承包人签订了合同协议书并提交了开工预付款保函后,监理人应在当期进度付款证书中向承包人支付开工预付款的70%的价款;在承包人承诺的主要设备进场后,再支付预付款30%。

承包人不得将该预付款用于与本工程无关的支出,监理人有权监督承包人对该项费用的使用,如经查实承包人滥用开工预付款,发包人有权立即通过向银行发出通知收回开工预付款保函的方式,将该款收回。

(2)动员预付款的担保

承包人应向业主提交经中国银行或中国银行认可的、业主同意的外国银行,不得撤销的、无条件的银行保函,其担保金额应等于动员预付款的金额。该保函应在业主收回全部动员预付款之前一直有效。但上述银行担保的金额,应随动员预付款的逐次回收而减少。

(3)动员预付款的扣回

开工预付款在进度付款证书的累计金额未达到签约合同价的30%之前不予扣回,在达到签约合同价30%之后,开始按工程进度以固定比例(即每完成签约合同价的1%,扣回开工预付款的2%)分期从各月的进度付款证书中扣回,全部金额在进度付款证书的累计金额达到签约合同价的80%时扣完。

2. 材料预付款的支付

(1)支付条件

承包人根据《公路工程标准文件》合同通用条款第17.2.1款规定,材料、设备预付款按项目专用合同条款数据表中所列主要材料、设备单据费用(进口的材料、设备为到岸价,国内采购的为出厂价或销售价,地方材料为堆场价)的百分比支付,一般应为70%~75%,最低不少于60%。其预付条件为:

①材料、设备符合规范要求并经监理人认可;

②承包人已出具材料、设备费用凭证或支付单据;

③材料、设备已在现场交货,且存储良好,监理人认为材料、设备的存储方法符合要求。

则监理人应将此项金额作为材料、设备预付款计入下一次的进度付款证书中。在预计竣工前3个月,将不再支付材料、设备预付款。

(2)材料预付款的扣回

当材料、设备已用于或安装在永久工程之中时,材料、设备预付款应从进度付款证书中扣回,扣回期不超过3个月。已经支付材料、设备预付款的材料、设备的所有权应属于发包人。

(3) 材料预付款的扣回方法

①定期扣回的计算方法。该方法是对本月到现场材料、设备支付预付款的同时,扣回上月已支付的预付款。因此,当合同条件规定材料预付款按所列材料、设备支付单据开列费用的 75% 支付时,本月实际预付款金额为:

本月预付款金额 = 本月末现场材料设备价值的 75% − 上月末现场材料设备价值的 75%

这种方法计算简单,操作方便。

②最后扣回的计算方法。这种方法更合理、更科学。使用该方法时预付款的起扣时间是当未完工程所需主要材料、设备的价值与备料款数额相当时开始起扣,即:

未施工工程主要材料设备的价值 = 材料预付款数额

未施工工程主要材料设备价值 = 未施工工程价值 × 主要材料设备价值所占比重

$$未施工工程价值 = \frac{材料预付款}{主要材料设备价值所占比重}$$

则开始扣回材料预付款的工程价值,即起扣点价值为:

起扣点价值 = 单项工程总值 − 未施工工程价值

$$= \frac{单项工程总值 − 材料预付款}{主要材料设备价值所占比重}$$

首次扣回材料预付款 = (累计完成工程量 − 起扣点价值) × 主要材料设备价值所占比重

以后每次应扣回材料预付款 = 每次结算已完工程价值 × 主要材料设备价值所占比重

3. 质量保证金的支付

质量保证金(或称保留金),是业主为了使承包人履行合同而对承包人应得款项的一种扣留,用于保证在缺陷责任期内履行缺陷修复义务的金额。

监理人应从第一个付款周期开始,在发包人的进度付款中,按项目专用合同条款数据表规定的百分比扣留质量保证金,直至扣留的质量保证金总额达到项目专用合同条款数据表规定的限额为止。质量保证金的计算额度不包括预付款的支付以及扣回的金额。质量保证金一般不超过合同价格的 5%。

缺陷责任期满时,承包人向发包人申请到期应返还承包人剩余的质量保证金金额,发包人应在 14 天内会同承包人按照合同约定的内容核实承包人是否完成缺陷责任。如无异议,发包人应当在核实后将剩余保证金返还承包人。

缺陷责任期满时,承包人没有完成缺陷责任的,发包人有权扣留与未履行责任剩余工作所需金额相应的质量保证金余额,并有权要求延长缺陷责任期,直至完成剩余工作为止。

4. 工程变更费用

工程变更费用是指根据《公路工程标准文件》通用条款第 15 条确定的支付费用。工程变更费用的支付依据是工程变更令和工程变更清单,支付方式采用列入中期支付证书的形式进行,支付货币与其他支付项目相同,即按承包人投保时所提出的货币种类和比例进行支付。

鉴于变更项目的复杂性和特殊性，监理工程师应对变更项目的审批制定严格的管理程序，并且应特别注意的是，变更的权力在总监理工程师，一般不得进行委托。有些合同还在专用条款中对监理工程师进行工程变更的权力做了某种限制，要求变更超过一定限度后，必须由业主授权。

5. 索赔费用

索赔费用是指监理工程师根据《公路工程标准文件》通用条款第 23 条规定的索赔处理程序所确定的赔偿费用。就监理工程师处理的所有支付项目而言，索赔费用是最复杂的支付项目之一。在进行索赔费用支付时，监理工程师必须谨慎处理；否则，会因为对索赔费用的支付管理不善而导致对整个工程费用的失控。

由于导致索赔的原因多种多样，因此其费用的计算和确定原则就各不相同。监理工程师不仅要对合同条款和技术规范十分熟悉，而且要有深刻的理解，并能结合实际情况正确运用。

在处理索赔费用时，监理工程师应对承包人提供的索赔证据和细节账目等有关资料进行审查核实，在业主和承包人协商后，确定承包人有权得到的全部或部分索赔款额。最后，以中期支付证书的形式进行支付，支付货币与其他支付项目相同。

6. 价格调整

价格调整是指根据《公路工程标准文件》通用条款第 16 条所确定的调价费用。由于公路工程项目施工所跨越的时间较长，施工成本容易受市场物价波动的影响，所以通用条款规定，在合同执行期间，凡是合同工期在 24 个月以上的项目，当劳务和材料或影响工程施工成本的任何其他事项的价格涨落引起费用（施工成本）增减时，应根据规定的价格调整公式予以调价，将此费用加到合同价格或从合同价格中扣除，在中期支付证书中支付即可。

7. 逾期交工违约金（违约罚金）

逾期交工违约金的计算方法在项目专用合同条款数据表中约定，时间自预定的交工日期起到交工验收证书为：每逾期一天支付＿＿＿元人民币（在项目专用合同条款中约定），时间自预定的竣工日期起到工程接收证书中写明的实际竣工日期止（扣除已批准的延长工期），按天计算。逾期竣工违约金累计金额最高不超过签约合同价的 10%。发包人可以从应付或到期应付给承包人的任何款项中或采用其他方法扣除此违约金。

如果在合同工作完工之前已对合同工程内按时完工的单位工程签发了工程接收证书，则合同工程的逾期竣工违约金应按已签发工程接收证书的单位工程的价值占合同工程价值的比例予以减少，但本规定不应影响逾期竣工违约金的规定限额。

8. 提前竣工奖金

发包人不得随意要求承包人提前交工，承包人也不得随意提出提前交工的建议。如遇特殊情况，确需将工期提前的，发包人和承包人必须采取有效措施，确保工程质量。

如果承包人提前交工，发包人支付奖金的计算方法在项目专用合同条款数据表中约定，时间自交工验收证书中写明的实际交工日期起至预定的交工日期止，按天计算。但奖金最高限额不超过项目专用合同条款数据表中写明的限额。

9. 迟付款利息

发包人不按期支付的,按项目专用条款数据表中约定的利率向承包人支付逾期付款违约金。违约金计算基数为发包人的全部未付款额,时间从应付而未付该款额之日算起(不计复利)。

逾期付款违约金的利率相当于中国人民银行短期贷款利率加手续费。招标人不能自行取消本项内容或降低利率。

迟付款利息是对业主的一种约束,业主有准时付款给承包人的责任和义务。业主必须在规定时间内支付承包人所完成工程的款额,否则应向承包人支付利息。

模块七 合同其他事项管理

知识点一 合同管理概述

1. 合同管理的含义

合同管理是指依据合同规定对当事人的权利和义务进行监督和管理的过程。合同管理可分为宏观管理和微观管理。宏观合同管理是指国家和政府机关为建立和健全合同制度所开展的管理工作,包括立法工作、行政执法工作、行政监督工作等;微观的合同管理是指企业对合同的管理工作。就公路工程承包合同而言,微观合同管理按主体的不同可分为业主的合同管理、承包人的合同管理和监理单位的合同管理,见图 3-15。本模块所指的合同管理指合同在执行过程中所开展的有关管理工作,包括工程风险与保险、工程变更、工程分包与转让、工程延期与索赔、违约、争端与仲裁、合同的终止等事宜。

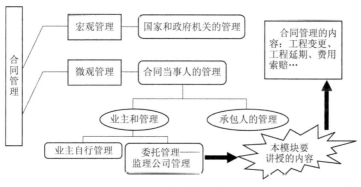

图 3-15 合同管理分类图

2. 合同其他事项管理方面的职责

(1)主持召开第一次工地会议和施工阶段的工地例会及专题工地会议,并做好会议记录。

（2）按合同规定的变更范围，对工程或其任何部分的形式、质量、数量及任何工程施工程序做出变更的决定，按合同约定或合同双方协商的结果确定变更工程的单价和价格，经业主同意下达变更令。

（3）在承包人提出工程延期或费用索赔申请后，应对延期或索赔发生的原因、发展情况、结果测算等资料进行审核，并根据合同规定审定延期的时间或索赔的款项，经业主批准后发出通知。

（4）按合同规定审查承包人的任何分包人的资格，分包工程的类型、数量，审查合格后报业主批准。

（5）按合同规定，对合同执行期间由于国家或省（自治区、直辖市）颁布的法律、法规、法令等致使工程费用发生增减和人工、材料或影响工程费用的其他事项价格的涨落而引起工程费用的变化，应根据合同规定的价格调整方法及可调整的项目，计算确定新的合同价格或调价幅度，予以核定签认。

（6）根据合同规定，结合工程实际需要，批准或指令承包人实施计日工，并按合同已确定的单价和费率，审核应支付的计日工费用。

（7）施工过程中发生质量事故和其他必须暂停施工的紧急事件等情况时，应按合同规定，经业主同意后，签发工程暂停令，并指令承包人保护该部分或全部工程免遭损害，同时做好工程延期和费用索赔的预防。

（8）由承包人原因引起工程暂停需复工时，应要求承包人提出复工申请并签发复工指令；非承包人原因引起的工程暂停，在暂停原因消失后具备复工条件时，应及时签发复工指令。

（9）根据合同规定对承包人办理的工程保险种类、数额、有效期、保险单及保险费收据等进行检查。

（10）在合同履行期间，应及时提示承包人和业主采取措施，防止违约事件发生；违约事件发生后，应调查分析，掌握情况，依据合同规定和有关证据评估损失，提出处理意见。

（11）在收到合同一方或双方提出的争端协调申请后，应及时调查和收集相关资料，提出争端解决建议，对双方进行调解。在对争端进行仲裁或诉讼时，应向仲裁机关或法院提供有关证据。

知识点二　工程项目的风险与保险

1. 工程项目的风险

工程项目的风险就是那些在项目实施过程中可能出现的灾难性事件或不满意的结果。任何风险都包含两个基本要素：一是风险因素发生的不确定性；二是风险发生带来的损失。公路工程项目在实施过程中存在风险是必然的、不可避免的，监理工程师必须有强烈的和正确的风险意识。

（1）风险分类

依据国际工程承包管理的科学分支——风险管理与决策,一般常将工程项目风险划分等级进行评价分析。可分为:极端严重危害风险、严重危害风险、一般危害风险三个等级。

①极端严重危害的风险。此类风险一旦发生,足以对业主和承包人造成致命危害,应仔细研究分析,最后决策是回避风险还是面对风险。

②严重危害的风险。如果发生此类风险,可能给业主和承包人带来严重的经济损失。但若事先预测,认真对待,再加上合同条款的公平与保证,可以避开或减少此类风险。

③一般危害的风险。这类风险危害较小且常见,有经验的业主和承包人只要采取适当的措施,就可以预测此类风险并避开和转移风险。

（2）风险管理

公路工程项目的风险,受国家和地方经济政策、法律和法规的调整变化影响最大,同时也受工程项目自身特点的风险影响。为了减轻风险、转移风险和避开风险,化消极因素为积极因素,无论是工程业主还是承包人,都应该加强风险预测和风险管理。

①风险预测与识别

风险预测与识别是风险管理中的首要步骤,指通过一定的方式,系统而全面地预测与识别出影响建设工程目标实现的风险事件,必要时,还需对风险事件的后果做出定性的估计。

②风险分析与评价

这个过程在系统地识别工程风险与合理地做出风险对策决策之间起着重要的桥梁作用。风险分析与评价的结果主要在于确定各种风险事件发生的概率及其对建设工程目标影响的严重程度。

③风险对策规划

一般来说,风险管理中所运用的对策有以下四种:风险回避、损失控制、风险自留和风险转移。这些风险对策的适用对象各不相同,需要根据风险评价的结果,对不同的风险事件选择最适宜的风险对策,从而形成最佳的风险对策组合。

④实施决策

对风险对策所做出的决策,还需要进一步落实到具体的计划和措施中。例如,制订预防计划、灾难计划、应急计划等;又如,在决定购买工程保险时,要选择保险公司,确定恰当的保险范围、免赔偿、保险费等。这些都是实施风险对策决策的重要内容。

⑤实施检查

在工程实施过程中,要对各条风险对策的执行情况不断进行检查,并评价各条风险对策的执行效果;在实施条件发生变化时,要确定是否需要提出不同的风险处理方案。除此之外,还需要检查是否有被遗漏的工程风险或者发现新的工程风险,也就是进行新一轮的风险识别,开始新一轮的风险管理过程。

2. 工程项目的保险

公路工程施工阶段的保险，是指通过专门机构(保险公司)以收取保险费的方式建立保险基金，一旦发生自然灾害或意外事故，造成参加保险者的财产损失或人身伤亡时，即用保险金给以补偿的一种制度。它的好处是，参加者付出一定的小量保险费，换得遭受大量损失时得到补偿的保障，从而增强抵御风险的能力。《公路工程标准施工招标文件》合同条件第 20 条做了明确规定。

(1)公路工程实施中常见的保险种类

①工程一切险

所谓"工程一切险"，是一种综合性的保险，是对该项目从工程开工到竣工签发《竣工交工证书》止进行的保险。工程一切险是为永久工程、临时工程及已运至施工工地用于永久工程的材料和设备所投的保险。有时还包括缺陷责任期由于施工原因造成的已完工程损失保险。值得注意的是，所谓"工程一切险"并未全面概括所有风险损失，这是有许多限制条件的。特别是对导致损失的原因有很多限制，它要在投保时同保险公司具体商定。

工程一切险分为建筑工程一切险和安装工程一切险。工程一切险的保险额是按合同总价，即工程完成时的价值计算。

②第三方责任险

第三方责任险是对因实施本合同工程而造成的财产(本工程除外)的损失或损害，或人员(业主和承包人雇员除外)的死亡或伤残所负责任进行的保险。

在《公路工程标准施工招标文件》合同条件第 20 条中明确规定承包人应当以承包人和业主的联合名义进行"第三方责任保险"，而且还规定了这种保险金额的最低限额。即此保险金额至少应为投标书附件中所规定的数额，承包人可以按《公路工程标准施工招标文件》合同条件的规定，与"工程一切险"合并在一起向保险公司投保。第三方责任险的赔偿限额由业主在合同专用条件中规定，费率为 2.5‰~3.5‰。

工程一切险和第三方责任险的费用包括在承包人投标书的工程清单之中。

③人身意外险

承包人应在整个施工期(包括缺陷责任期)对其施工人员(包括所雇职员和工人)进行人身意外事故保险，这是《公路工程标准施工招标文件》和《标准施工招标文件》合同条件第 20.3 条的规定。业主一般都要求承包人保证，不因这类事故而使业主遭到索赔诉讼和其他损失，即业主对承包人的雇员所受伤亡不负责任，除非该损伤是由业主的行动或失误所造成的。对于每一职员造成的意外事故保险金额，要按国家或工程所在地的劳动和社会安全相关法规来确定，不能低于这些法律规定的最低限额。

人身意外险的一切费用由承包人承担，并已包括在工程量清单的单价及总价中，业主不单独支付。

④承包人装备险

承包人应为已经运抵现场的装备办理财产保险，其投保金额应足以现场重置。办理承包人装备保险的一切费用均由承包人承担,并已包括在工程量清单的单价及总价中,业主不单独支付。

⑤货物运输险

承包人购买的机具和各种材料,在海运、空运和陆运过程中应当另投保运输险。通常卖方不承担运输风险责任,但如果买主要求,也可以代买主投保运输险,并将保险费计入其货物报价中。各种运输险一般有平安险和一切险等。在特殊情况下,涉外工程还可向保险公司投保战争险、投资险或其他政治险。例如,1980年某公司在承包伊拉克的某项工程时,投保了战争险。后来两伊战争爆发,这条工程正处于前线地区而被迫中止施工,这家工程公司为遣散工人购买了飞机票,保险公司就赔偿了该承包人的损失。

(2) 保险合同管理

由于工程建设项目周期长,且易受不可抗力因素(洪水、台风、地震等)的影响,因此工程建设具有风险性大、风险不确定等特点。在工程建设项目实施中,通过工程保险等途径消除或转嫁风险十分重要。

工程保险合同管理的实效,直接与建设项目法人、施工企业、建设工程的利益相联系,对保护各方利益、保证工程建设顺利进行有着十分重要的作用。因此,工程保险索赔管理是施工企业在施工过程中,对施工合同管理的核心工作内容之一。

工程保险合同管理的主要内容是施工企业依据有关施工合同的有关规定,及时办理工程保险的有关事宜,并及时建立和健全某一工程项目的合同管理制度,视情况配备专职或兼职的合同管理人员,随时检查本工程项目合同的有关情况。对工程保险合同的管理,主要从合同审查、落实、台账、归档、索赔5个方面进行。

(3) 对工程保险的检查处理

其内容包括:审查保险的依据;审查保险的程序及处理措施;共同遵守保险单的条件和规定。

知识点三 工程变更

工程变更,就是工程在实施期间,监理工程师根据合同规定对整个工程或任何部分在形式、质量、数量及内容上所做的改变。在工程实施过程中,由于工程项目自身的性质和特点,或设计图纸深度不够,或不可预见的自然因素与环境情况的变化,或第三方的干预要求,或合同的双方当事人出于工程进展有利着想等,都会引起工程变更。作为监理工程师,应与业主和承包人协商,正确处理好工程变更的问题,有利于三大控制目标的实现。

1. 工程变更的规定

(1) 任何工程的形式、数量、质量和内容的变动,必须由监理工程师签发工程变更令,并由监理工程师监督承包人实施;

(2) 监理工程师认为有必要根据合同有关规定变更工程时,应经业主同意;

(3)业主提出变更时,监理工程师应根据合同有关规定办理;

(4)承包人请求变更时,须经监理工程师审查,必要时报业主同意后,根据合同有关规定办理;

(5)监理工程师应就颁布工程变更令而引起的费用增减,与业主和承包人进行协商,以确定变更费用。

2. 工程变更的范围

如果监理工程师认为有必要对工程或其中任何部分的形式、质量或数量做出任何变更,包括:

(1)增加或减少合同中包括的任何工程的数量;

(2)取消合同中任何部分工程细目的工作(若被取消的工作是由业主或其他承包人实施的则除外);

(3)改变合同中任何工作的性质、质量或种类;

(4)改变工程任何部分的线形、高程、位置和尺寸;

(5)完成工程所必需的任何种类的附加工作;

(6)改变工程任何部分施工的顺序或时间。

3. 工程变更的受理程序

当某一方提出工程变更时,监理工程师可按如下程序和步骤处理。

(1)接受变更提出方的工程变更通知或申请。工程变更通知或申请应以书面形式为准。

(2)发出意向通知。监理工程师根据合同规定对工程进行变更时,首先应向承包人发出变更意向通知,其主要内容包括:变更工程项目、部位或合同文件的某些内容;变更原因、依据及有关文件、图纸、资料等;工程变更对质量、进度、费用、施工环境及相关方面影响的评价;工程变更的相关合同事宜;要求承包人根据此变更安排组织施工等方面的建议;要求承包人提交此条变更的费用估价报告。

(3)搜集资料,勘察现场。监理工程师根据工程变更通知或申请,为审查工程变更要求,应搜集相关的合同文件、水文地质、地形、施工记录及有关的法规规定等资料,并对施工现场进行调查或补充勘察。

(4)工程变更核查。监理工程师以施工合同和实际勘察取得的资料为依据,对工程变更进行组织核查。核查内容主要有:工程变更设计图纸和相关基础资料,以及工程变更对环境和相关方面的影响;工程变更施工方案及其对相关工程施工以及工期的影响;计算变更工程单价,评价工程变更对工程总合同造价的影响。

工程变更的核查工作,一般由专业监理工程师与合同监理工程师承担,根据业主对监理工程师的授权由驻地监理工程师审核(或审定)或总监理工程师审核(或审定),报业主备案(或审定)。

(5)协商价格。监理工程师应根据承包人提交此条变更的费用估价报告,会同承包人和业主就工程变更费用评审及确定支付单价进行协商,对协商一致的单价可确定为工程支付单价。在意见难以统一时,监理工程师根据情况在报业主同意后,定出认为合理的单价或总额价,并通知承包人,抄送业主。为不延误工程进展,变更工程支付单价或总额价一时不能议定时,监理工程师可以确定暂时的单价或总额价作为暂时付款依据,先向承包人发布工程变更指令,使承包人继续施工,在进行施工的同时,与承包人进一步协商工程变更涉及的费率和价格。

(6)签发工程变更令。经审查当变更资料齐全、变更要求合理、变更工程单价确定,并按监理服务协议授权和监理制度规定完备了有关手续,监理工程师应及时签发变更令。其内容应包括:

①工程变更项目;

②工程变更理由及说明;

③工程变更数量、支付单价及总额价;

④附件,包括工程变更后的图纸及监理工程师为实施工程变更提出的关于施工方案的调整、与相关工程协调等问题的要求;

⑤如本条工程变更对其他承包人的工作有影响,监理工程师应与有关承包人协商,做出协调施工安排的说明和规定。

工程变更令发至承包人,抄送业主。工程变更处理程序如图3-16所示。

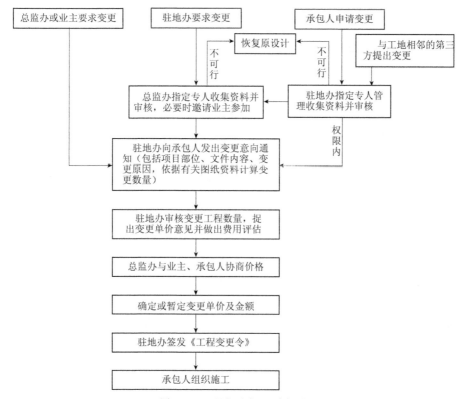

图3-16　工程变更处理程序框图

知识点四　工程分包与转让

按照国际惯例获得整个工程或区段工程合同的承包人,可以将该工程按专业性质或工程范围再分给若干家分包人承担实施任务。《公路工程标准施工招标文件》合同通用条件中明确指出,承包人可以将所承担工程的一部分分包给分包人承担,但必须遵守主体和关键性工作不能分包的规定,同时应提供分包人的企业法人营业执照、资质等级证书、人员设备等资料以及拟分包的工程量,分包工程量不能超过总工程量的30%;业主也可以把一些专业性较强的工程或单条工程直接授予指定的分包人去实施完成。分包人是指承包人报经监理工程师审查并取得业主批准已分包了本合同工程一部分的当事人(单位),或合同中指明作为分包本合同工程一部分的当事人(单位),以及取得该当事人(单位)资格的合法继承人(单位)。业主也可以将一些专业性比较强的部分工程或单条工程直接授予特殊的分包人。分包人一般直接与承包人签订合同。

实际工程中工程分包有一般分包和指定分包两种形式。

1. 一般分包合同与一般分包人

一般分包合同是指在合同履行中,承包人出于某种原因,将其所承担工程的某些特定部分,经监理工程师同意后,分包给另外的承包人施工,而与承包人签订的分包合同。

通常将从承包人那里分包一部分工程,并与承包人签订工程分包合同的人和实体,称为一般分包人。

一般分包具有如下特点:

(1)分包合同是由承包人指定的,承包人有权选择分包人,分包合同须由承包人与分包人签订;

(2)分包合同必须事先征得监理工程师和业主的同意和书面批准;

(3)承包人不能将全部工程或主体工程分包出去;

(4)承包人对分包出去的那部分工程仍然不解除合同规定的任何责任和义务;

(5)分包工程价款由承包人与分包人估算;

(6)业主和监理工程师均不与分包人直接联系,也不直接向分包人付款。

2. 指定分包合同与指定分包人

指定分包合同是指业主或监理工程师指定、选定或批准的分包工程或提供货物、材料、设备及劳务人员,并经承包人同意后,与承包人签订的分包合同。

指定分包人则是指由业主或监理工程师指定、选定或批准的,进行与合同中所列金额有关的任何工程的施工或任何货物、材料、设备或服务提供所有专业人员、商人及其他人员,其均视为承包人雇用的分包人。

指定分包人具有如下特点:

(1)指定分包人应得到业主和承包人的共同批准;

（2）指定分包招标文件应充分征求承包人的意见，并向所有投标人提供指定分包合同的全部详情；

（3）指定分包合同所用的暂列金额应包括在总包合同的工程量清单内；

（4）指定分包合同应规定指定分包人承担与承包人同样的义务和责任，保护并保障承包人免予承担任何由指定分包人违章或失职引起的一切索赔、诉讼、损害赔偿、诉讼费、指控费，以及由分包人的任何疏忽造成的损失等其他开支；

（5）指定分包是业主可以直接向指定的分包人付款，直接与指定的分包人进行联系，安排指定分包人的工作进度与承包人的工作进度配合；

（6）合同还应写明指定分包人是否参加结算，及由于有指定分包人而应付给承包人的一笔管理费数额。

3. 一般分包的审批程序

（1）首先由承包人选择分包人，制订工程分包合同，上报监理工程师；

（2）承包人将选定的分包人的机械设备、技术力量、财务状况以及所承担过的工程情况等详细资料报监理工程师审查；

（3）监理工程师应对分包人的上述情况进行仔细审核，必要时到分包人的其他施工工地进行现场考察，然后给出审核意见，若审核合格报业主审批；

（4）经业主书面批准后，承包人方可同分包人正式签订工程分包合同，并将工程分包合同的副本报送监理工程师一份，分包人方可进入工地施工。

一般分包的审批流程框图如图3-17所示。

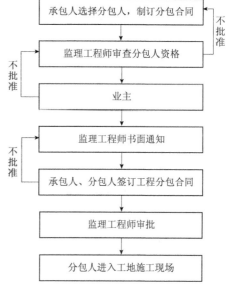

图3-17 一般分包的审批流程框图

4. 指定分包合同的审批程序

指定分包合同的标书通常由监理工程师或业主拟定（包含分包合同，分包工程项目、细目等），并负责招标和接受中标事宜，接着由中标者与承包人签订指定分包合同，并交业主和监理工程师备案。指定分包合同一般应在业主同承包人签订承包合同后进行。最好在指定分包合同招标之前，受邀请投标的公司能得到业主和承包人的共同批准。指定分包的合同签订程序框图如图3-18所示。

5. 工程转让

转让与分包是不同的两个概念，合同转让虽强调无业主同意，承包人不得将合同及其利益随意转让给他人，但又考虑承包人在资金和保险方面的合理要求，对转让作了例外的规定。此处应强调的是，合同一经转让，承包人则与该合同无直接关系，自然也无须承担合同中规定的责任和义务，此点是与分包合同有本质区别的。

合同权利义务一旦转让，就会在转让方与受让方之间发生一定的法律效力，就转让方与受让方而言，在全部转让的情况下，受让方将成为新的合同主体，或取得转让方的权利，或承担转让方的义务，或兼而有之，而转让方将脱离合同关系，由受让方代其位；在部分转让的情况下，受让方与转让方或一同成为债权人，或一同成为债务人。

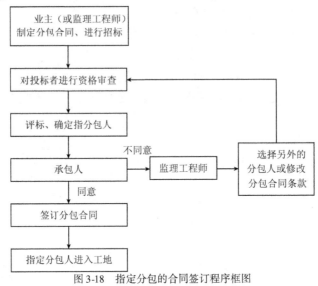

图3-18 指定分包的合同签订程序框图

知识点五 工程延期

1. 工程延误的原因

由于各种原因造成的工程施工不能按原定时间要求进行，致使工程进度拖延的称为工期延误。由于公路工程施工自身的复杂性，发生工程施工延误是比较常见的。

工期延误包括时间损失和经济损失两个方面的问题。

造成工期延误的原因，主要有三大方面：一是由于业主方面的原因，包括由于监理工程师自身原因造成的工期延误；二是由于客观原因造成的，如不可抗力的发生等；三是由承包人自身的原因造成，如施工组织不好、材料设备供应不足等。

对于不同原因产生的工期延误，其处理方式是不同的。

对于承包人来说，延误如果是自身原因造成，则由此而引起的工程误期，应由承包人自己设法赶上，或承担由于未能按期完成的违约责任被罚拖期违约损失偿金，甚至由业主雇佣另外的承包人来完成未完成的工作，这一切费用都由承包人承担。

如果工期延误的原因是非承包人自身的原因，即是由业主的原因或客观原因造成的，承包人则有权申请工期的合理延长以及获得经济赔偿。

2. 工程延期的内容

《公路工程标准文件》第11.3款规定，在履行合同过程中，发包人由于下列原因造成工期延误的,承包人有权要求发包人延长工期和(或)增加费用,并支付合理利润。需要修订合同进度计划的,按照约定办理。

(1) 增加合同工作内容;
(2) 改变合同中任何一项工作的质量要求或其他特性;
(3) 发包人迟延提供材料、工程设备或变更交货地点的;
(4) 因发包人原因导致的暂停施工;
(5) 提供图纸延误;
(6) 未按合同约定及时支付预付款、进度款;
(7) 发包人其他原因造成工期延误。

即使由于上述原因造成工期延误,如果受影响的工程并非处在工程施工进度网络计划的关键线路上,则承包人无权要求延长总工期。

(8) 由于出现专用合同条款规定的异常恶劣气候导致工期延误的,承包人有权要求发包人延长工期。

异常气候条件是指项目所在地30年一遇的罕见气候现象(包括温度、降水、降雪、风等)。异常恶劣的气候条件在项目专用合同条款中作具体规定。

3. 工期延期的申请与审批程序

申请工期延长是一种权利的索赔,也是不索不赔的,所以,承包人在非自身原因引起工期延误时,应在该事件发生后,立即报送延期申请意向书,表达延期申请的意向,并随着事件的进展,按合同规定的时间,继续进行意向申请,直至延期事件结束。要报送最终的延期申请报告,并提交全部的证明材料。

监理工程师在收到承包人按合同条款规定的延期通知(并提交细节),或按合同条款规定提交了最后详细资料后,应在28天内将审核意见报经业主批准并将决定通知承包人,或要求承包人进一步补充延期的理由。如果监理工程师在28天内不予答复,则应视为承包人要求的延期已经业主批准。

其申请和审批程序同索赔(图3-19)。

4. 工期延期审批的依据及注意事项

延期申请能否获得批准,要依据下列条件:
(1) 工程延期事件是否属实,强调实事求是;
(2) 是否符合本工程合同规定及《公路工程标准文件》合同条款的规定;
(3) 延期事件是否发生在工期网络计划图的关键线路上,即延期是否有效、合理;
(4) 延期天数的计算是否正确,证据资料是否充足。

上述4条中,只有同时满足前3条,延期申请才能成立。上述前3条中,最重要的是第3条。至于时间的计算,监理工程师可根据自己的记录,作出公正合理的计算。

在进行延期审批时,网络计划图的关键线路会随着工程的进展发生变化,有时在计划调整后,原来的非关键线路有可能变为关键线路,监理工程师要随时记录并注意。关键线路的确定,必须是最新批准的工程进度计划。

监理工程在进行工期延期的审批时,要经历暂时批准和最终批准两个阶段。

(1) 暂时批准

在《公路工程标准文件》合同条款中,对监理工程作出延期的决定有明确的时间规定(《公路工程标准文件》规定 28 天)。但在实际工作中,监理工程师必须在合理的时间内作出决定,否则承包人可以由于延期申请未获准而被迫加快工程为由,提出费用索赔。为了避免这种情况发生,又使监理工程师有比较充裕的时间评审延期,对于某些较为复杂或持续时间较长的延期申请,监理工程师可以根据初步评审,给予一个临时的延期时间,再进行详细的研究评审,书面批准有效延期时间。合同条款规定,暂时批准的延期时间不能长于最后的书面批准延期时间。

(2) 最终批准

严格地讲,在承包人未提出最后一个延期申请时,监理工程师批准的延期时间都是暂定的延期时间,最终延期时间应是承包人的最后一个延期申请批准后的累计时间,但并不是每一项延期时间都累加。如果后面批准的延期内有前一个批准延期的内容,则前一项延期的时间不能予以累计,这称为时间的搭接。

5. 承包人延误的处理

(1) 承包人应严格执行监理人批准的合同进度计划,对工作量计划和形象进度计划分别控制。除发生发包人引起的工程延误的情况外,承包人的实际工程进度曲线应在合同进度管理曲线规定的安全区域之内。若承包人的实际工程进度曲线处在合同进度管理曲线规定的安全区域的下限之外时,则监理人有权认为本合同工程的进度过慢,并通知承包人应采取必要措施,以便加快工程进度,确保工程能在预定的工期内交工。承包人应采取措施加快进度,并承担加快进度所增加的费用。

(2) 如果承包人在接到监理人通知后的 14 天内,未能采取加快工程进度的措施,致使实际工程进度进一步滞后,或承包人虽采取了一些措施,仍无法按预计工期交工时,监理人应立即通知发包人。发包人在向承包人发出书面警告通知 14 天后,发包人可按承包人违约,终止对承包人的雇用,也可将本合同工程中的一部分工作交由其他承包人或其他分包人完成。在不解除本合同规定的承包人责任和义务的同时,承包人应承担因此所增加的一切费用。

(3) 由于承包人原因造成工期延误,承包人应支付逾期交工违约金。承包人支付逾期竣工违约金,不免除承包人完成工程及修补缺陷的义务。

知识点六　工程索赔与反索赔

1. 索赔

(1) 索赔的概念

索赔是指根据合同有关规定,业主或承包人通过监理工程师向对方索取合同价格以外的费用。国际工程的惯例是将承包人向业主的索赔称之为"索赔",而将业主向承包人的索赔称之为"反索赔"。索赔或者反索赔都应以工程项目的合同条款为依据,而不能是毫无根据地无理要求。索赔及反索赔维护了合同双方的正当合法利益。

索赔是指由非承包人原因导致承包人遭受额外的时间损失或费用增加，承包人依据合同有关规定向业主申请应该得到的一种权利和额外付款。

(2)索赔的主要分类

由于索赔可能发生范围比较广泛，其分类方法视其涉及的各当事人方面和索赔的依据不同，而有不同的分类方法，常见的分类如下。

①按涉及合同当事人划分：承包人同业主之间的索赔，承包人同分包人之间的索赔，承包人同供应商之间的索赔，其内容多系商贸方面的争议，如材料、机具等；承包人和业主共同向保险公司索赔，这一类多是承包人和业主已受到灾害、事故，按保险单向保险公司索取赔偿；其他索赔。

②按索赔的指向划分：索赔、反索赔。

(3)索赔的产生原因

①合同文件内容出错；

②图纸延迟提交；

③不可预见的外界障碍或自然条件；

④监理工程师提供的水准点、基线等测量资料不准确；

⑤监理工程师指令进行的额外工作量；

⑥由业主风险所造成的损害的补救和修复；

⑦因施工中承包人开挖到化石、文物、矿产等珍贵物品，需停工处理；

⑧由于业主雇用其他承包人的影响，并为其他承包人提供服务；

⑨额外样品与试验；

⑩对隐蔽工程质量的揭露或开孔检查；

⑪工程全部中断或部分暂停；

⑫业主延迟提供用地；

⑬非承包人原因造成的工程缺陷需要修复；

⑭要求承包人调查和检查缺陷；

⑮工程变更；

⑯工程变更使合同总价格超过有效合同价的15%；

⑰特殊风险引起的工程被破坏和其他条款支付；

⑱特殊风险使合同终止；

⑲合同解除；

⑳业主违约引起工程终止；

㉑物价变动引起的工程成本的增减；

㉒后继法规的变化等。

(4)索赔的报批程序

工程索赔的申报与审批程序，如图3-19所示。

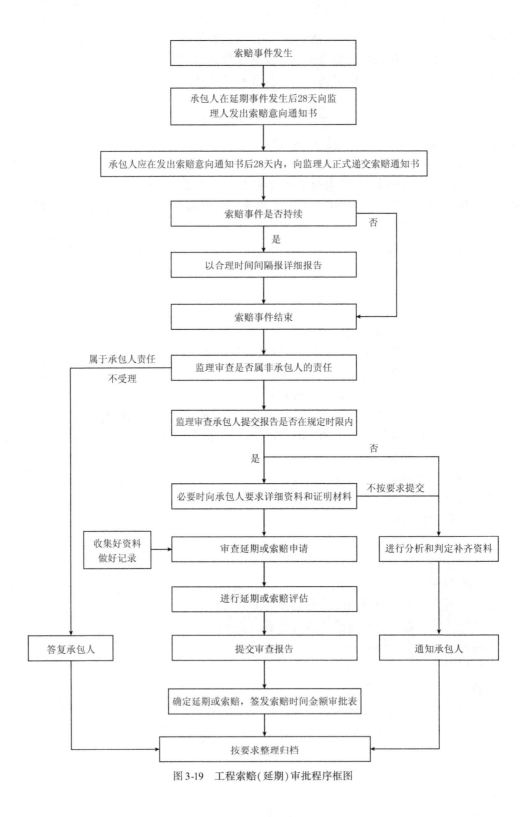

图 3-19 工程索赔(延期)审批程序框图

（5）预防索赔的措施

①由于意外风险和地下条件不可预见发生的索赔事件的预防。监理工程师要加强工程的风险意识,及早了解自然界和社会风险来源的可能性,尽早采取措施,防患于未然。对于通用条件中工程遇到不可预见的不良地质或人为障碍物,最好是在设计及招标阶段,尽可能将地质情况及地下障碍的资料收集齐全,工程进展中还可及时补充地下调查研究情况,及早采取措施,搞好地下管线拆迁工作,以免延误工程。勘察设计工作本身要细,资料要齐全,尽量避免因设计出错而影响工程。

②由于工程变更引起索赔的预防。若监理工程师本身不是设计者,应尽快向业主和原设计单位反映问题;若业主提出变更,以尽可能使变更后的工程费用减少为好。

③由于业主违约引起索赔的预防。监理工程师要及时为业主做好参谋,及时提醒业主,搞好征地拆迁,让设计单位按合同规定准时交图,及时支付工程进度款等,使业主免受费用索赔。

④由于监理工程师失误和其他原因出现索赔的预防。如果发生监理工程师的指令错误而使工程受阻或损失,会严重影响监理工程师的威信。因此,监理工程师必须严守职业道德,提高自身业务能力,严格把关,谨慎处事,切不可粗心大意,使业主的利益受到影响。

（6）减少索赔的措施

在大型土木工程施工过程中,如公路工程或独立大桥、隧道工程等,不发生一点索赔事件或都能防止索赔发生,是不可能的。一旦发生了索赔事件,监理工程师则应公正地站在独立的第三方的立场上去处理,并尽可能减少索赔数额。

①由未知情况及地下障碍提出的索赔事件。根据国际土木工程建设经验,这种索赔数额并不大,但因机械闲置而引起的费用索赔成为一大部分。因此,当未知情况及障碍突然发生时,监理工程师最好的处理方法是鼓励承包人干其他工作,以便在必须停工的时间内,仍有其他工作可做。另外,要毫不拖延地与承包人就解决问题和有关的费用达成协议;如果办不到的话,就应该发出工程变更命令,并确定付款数额。

②工程变更引起的索赔。承包人对监理工程师提出的就变更或增加工作所定的费用数额感到不足,可提出索赔要求。这种索赔要求往往是对费用多少发生争执。这时,监理工程师在确定价格时,要从多方面予以慎重考虑,不应偏高或偏低,并应与业主和承包人反复协商后再行决定。

2. 反索赔

（1）反索赔的概念

反索赔是针对索赔而言的,是指业主依据国际工程承包合同惯例向承包人提出的索赔要求。

（2）反索赔的种类

依据工程承包的惯例和实践,常见的业主反索赔主要有以下5种内容:工程质量问题反索赔;拖延工期反索赔;经济担保反索赔,包括预付条款担保反索赔、履约担保反索赔;保留金反索赔;业主其他损失反索赔。

(3) 防止和减少反索赔的措施
①严肃认真地对待投标报价;
②注意签订合同时的协商与谈判;
③加强施工质量管理;
④加强施工进度计划与控制;
⑤承包人应注意业主不能随意扩大工程范围;
⑥加强工程成本的核算与控制。

知识点七 违约、争端与仲裁

在土木工程项目建设中,承包人与业主之间经常会发生一些违约与争端事件,这些事件涉及面较广,影响也较大,因此,业主、承包人和监理工程师都希望尽量减少争端。当出现违约与争端事件时,总希望得到及时、妥善的处理,而处理结果又应尽量使合同双方都能接受,以达到减少受损程度的目的。

1. 违约

(1) 承包人违约
①承包人违约的概念
在合同签订以后或在合同执行中,如果承包人已无力偿还债务或陷入破产,或承包人同意转让合同,或其财产的主要部分被接管,或对承包人的任何重要部分强制抵押,或监理工程师向业主证明承包人有下述情况之一:

 a. 已放弃合同。

 b. 无正当理由拒不执行通用条款规定的开工,或承包人在接到通用条款关于承包人施工进度过慢的通知 28 天后未进行施工或未进行任何部分的施工。

 c. 在接到监理工程师根据通用条款规定需重做某些被拒收的材料或设备检验的通知,或根据通用条款规定拆运出不合格的工程材料或设备的指令 28 天后,仍不遵守该通知或指令。

 d. 无视监理工程师的书面警告,一贯公然忽视履行合同规定的义务。

 e. 已经违反了通用条款关于合同分包的规定。

则业主在收到监理工程师的上述关于承包人破产或任一条违约的书面证明后,应向承包人发出通知,并在通知发出 14 天后进驻施工现场和该工程,终止对承包人的雇用。这并不解除合同规定的承包人的任何义务和责任,也不影响合同授予业主和监理工程师的各种权利和权限。

②承包人违约的处理措施
当监理工程师确认承包人违约时,应采取如下措施:指示承包人将其为履行合同而

签订的任何协议的利益(如材料和货物的供应、服务的提供等)转让给业主;认真调查并充分考虑业主因此受到的直接和间接的费用影响后,办理并签发部分或全部终止合同的支付证明。

(2)业主违约

①业主违约的概念

合同签订后与工程进展中,业主违约事件的发生,主要有以下几种情况:

a. 业主未能按照通用条款的规定在支付期到期后的56天内向承包人支付根据监理工程师签发的任何支付证书规定的支付款额。

b. 干扰、阻挠或拒绝监理工程师签发的任何支付证书所需的批准。

c. 业主通知承包人,由于未能预见的原因,无法继续执行合同。

d. 业主宣告破产,或作为一个公司宣告停业整顿,但这种整顿不是为了改组或合并。

②业主违约后承包人的对策

当业主的违约事件发生后,承包人有权采取下列措施进行处理和补救:承包人终止合同;承包人装备撤离;终止合同后的支付;承包人有权暂停工程;承包人应尽快恢复正常施工。

2. 争端

(1)争端的处理方式

根据《合同法》的有关规定,合同在履行过程中,合同争议的处理方式有协商、调解、仲裁、诉讼四种。

①协商

所谓合同争议的协商又称和解,是指合同当事人在履行合同过程中,对所产生的合同争议,互相主动接触,充分商议,取得一致意见,从而正确解决合同争议的一种方法。

协商也叫合同谈判。当事人双方在合同争议发生以后,由于自身利益的关系,会对一些问题产生不同的理解。合同履行中发生的问题是千变万化的,有些问题合同中可能未做出具体规定,有些问题在处理原则上虽然合同条款中有所涉及,但处理的细节又得通过互相谈判才能解决。

②调解

所谓调解是指在第三方参加下,由第三方出面,查明事实,分清责任,通过说服或法制宣传与教育,从而促使双方互相谅解,在双方当事人同意的条件下,达成解决合同争议协议的一种方法。

调解合同争议主要有以下四种方式:当事人上级主管机关的调解;律师事务所调解;工商行政管理部门调解;人民法院调解。

③仲裁

亦称公断,是第三方就某一争议居中裁断的过程。合同的仲裁,是指合同双方当事人之间因合同发生争议经双方协商不成,调解又达不成协议时,根据当事人双方的协商或申请,由合同仲裁机关做出的裁决。

④诉讼

即合同争议的审理,是指人民法院依照国家法律对经济合同争议案件进行审查判决,以保护当事人的合法权益,制裁违法违约行为,维护社会经济秩序的法律活动。

(2)争端的处理原则

合同争议处理有协商、调解、仲裁、诉讼四种方式,到底采用哪种方式,可由当事人自行选择,但在实践中,不论采取哪种方式,都要以"弄清事实,分清是非,明确责任,适用条款"为前提并坚持以下原则。

①协商为主的原则。合同争议发生以后,要立足于双方协商解决。协商解决合同争议,符合当事人双方的经济利益,有利于维护各自的合法权益。合同争议给当事人双方都会带来一定的经济损失,如果不能及时解决,损失会更大。

②调解优先的原则。这主要指合同争议无法协商解决时,无论是仲裁机构还是人民法院,都应该先行调解,通过调解让双方自愿达成协议,只有在调解不能解决双方的争议时,才采用仲裁或诉讼方式。

3. 仲裁

仲裁,就是合同规定的仲裁机构对经协商未解决的争端做出决定。仲裁人的裁决是最终的裁决,对双方都有约束力,任何一方都不能诉诸法院或其他权力机构请求更改裁决决定。在诉讼过程中,任何一方出示的证据或论据均不受上述为了得到监理工程师的裁定,在监理工程师面前出示的证据或论据的限制。不论监理工程师以前做出何种裁定,均不应取消他被传为证人的资格,他应就有关争议的任何事实,在仲裁人面前出示证据。

工程完工之前或之后,均可进行仲裁。工程进行期间,不能由于正在进行仲裁而改变业主、监理工程师和承包人应尽的义务。

(1)仲裁的原则

①双方当事人在仲裁活动中地位完全平等;

②裁机构必须保障双方当事人平等地行使权力;

③仲裁机构应通过自己的全部仲裁活动,对法律赋予当事人的各条权利和义务,毫无例外地给予保护。

(2)仲裁的程序

①先由仲裁人召集争执双方代表举行初次会议,了解情况,确定争执所在;

②仲裁人发出通知,要求双方准备好文件、证据和资料等;

③仲裁人召开听证会,由双方参加,各自提出申诉理由和证据;

④在听证会后的一定时间内,仲裁人即可做出裁决。

在仲裁期间内,仲裁人不能同争执的任一方单独接触。仲裁人的裁决必须符合仲裁条例,并公正合理。如一方对仲裁不同意,又能提出正当理由,则仲裁人应重新做出裁决。

如一方对仲裁人的仲裁有异议,且持有正当理由,可对仲裁人提出解除要求。如一方认为仲裁人裁决有错误,可向法院起诉。

在争端仲裁的意向通知书发出后规定的时间之后,即可开始仲裁。

模块八　工地会议与组织协调

知识点一　工地会议的形式、目的及记录

1. 工地会议的形式

（1）工地会议应按合同段分别召开。

（2）工地会议可根据会议召开的时间、内容及参加人员的不同,分为第一次工地会议、工地会议和现场协调会3种形式。

2. 工地会议的目的

（1）第一次工地会议召开的目的,是为了让监理工程师对开工前的各项准备工作进行全面检查,确保工程实施有一个良好的开端。

（2）工地会议召开的目的,是为了让监理工程师对工程实施过程中的进度、质量、费用的执行情况进行全面检查,为正确决策提供依据,确保工程顺利进行。

（3）现场协调会召开的目的,是为了让监理工程师对日常或经常性的施工活动进行检查、协调和落实,使监理工作和施工活动密切配合。

3. 工地会议记录

（1）第一次工地会议及工地会议,应由监理工程师的助理人员作出记录,会后整理出会议记录。会议记录应有固定的格式。会议记录一旦被业主、监理工程师和承包人认可,则对各方均具约束力。会议中决定执行的有关问题,仍应按规定的程序办理必要的手续。

（2）现场协调会由各方自行记录。

知识点二　第一次工地会议

1. 会议的组织

（1）第一次工地会议宜在正式开工之前召开,并应尽可能在早期举行。

（2）监理工程师事前应将会议议程及有关事项通知业主、承包人及其他有关方面,必要时可先召开一次预备会议,使参加的各方准备好资料。在会议举行中,如果某些重大问题达不到目标要求,可以暂时休会,待条件具备时再行复会。

（3）第一次工地会议应由监理工程师主持,业主、承包人的授权代表必须出席,各方将要在工程项目中担任职务的部门(项目)负责人及指定分包人也应参加会议。

2. 会议的内容

（1）介绍人员及组织机构

①业主或业主代表应就其实施工程项目期间的职能机构、职责范围及主要人员名单提出书面文件,就有关细节作出说明。

②总监理工程师应向监理工程师代表及高级驻地监理工程师授权,并声明自己仍保留哪些权力;书面将授权书、组织机构框图、职责范围及全体监理人员名单提交给承包人,并报送业主。

③承包人应书面提交工地代表(项目经理)授权书、主要人员名单、职能机构框图,职责范围及有关人员的资历材料,以取得监理工程师的批准;监理工程师应在本次会议中进行审查并口头予以批准(或有保留地批准),会后正式予以书面确认。

(2)介绍施工进度计划

承包人的施工进度计划应在中标通知书发出后合同规定的时间内提交给监理工程师。在第一次工地会议上,监理工程师应就施工进度计划作出如下说明:

①施工进度计划可于何日批准或哪些分项已获得批准。

②根据批准或将要批准的施工进度计划,承包人何时可以开始哪些工程施工,有无其他条件限制。

③有哪些重要的或复杂的分项工程还应单独编制进度计划提交批准。

(3)承包人陈述施工准备

承包人应就施工准备情况按如下主要内容提交陈述报告,监理工程师应逐项予以澄清、检查和评述:

①主要施工人员(含项目负责人、主要技术人员及主要机械手)是否进场或于何日进场,并应提交进场人员计划及名单。

②用于工程的进口材料、机械、仪器和设施是否进场或将于何日进场,是否会影响施工进度,并应提交进场计划及清单。

③用于工程的本地材料料源是否落实,并应提交料源分布图、供料计划及清单。

④施工驻地及临时工程建设进展情况如何,并应提交驻地及临时工程建设计划分布和布置图。

⑤工地试验室及其设备是否准备就绪或将于何日安装就绪,并应提交试验室布置图及仪器设备清单。

⑥施工测量的基础资料是否已经落实并经过复核,施工测量是否进行或将于何日完成,并提交施工测量计划及有关资料。

⑦履约保函和动员预付款保函及各种保险是否已经办理或将于何日办理完毕,并应提交有关已办手续的副本。

⑧为监理工程师提供的住房、交通、通信、办公服务设施是否具备或将于何日具备,并应提交有关安排计划及清单。

⑨其他与开工条件有关的内容及事项。

3. 业主说明开工条件

业主代表应就工程占地、临时用地、临时道路、拆迁以及其他与开工条件有关的问题进行说明;监理工程师应根据批准或将要批准的施工进度计划的安排,对上述事项提出建议及要求。

4. 明确施工监理例行程序

监理工程师应沟通与承包人的联系渠道,明确工作例行程序,并提供有关表格及说明。

(1)质量控制的主要程序、表格及说明。

(2)施工进度控制的主要程序、图表及说明。

(3)计量支付的主要程序、报表及说明。

(4)延期与索赔的主要程序、报表及说明。

(5)工程变更的主要程序、图表及说明。

(6)工程质量事故及安全事故的报告程序、报表及说明。

(7)函件的往来传递、交接程序、格式及说明。

(8)确定工地会议的时间、地点及程序。

知识点三 工地例会

1. 会议的组织

(1)工地会议应在开工后的整个施工活动期内定期举行,宜每月召开一次,其具体时间间隔可根据施工中存在问题的程度由监理工程师确定。

(2)会议中如出现延期、索赔及工程事故等重大问题时,可另行召开专门会议协调处理。

(3)工地会议应由监理工程师主持。会议参加者应为高级驻地监理工程师及有关助理人员,承包人的授权代表、指定分包人及有关助理人员,业主代表及有关助理人员。

2. 会议的内容

会议应按既定的例行议程进行,一般应由承包人逐项进行陈述,提出问题与建议;监理工程师应逐项组织讨论,并作出决定或决议的意向。

会议一般应按以下议程进行讨论和研究:

(1)确认上次会议记录。可由监理工程师的记录人对上次会议记录征询意见,并在本次会议记录中加以修正。

(2)审查工程进度。主要针对关键线路上的施工进展情况及影响施工进度的因素和对策。

(3)审查现场情况。主要针对现场机械、材料、劳力的数额以及对进度和质量的适应情况,并提出解决措施。

(4)审查工程质量。主要应针对工程缺陷和质量事故,就执行标准控制、施工工艺、检查验收等方面提出问题及解决措施。

(5)审查工程费用事项。主要针对材料设备预付款、价格调整、额外的暂定金额等发生或将发生的问题及解决措施。

（6）审查安全事项。主要针对发生的安全事故或隐藏的不安全因素以及对交通和民众的干扰提出问题及解决措施。

（7）讨论施工环境。主要针对承包人无力防范的外部施工阻挠或不可预见的施工障碍等主要问题及解决措施。

（8）讨论延期与索赔。主要针对承包人提出延期或索赔的意向，进行初步的澄清和讨论，另按程序申报，并约定专门会议的时间和地点。

（9）审议工程分包。主要针对承包人提出的工程分包意向进行初步审议和澄清，确定进行正式审查的程序和安排，并解决监理工程师已批准（或批准进场）分包中管理方面的问题。

（10）其他事项。

知识点四 现场协调会

1. 会议的组织

（1）在整个施工活动期间，应根据具体情况定期或不定期地召开不同层次的施工现场协调会。

（2）会议只对近期施工活动进行证实、协调和落实，对发现的施工质量问题及时予以纠正；对其他重大问题只是提出而不进行讨论，另行召开专门会议或在工地会议上进行研究处理。

（3）会议应由监理工程师主持，承包人或其代表出席，有关监理及施工人员可酌情参加。

2. 会议的内容

（1）承包人报告近期的施工活动，提出近期的施工计划安排，简要陈述发生或存在的问题。

（2）监理工程师就施工进度和施工质量予以简要评述，并根据承包人提出的施工活动，安排监理人员进行旁站监理、工序检查、抽样试验、测量验收、计量测算、缺陷处理等施工监理工作。

（3）对与执行施工合同有关的其他问题交换意见。

第四单元 工程信息与监理文件管理

模块一　信息管理

知识点一　信息管理的基本概念与特点

信息管理是监理工作的一项重要内容,贯穿于监理工作的全过程。信息管理的目的,是通过有组织的信息交流,使有关人员能及时、准确地获得相应信息,作为分析、判断、控制、决策的依据,也为工程建成后的运行、管理、缺陷修复积累资料。

1. 信息管理的基本概念

信息通常是指经过加工处理形成的人们对各种具体活动有参考价值的数据资料。工程信息是指工程项目从策划到竣工交付使用过程中经过加工处理对人们各种具体活动提供参考的资料。信息管理就是对信息的收集、加工整理、储存、传递与应用等一系列工作的总称。

公路工程监理的信息管理,是指以工程项目作为目标系统的管理信息系统。它通过对工程项目建设监理过程中信息的采集、加工和处理,也即通过统计分析、对比分析、趋势预测等处理过程,为监理工程的决策提供依据,对工程的费用、进度、质量、安全、环保进行控制;同时它也是确定索赔内容、索赔金额及反索赔提供确凿的事实依据。信息管理是监理工作的一项重要内容。

2. 公路工程监理信息的特点

公路工程监理信息除具有信息的一般特征外,还具有一些自身的特点。

(1)信息来源的广泛性

公路工程监理信息有来自不同建设主体的信息(包括来自业主、施工单位以及监理组织内部的各个部门的信息),来自不同工程管理各个方面的信息(包括质量、进度、费用、安全、环保)等。如果信息收集的不完整、不准确、不及时,将会影响监理工程师判断和决策的正确性和及时性,给工程建设带来影响。

(2)信息量大

公路建设规模大,建设周期长,涉及面广,协作关系复杂,涉及大量的信息(包括来自国家的法律、法规等政策层面的信息,来自业主、设计单位、施工单位及监理内容等管理和技术层面的信息,还有工程施工过程、完工验收等一系列的检验、试验等数据层面的信息)。

(3)动态性强

信息管理是一个动态的过程,监理工程师要随时将实际工程状况与计划状况进行对比分析,确定工程进度、工程质量、工程安全等的状态,根据具体情况,提出进度调整或质量修复等指令。

(4) 信息的系统性

公路工程监理信息是在一定时间和空间范围内形成的,与工程监理活动密切相关,每个信息都具有工程管理的规定或指示、要求的属性,这些信息的发出、执行、检验、反馈,形成一个闭合系统,具有明显的系统性。

知识点二　工程项目信息分类

根据角度的不同对建设工程项目的信息进行如下分类。

1. 按照建设工程的目标划分

按照工程建设目标,可将信息划分为:投资控制信息、质量控制信息、进度控制信息、合同管理信息、安全监理信息和施工环保监理信息等。

(1) 投资控制信息

投资控制信息是指与投资控制直接有关的信息,如合同价格、各种估算指标、物价指数、施工阶段的支付账单;原材料价格、机械设备台班费、人工费、各种物质单价及运杂费等。

(2) 质量控制信息

质量控制信息指建设工程项目质量有关的信息,如国家有关的质量法规、政策及质量标准、项目建设标准;质量目标体系和质量目标的分解;质量控制工作流程、质量控制的工作制度、质量控制的方法;质量控制的风险分析;质量抽样检查的数据;各个环节的工作质量(工程项目决策的质量、设计的质量、施工的质量);质量事故记录和处理报告等。对重要工程和隐蔽工程还应包括有关的照片、录像资料等。

(3) 进度控制信息

进度控制信息指与进度相关的信息,如施工定额、项目总进度计划、进度目标分解、项目年度计划、工程总网络计划和子网络计划、计划进度与实际进度偏差;网络计划的优化、网络计划的调整情况;进度控制的工作流程、进度控制的工作制度、进度控制的风险分析等。

(4) 合同管理信息

合同管理信息指建设工程相关的各种合同信息,如工程招投标文件;工程建设施工承包合同,物资设备供应合同,咨询、监理合同;合同的指标分解体系;合同签订、变更、执行情况;合同的索赔等。

(5) 安全监理信息

其为所有与工程项目安全生产有关的信息,主要包括:安全生产方案、安全生产的责任制度、规章制度和操作规程、工艺方法的安全技术措施、安全巡查和安全旁站记录、安全整改通知复查记录及有关照片等。

(6) 工程施工环保监理信息

其主要包括:环境保护措施及其检查落实情况、环保问题的处理情况、施工环保的革新改进情况等。

2. 按照信息来源划分

(1)业主信息:

①由业主单位提供的工程项目初步设计(或技术设计)报告,各类专题报告,工程施工招投标文件,施工合同文件等。

②由业主单位下发的有关建设管理的各类"规定"、"办法"、"要求",有关工程建设的各类计划、指示、通知、简报及其他文函,有关呈报事项的批复、批转、复函等。

(2)设计信息,包括施工详图、施工技术要求、技术标准、设计变更、设计(代)通知等文件。

(3)施工信息,主要指由承建单位发出的工程项目施工信息。

①施工合同管理信息,包括工程项目开工申请报告、施工组织设计、对设计图纸和设计文件的反馈意见、合同变更及设计变更问题的函(报告)等。

②施工质量信息,包括承建单位质量保证体系的报告;承建单位测量、试验机构资质资料;原材料合格证明、试验资料、中间产品检测试验资料;单元工程,分部、分项工程"三检"资料及验收申请、工程验收质量评定资料及验收施工报告;质量安全事故处理报告及施工记录;施工质量安全月报等。

(4)由监理单位收集、整理、加工、传递的信息。

①综合管理类信息,包括监理合同、协议、监理大纲、监理规划、监理实施细则、监理工作程序、内部管理规章制度等。

②组织协调类信息,包括施工图审查意见,施工组织设计(方案)审查意见,质量保证体系审查意见,开工申请报告的批复意见,设计变更签审单,设计交底会审纪要,专题及协调会议纪要,监理工程师指令,监理工作联系单等,有关通知及批复文件。

③质量控制类信息,包括合同项目划分,原材料及中间产品监理检测试验资料,测量成果复核资料,工程质量、安全事故报告,因施工质量而发生的停工令、返工令、复工令,工程质量简报。

④综合记录报告类信息,包括监理月报、年报、监理日志、监理大事记、监理工作总结等。

⑤验收总结类信息,包括工序、单元工程及分部分项工程检查及开工、开仓签证及质量评定资料,阶段验收、单位工程验收、竣工验收鉴定书及质量等级评定资料、监理报告。

⑥其他有关合同规定和双方约定的资料。

特别提示

一切工程信息,均以书面形式为准。

3. 信息管理的原则

在项目管理过程中,将产生大量的信息,数量巨大、种类繁多。为了便于信息的收集、处理、存储、传递、利用和管理,信息管理应注意以下原则。

(1) 标准化原则

在项目管理过程中,应对有关的信息进行统一分类,规范其流程,并力求做到格式化和标准化。

(2) 定量化原则

项目数据应经过信息处理人员的整理、比较与分析。

(3) 有效性与时效性原则

信息提供者针对不同层次管理者及时提供不同要求的信息。

(4) 可预见性原则

历史数据可以用来预测未来的情况。

(5) 高效处理原则

采用高性能的信息处理工具,尽量缩短延迟。

4. 信息管理的方法及主要内容

信息管理的基本方法是监理信息的编码系统,明确信息流程,指定相应的信息采集制度,利用计算机管理系统进行信息处理,为监理工程师的决定提供有力依据。信息管理一般包括以下内容。

(1) 建立信息的编码系统

编码是指设计代码,而代码指的是代表事物名称、属性和状态的符号与数字。使用代码既可以为事物提供一个精炼而不含混的记号,又可以提高数据处理的效率。常用的编码方法有如下几种。

① 十进制码

这种编码方法是先把对象分成十大类,编以 0~9 的号码,每类中再分成 10 小类,给予第二个 0~9 的号码,依次下去。这种方法可以无限扩充下去,直观性也较好。

② 顺序编码

即从 001(或 0001,00001)开始依次排下去,直至最后的编码方法。

③ 成批编码

该法也是从头开始,依次为数据编号。但在每批同类型数据之后留有一定余量,以备添加新的数据。

④ 多面码

一个数据项可能具有多方面的特性,若在码的结构中,为这些特性各规定一个位置,就形成了多面码。

⑤ 表意式编码

表意式编码法是用文字、数字或文字数字结合起来描述,这样可以通过联想帮助记忆。

(2) 明确信息流程

信息流程反映了工程项目建设中各参加部、各单位间的关系。为了保证监理工作顺利进行,必须使监理信息在工程项目管理的上下级之间、内部组织与外部环境之间流动,称为"信息流"。在监理工作中一般有三种信息流。

①由上而下的信息流

如从总监理工程师开始,流向高级驻地监理工程师、驻地监理工程师,乃至监理检查人员的信息流。

②自下而上的信息流

自下而上的信息流是指由下级向上级的信息流。信息源在下,接受信息者在上。

③横向间的信息流

三种信息流都应有明晰的流线,并保证畅通。

（3）监理信息的收集

信息管理工作的质量好坏,很大程度上取决于原始资料的全面性和可靠性。因此,建立一套完善的信息采集制度是极其必要的。信息的收集工作必须把握信息来源,做到收集及时、准确。

（4）监理信息的处理

信息处理一般包括收集、加工、传输、存储、检索、输出六项内容。

①收集:收集是指对原始信息的收集,是很重要的基础工作。

②加工:信息加工是信息处理的基本内容,其目的是通过加工为监理工程师提供有用的信息。

③传输:传输是指信息借助于一定的载体在监理工作的各参加部门、各单位之间的传输。通过传输,形成各种信息流。畅通的信息流是监理工作顺利进行的重要保证。

④存储:存储是指对处理后的信息的存储。

⑤检索:监理工作中既然存储了大量的信息,为了查找方便,就需要拟定一套科学的、迅速查找的方法和手段,这就称之为信息的检索。

⑥输出:输出是指将信息按照需要编印成各类报表和文件,以供监理工作使用。

模块二　监理文件与资料管理

知识点一　监理文件与资料管理

监理文件与资料是指在对工程项目实施监理过程中形成的一系列文件和资料,它包括监理管理文件、质量监理文件、施工安全监理与环保监理文件、费用监理文件、进度监理文件、合同管理文件及工程监理月报、监理工作报告、监理日志、会议纪要、巡视记录、旁站记录、监理工作指令、工程变更令、工程分项开工的申请批复、试验抽检的原始记录等。

1. 监理管理文件与资料

其包括监理方案、监理计划、监理细则等,具体内容见本单元知识点二。

2. 质量监理文件与资料

其包括质量监理措施、规定及往来文件,试验检测资料,监理抽检资料,交工验收工程质量评定资料。

3. 施工安全监理与环保监理文件

施工安全监理与环保监理文件应包括安全管理的规章制度、措施、会议记录、检查结果、安全事故的有关文件及施工环境保护规划、环境保护措施、环境保护检查等。

4. 费用监理文件与资料

其包括各类工程支付文件、工程变更有关费用审核工作、工程竣工决算审核意见书等。

5. 进度监理文件与资料

其包括进度计划审批、检查、调整的有关文件;工程开工/复工令及工程暂停令等。

6. 合同管理文件与资料

其包括施工单位办理保险的有关文件、延期索赔申请、分包资质资料、延期和索赔的批准文件、价格调整申请及批准文件等。

7. 工程监理月报

监理工程师每月应向建设单位和上级监理机构报送工程监理月报,其内容包括:本月工程概述,工程质量、进度、安全、环保、支付、合同管理的其他事项,合同执行情况,存在的问题,本月监理工作小结等。

8. 监理工作报告

工程结束时,监理工程师应提交监理工作报告,其内容包括:工程基本情况,监理机构及工作起止时间,投入的监理人员、设备和设施;关于工程质量、安全、环保、费用、进度监理及合同管理执行情况,分项、分部、单位工程质量评估,工程费用分析,工程建设中存在问题的处理意见和建议。

知识点二　监理管理文件与资料

监理管理文件包括监理大纲、监理计划、监理细则等。

1. 监理大纲

监理大纲又称监理方案,它是监理单位为获得监理任务在施工监理投标阶段编制的项目监理方案性文件。监理方案是监理投标书的重要组成部分,也是监理合同的组成部分。

监理大纲的作用:一是使业主认可监理大纲中的监理方案,从而承揽到监理业务;二是在监理合同签订后,监理方案即作为编制监理计划的基础;三是在监理合同签订后,监理方案即作为业主审核监理计划的基本依据。

监理大纲的编制人员应当是监理单位经营部门或技术管理部门人员,也应包括拟定的总监理工程师。项目总监理工程师参与编制监理方案有助于监理计划的编制。

监理大纲的内容应当根据业主所发布的监理招标文件的要求而制定,一般来说应包括:

(1)拟派往项目监理机构的监理人员情况介绍

其中,应该重点介绍拟派往投标工程的项目总监理工程师的情况,这往往决定承揽监理业务的成败。

(2)拟采用的监理方法与措施

监理单位根据业主提供的工程信息,并结合自己为投标所初步掌握的工程资料,制定出拟采用的监理方案。监理方案的具体内容包括:项目监理机构的方案、建设工程质量、进度、费用、安全、环保目标的程序与措施、工程建设各种合同的管理方案、项目监理机构在监理过程中进行组织协调的方案等。

(3)将提供给业主的阶段性监理文件

有助于满足业主掌握工程建设过程的需要,有利于监理单位顺利承揽该建设工程的监理业务。

2. 监理计划

监理计划是监理单位接受业主委托并签订委托监理合同之后,在项目总监理工程师的主持下,根据委托监理合同,在监理大纲的基础上,结合工程的具体情况,广泛收集工程信息和资料的情况下制定,经监理单位技术负责人批准,用来指导项目监理机构全面开展监理工作的指导性文件。

从内容范围上讲,监理大纲与监理计划都是围绕整个项目监理机构所开展的监理工作来编写的,但监理计划的内容要比监理大纲更翔实、更全面。

项目监理计划是监理机构针对所监理工程的具体情况编制的指导、实施总体监理工作的总计划。监理计划的编制要有很强的针对性和可行性。

总监理工程师主持编制整个工程项目的监理计划。所属各监理合同段的驻地监理工程师应根据总监的要求和需要,组织编制本监理合同段的监理计划。

项目监理计划的编制时间应满足合同规定的期限要求。如合同中未明确规定,一般应在监理合同签订之日起一个月内及第一次工地会议和合同工程开工令下达之前编制完成。

在监理计划的实施过程中,根据实际情况变化需要进行补充、修改和完善时,须经总监理工程师审查批准并报建设单位备案。

(1)监理计划的作用:监理计划是监理单位根据监理合同确定的监理范围,并根据该项目的特点而编写的实施监理的工作计划。它是指导项目监理机构全面开展监理工作的纲领性文件,可以使监理工作规范化、标准化,其作用如下:

①指导项目监理机构全面开展监理工作。

②监理计划是主管机构对监理单位实施监督管理的重要依据。

③监理计划是业主确认监理单位是否全面、认真履行监理合同的主要依据。
④监理计划是监理单位重要的存档资料。

 特别提示

编制要点:由总监理工程师主持编制。编制时间应满足合同规定的期限要求,要有很强的针对性和可行性,按合同规定报批后执行。

(2)监理计划的内容

监理计划应明确监理目标、依据、范围和内容,监理机构各部门及岗位职责,监理人员和设施的配备及进退场计划、监理工作方法及措施、监理制度以及监理程序等,其内容的主要要点如下:

①工程项目概况:工程名称、建设地点、建设目的和建设等级、项目组成和规模、总投资及其组成、项目计划工期、质量要求、项目主管部门、项目法人或业主、质量监督机构、承包人、主要设备供应单位、建设条件、外部环境和特点。

②监理工程范围及内容:依据业主委托的范围和内容,准确编写工程范围、服务范围及工作内容。

③监理工作目标:费用监理目标、质量监理目标、进度监理目标、施工安全监理目标、施工环境保护监理目标、合同其他事项管理目标。

④监理工作依据:要列出监理工作依据的主要文件名称。

⑤项目监理机构:监理机构的组织形式、人员配备计划、职责分工。

⑥监理工作程序:包括费用监理、质量监理、进度监理、施工安全监理、施工环境保护监理、合同其他事项管理、协调工作、信息管理工作以及缺陷责任期监理工作程序,内容包括原则、目标、内容、措施、工作流程。

⑦监理工作方法及措施:巡视、旁站、测量、试验检测、验收、监理指令文件、计量与支付、工序控制。

⑧监理工作制度:工程开工审批制度、施工组织设计审核制度、工程材料(设备)指令检验制度、隐蔽工程指令验收制度、工程质量事故处理制度、旁站监理制度、监理试验管理制度、工地会议制度、监理文件与资料管理制度等。

⑨监理设施:现场交通、通信、试验、办公、生活等设施设备的使用计划及使用的规章制度。

⑩其他。

3. 监理细则

监理实施细则又简称监理细则,是在监理规划的基础上,由项目监理机构的专业监理工程师针对建设工程中某一专业或某一方面的监理工作编写,并经总监理工程师批准实施的操作性文件。监理实施细则的作用是指导本专业或本子项目具体监理业务的开展。

4. 三者的关系

监理大纲、监理规划和监理细则都是为某一个工程在不同阶段编制的监理文件,他们是密切联系的,但同时又有区别。

监理大纲是轮廓性文件,是编制监理计划的依据。监理计划是指导监理开展具体监理工作的纲领性文件,而监理实施细则是操作性文件,要依据监理计划来编制。也就是说,从监理大纲到监理计划再到监理实施细则,是逐步细化的。

其区别主要是:

(1)监理大纲在投标阶段根据招标文件编制,目的是承揽工程。

(2)监理计划是在签订监理委托合同后在总监的主持下编制,是针对具体的工程指导监理工作的纲领性文件,其目的在于指导监理部开展日常工作。

(3)监理实施细则则是在监理计划编制完成后依据监理规划由专业监理工程师针对具体专业编制的操作性业务文件,目的在于指导具体的监理业务。

特别提示

不是所有的工程都需要编制这三个文件。对于不同的工程,依据工程的复杂程度等,可以只编写监理大纲和监理计划或监理大纲和监理细则。

知识点三 工程监理资料管理与归档

1. 监理文件档案资料管理的基本概念

所谓建设工程监理文件档案资料的管理,是指监理工程师受建设单位委托,在进行建设工程监理的工作期间,对建设工程实施过程中形成的、与监理相关的文件和档案进行收集积累、加工整理、立卷归档和检索利用等一系列工作。建设工程监理文件档案资料管理的对象是监理文件档案资料,它们是工程建设监理信息的主要载体之一。

2. 监理文件档案资料管理的意义

(1)对监理文件档案资料进行科学管理,可以为建设工程监理工作的顺利开展创造良好的前提条件。

(2)对监理文件档案资料进行科学管理,可以极大地提高监理工作效率。

(3)对监理文件档案资料进行科学管理,可以为建设工程档案的归档提供可靠保证。

3. 监理文件与资料管理

文件与资料管理是监理工作重要的工作内容,工程质量、安全、环保、费用监理、合同的管理以及工程各方的往来函件及重要工程活动全部要通过监理文件与资料系统、完整地反映,监理机构应建立健全监理文件与资料管理制度,并应根据工程建设需要建立文件资料的计算机管理系统,对文件资料进行管理。

(1)所有文件资料应内容完整、填写认真、审批意见与签认齐全。

(2)监理工程师应建立材料、试验、测量、计量支付、工程变更、安全、环保等各项台账。

(3)在监理工作中产生的监理文件与资料应及时整理、分类有序、系统完整、妥善存放和保管。

4. 监理文件与归档管理

监理归档文件必须完整、准确、系统地反映工程监理活动的全过程。监理文件资料归档内容、组卷方法以及监理档案的验收、移交和管理工作,应根据现行《公路工程施工监理规范》及《建设工程文件归档整理规范》并参考工程项目所在地区建设工程行政主管部门、建设监理行业主管部门、地方城市建设档案管理部门的规定执行。

监理文件资料的归档保存中应严格按照保存原件为主、复印件为辅和按照一定顺序归档的原则。按照现行《建设工程文件归档整理规范》(GB/T 50328—2001),监理文件有10大类28个,要求在不同的单位归档保存,现分述如下。

(1)监理管理文件:

①监理计划(建设单位长期保存,监理单位短期保存,送城建档案管理部门保存);

②监理实施细则(建设单位长期保存,监理单位短期保存,送城建档案管理部门保存);

③监理部总控制计划等(建设单位长期保存,监理单位短期保存)。

(2)监理月报中的有关质量问题(建设单位长期保存,监理单位长期保存,送城建档案管理部门保存)。

(3)监理会议纪要中的有关质量问题(建设单位长期保存,监理单位长期保存,送城建档案管理部门保存)。

(4)进度控制:

①工程开工/复工审批表(建设单位长期保存,监理单位长期保存,送城建档案管理部门保存);

②工程开工/复工暂停令(建设单位长期保存,监理单位长期保存,送城建档案管理部门保存)。

(5)质量控制:

①不合格项目通知(建设单位长期保存,监理单位长期保存,送城建档案管理部门保存);

②质量事故报告及处理意见(建设单位长期保存,监理单位长期保存,送城建档案管理部门保存)。

(6)造价控制:

①预付款报审与支付(建设单位短期保存);

②月付款报审与支付(建设单位短期保存);

③设计变更、洽商费用报审与签认(建设单位长期保存);

④工程竣工决算审核意见书(建设单位长期保存,送城建档案管理部门保存)。

(7)分包资质:
①分包单位资质材料(建设单位长期保存);
②供货单位资质材料(建设单位长期保存);
③试验等单位资质材料(建设单位长期保存)。

(8)监理通知:
①有关进度控制的监理通知(建设单位、监理单位长期保存);
②有关质量控制的监理通知(建设单位、监理单位长期保存);
③有关造价控制的监理通知(建设单位、监理单位长期保存)。

(9)合同与其他事项管理:
①工程延期报告及审批(建设单位永久保存,监理单位长期保存,送城建档案管理部门保存);
②费用索赔报告及审批(建设单位、监理单位长期保存);
③合同争议、违约报告及处理意见(建设单位永久保存,监理单位长期保存,送城建档案管理部门保存);
④合同变更材料(建设单位、监理单位长期保存,送城建档案管理部门保存)。

(10)监理工作总结:
①专题总结(建设单位长期保存,监理单位短期保存);
②月报总结(建设单位长期保存,监理单位短期保存);
③工程竣工总结(建设单位、监理单位长期保存,送城建档案管理部门保存);
④质量评估报告(建设单位、监理单位长期保存,送城建档案管理部门保存)。

5. 监理文件档案资料借阅、更改与作废

项目监理部存放的文件和档案原则上不得外借,如政府部门、建设单位或施工单位确有需要,应经过总监理工程师或其授权的监理工程师同意,并在信息管理部门办理借阅手续。

监理文件档案的更改应由原制定部门相应责任人执行,涉及审批程序的,由原审批责任人执行。若指定其他责任人进行更改和审批时,新责任人必须获得所依据的背景资料。监理文件档案更改后,由信息管理部门填写监理文件档案更改通知单,并负责发放新版本文件。发放过程中必须保证项目参建单位中所有相关部门都得到相应文件的有效版本。文件档案换发新版时,应由信息管理部门负责将原版本收回作废。考虑日后有可能出现追溯需求,信息管理部门可以保存作废文件的样本以备查阅。

第五单元 公路工程招标与投标概论

模块一　招投标活动简介

招标与投标是一种国际上普遍应用的、有组织的市场交易行为,是贸易中一种工程、货物或服务的买卖方式。通常是采购人事先提出采购的条件和要求,邀请众多的交易对象参与竞争,按照规定的程序从中择优选定成交者的过程。

工程招标与投标是工程建设项目采购中最普遍、最重要的方式。招标投标涉及工程的决策咨询、勘察设计、工程施工、建设监理、工程材料和设备的供应等许多方面。招标与投标是市场经济中一种特别的采购方式,其目的是使采购活动能尽量节省开支,最大限度地满足采购目标。

招投标方式的交易行为,对于招标人来讲可以对工程的投资、质量进度进行有效的控制,获得合格的工程产品,达到预期的投资效益;对于投标人来讲,则是可以在公平合理的市场竞争环境下,以自身的优势获得工程项目,取得合理利润,保证自身的生存和发展。

知识点一　基本概念

1. 招标(Invitation to Tender)

招标是指招标人(买方)发出招标通知,说明采购的商品名称、规格、数量及其他条件,邀请投标人(卖方)在规定的时间、地点按照一定的程序进行投标的行为,是"投标"的对称。

其程序一般为:招标者刊登广告或有选择地邀请有关厂商,并发给招标文件,或附上图纸和样品;投标者按要求递交投标文件;然后在公证人的主持下当众开标、评标,以全面符合条件者为中标人;最后双方签订承包或交易合同。

2. 投标(Submission of Tender)

投标是与招标相对应的概念,它是指投标人应招标人的邀请或投标人满足招标人最低资质要求而主动申请,按照招标的要求和条件,在规定时间内向招标人递价,争取中标的行为。

> **特别提示**
> 招标与投标是相对于同一事件的不同对象人的行为,投资者的行为就成为招标,实施者的行为就成为投标,彼此的内涵和外延是一致的,彼此相辅相成,缺一不可。

知识点二　招投标的发展历程

1. 起源

招标起源于资本主义社会,最早开始于英国(1830年)。资本主义经济是私有制为基础的市场经济。资本主义社会中不是一切都是私人的,也有一部分钱、物是公有的,即集体的、纳税人共有的或国家所有的。为防止少数人操纵私吞或浪费公款,在用公款采购或政府采购时产生的一种采购方式——招标,即按一定规则,公开售标、投标、开标、评标、授标,招标人和投标人都要遵守普遍公认的规则和法律。

随着招标程序的逐步规范化和法制化,公开招标被大量引用在建筑工程中,并逐步发展成为工程承包的一种最常用的方式。

招投标活动进入20世纪,特别是第二次世界大战之后,招投标在西方发达国家成为重要的采购方式,在工程承包、咨询服务及货物采购中被广泛应用。现在已被公认为是一种可靠的高级交易方式,在国际经济贸易中被普遍应用。

2. 我国招投标的发展

我国的招标投标活动大致可分为三个阶段。

(1)探索和创立期(1979~1989年)

1980年10月,国务院发布了《关于开展和保护社会主义竞争的暂行规定》,第一次提出了对一些合适的工程建设项目可以试行招标投标。吉林省和深圳市于1981年开始工程招投标试点。1982年,鲁布革水电站引水系统工程是我国第一个利用世界银行贷款并按世界银行规定进行项目管理的工程,采用国际竞争性招标方式选择总承包单位,降低了造价,同时也推动了我国工程建设项目管理方式的改革与发展。1984年9月,国务院出台了《关于改革建筑业和基本建设管理体制若干问题的暂行规定》,提出大力推广工程招标承包制。计划、经贸、铁道、建设、化工、交通、广电、建筑等部门积极推行招标投标活动并颁布了有关的规定,招标投标制度框架初步形成。

(2)改革和深化期(1990~1999年)

1991年7月,原国务院法制局将《招标投标管理条例》列入国务院1992年立法计划;1994年6月,原国家计委牵头启动列入八届人大立法计划的《中华人民共和国招标投标法》的起草工作;1997年11月1日,全国人大通过了《建筑法》,在法律层面对建筑工程实行招标发包进行了规范。这些不管是在层次上,还是在数量和涵盖领域的广泛程度上,都远远超过了前一个发展阶段。

(3)发展期(2000年至今)

招标投标作为一种特殊的商品交易方式,具有平等性、竞争性、开放性的特征。1999年8月30日,第九届全国人民代表大会常务委员会第十一次会议通过了《中华人民共和国招标投标法》,规定了在中华人民共和国境内进行的涉及公众利益、公众安全、使用国家投资或融资以及国际援助资金或贷款项工程建设项目,包括项目的勘察、设计、施工、监理以及与工程建设有关的重要设备、材料等的采购,必须进行招标。《招标投标法》于2000年1月1日起正式实施。

其后,各部委依据《招标投标法》颁布了相关规定。国家发展和改革委员会、财政部、建设部、铁道部、交通部、信息产业部、水利部、民用航空总局、广播电影电视总局联合制定了《〈标准施工招标资格预审文件〉和〈标准施工招标文件〉试行规定》及相关附件,自2008年5月1日起施行。规范了施工招标资格预审文件、招标文件编制活动,促进了招标投标活动的公开、公平和公正。

为解决招标投标过程中出现的虚假招标、串通投标等违反招标纪律的问题,2011年11月30日国务院第183次常务会议通过了《中华人民共和国招标投标法实施条例》(中华人民共和国国务院令第613号)(本书简称为《条例》)自2012年2月1日起施行。《条例》是解决招标投标领域突出问题、促进公平竞争、预防和惩治腐败的一项重要举措。

模块二 《招标投标法》概述

为了规范招标投标活动,调整在招标投标过程中产生的各种关系,1999年8月30日中华人民共和国第九届全国人民代表大会常务委员会第十一次会议通过了《中华人民共和国招标投标法》,于2000年1月1日起执行。《中华人民共和国招标投标法》(本书中简称《招标投标法》)的制定标志着我国的工程采购活动进入了法制化、规范化、程序化的轨道。

招标投标法是国家用来规范招标投标活动、调整在招标投标过程中产生的各种关系的法律规范的总称。

按照法律效力的不同,招标投标法律规范分为三个层次:

第一层次是由全国人大及其常委会颁发的招标投标法律;

第二层次是由国务院颁发的招标投标行政法规以及有立法权的地方人大颁发的地方性招标投标法规;

第三层次是由国务院有关部门颁发的有关招标投标的部门规章以及有立法权的地方人民政府颁发的地方性招标投标规章。

本模块所称的招标投标法,是属第一层次上的,即由全国人民代表大会常务委员会制定和颁布的招标投标法律。

《招标投标法》是整个招标投标领域的基本招标投标法,一切有关招标投标的法规、规章和规范性文件都必须与《招标投标法》相一致。

在公路工程建设的各个环节都需要通过招标的方式选择勘察设计单位、施工承包单位、监理咨询单位以及材料、设备供应单位等,按照招投标的相关程序和要求完成招投标工作,双方签订合同文件,然后履行合同,完成项目。

知识点一 《招标投标法》基本内容

1. 立法目的

《招标投标法》共六章，六十八条。第一章为总则，规定了《招标投标法》的立法宗旨、适用范围、强制招标的范围，以及招标投标活动中应遵循的基本原则，第二至四章根据招标投标活动的具体程序和步骤，规定了招标、投标、开标、评标和中标各阶段的行为规则，第五章规定了违反上述规则应承担的法律责任，上述几章构成了招标投标法的实体内容，第六章为附则，规定了招标投标法的例外适用情形以及生效日期。

《招标投标法》的制定，是为了规范招标投标活动，保护国家利益、社会公共利益和招标投标活动当事人的合法权益，提高经济效益，保证项目质量。

2. 适用范围

《招标投标法》适用于在中华人民共和国境内发生的招标投标活动，但香港、澳门地区除外。

3. 适用对象

《招标投标法》的适用对象是招标投标活动，即招标人对货物、工程和服务事先公布采购条件和要求，吸引众多投标人参加竞争，并按规定程序选择交易对象的行为。《招标投标法》的适用对象既包括招标、投标、开标、评标、定标等各个环节的活动，也包括政府部门对招标投标活动的行政监督、规范。

4. 强制招标范围

在中华人民共和国境内进行下列工程建设项目包括项目的勘察、设计、施工、监理以及与工程建设有关的重要设备、材料等的采购，必须进行招标：

(1) 大型基础设施、公用事业等关系社会公共利益、公众安全的项目；

(2) 全部或者部分使用国有资金投资或者国家融资的项目；

(3) 使用国际组织或者外国政府贷款、援助资金的项目。

法律或者国务院对必须进行招标的其他项目的范围有规定的，依照其规定。

2018年3月27日发布的中华人民共和国国家发展和改革委员会令(第16号令)《必须招标的工程项目规定》，具体规定了不同招标项目的招标金额及各类项目的解释。

5. 招标金额

上述规定范围内的各类工程建设项目，包括项目的勘察、设计、施工、监理以及与工程建设有关的重要设备、材料等的采购，达到下列标准之一的，必须进行招标：

(1) 施工单项合同估算价在400万元人民币以上的；

(2) 重要设备、材料等货物的采购，单项合同估算价在200万元人民币以上的；

(3) 勘察、设计、监理等服务的采购，单项合同估算价在100万元人民币以上的；

(4) 同一项目中可以合并进行的勘察、设计、施工、监理以及与工程建设有关的重要设备、材料等的采购，合同估算价合计达到规定标准的必须招标。

这是对强制招标制度及其范围的规定,这是招标投标法的核心内容之一,也是最能体现立法目的的条款之一。

强制招标,是指法律规定某些类型的采购项目,凡是达到一定数额的,必须通过招标进行,否则采购单位要承担法律责任。

在《招标投标法》中,强制招标的范围着眼于"工程建设项目",而且是工程建设项目全过程的招标,包括从勘察、设计、施工、监理到设备、材料的采购。

对于依照《招标投标法》及其他法律、法规规定必须进行招标的项目,任何单位和个人不得通过化整为零或任何其他方式规避招标。违反规定,将受到责令改正、罚款、暂停资金拨付和处分的处罚。

6. 招投标活动的原则

招标投标活动应当遵循公开、公平、公正和诚实信用的原则,即"三公"原则和诚信原则。

"公开"原则,就是要求招标投标活动具有高的透明度,实行招标信息、招标程序公开,即发布招标通告,公开开标,公开中标结果,使每一个投标人获得同等的信息,知悉招标的一切条件和要求。

"公平"原则,就是要求给予所有投标人平等的机会,使其享有同等的权利并履行相应的义务,不歧视任何一方。

"公正"原则,就是要求评标时按事先公布的标准对待所有的投标人。

鉴于"三公"原则在招标投标活动中的重要性,《招标投标法》始终以其为主线,在总则及各章的各个条款中予以具体体现。

所谓诚实信用原则,也称诚信原则,是民事活动的基本原则之一。这条原则的含义是,招标投标当事人应以诚实、善意的态度行使权利,履行义务,以维持双方的利益平衡,以及自身利益与社会利益的平衡。从这一原则出发,《招标标活动》规定了不得规避招标、串通投标、泄露标底、骗取中标、转包合同等诸多义务,要求当事人遵守,并规定了相应的罚则。

7. 招标采购活动的特点

招标采购是最富有竞争的一种采购方式。与其他采购方式相比,招标采购至少应具备以下要素:

(1)程序规范。在招标投标活动中,从招标、投标、评标、定标到签订合同,每个环节都有严格的程序、规则。这些程序和规则具有法律拘束力,当事人不能随意改变。

(2)编制招标、投标文件。在招标投标活动中,招标人必须编制招标文件,投标人据此编制投标文件参加投标,招标人组织评标委员会对投标文件进行评审和比较,从中选出中标人。因此,是否编制招标、投标文件,是区别招标与其他采购方式的最主要特征之一。

(3)公开性。招标投标的基本原则是"公开、公平、公正",将采购行为置于透明的环境中,防止腐败行为的发生。招标投标活动的各个环节均体现了这一原则。

(4)一次成交。在投标人递交投标文件后到确定中标人之前,招标人不得与投标人就投标价格等实质性内容进行谈判。也就是说,投标人只能一次报价,不能与招标人讨价还价,并以此报价作为签订合同的基础。

以上四要素,基本反映了招标采购的本质,也是判断一项采购活动是否属招标采购的标准和依据。

一个完整的招标投标过程,包括招标、投标、开标、评标和定标五个环节。招标作为起始步骤,其程序规范与否,直接关系到以后各个环节能否顺利进行,对于整个招投标过程有着非常重要的意义。

8. 招标方式

招标分为公开招标和邀请招标。

公开招标,是招标人在指定的报刊、电子网络或其他媒体上发布招标公告,吸引众多的投标人参加投标竞争,招标人从中择优选择中标单位的招标方式。简单地说,公开招标就是指招标人以招标公告的方式邀请不特定的法人或者其他组织投标。

邀请招标,也称选择性招标,由招标人根据自己的经验和有关供应商、承包商资料,如企业信誉、设备性能、技术力量、以往业绩等情况,选择一定数目的企业(一般应邀请5~10家为宜,不能少于3家),向其发出投标邀请书,邀请他们参加投标竞争。简单地说,邀请招标,是指招标人以投标邀请书的方式邀请特定的法人或者其他组织投标。

国家重点项目和地方重点项目应当公开,不宜公开招标的项目,经批准可进行邀请招标。

知识点二 招标人与招标代理

招标人是依照招标投标法规定,提出招标项目、进行招标的法人或者其他组织。

招标人有权自行选择招标代理机构,委托其办理招标事宜。任何单位和个人不得以任何方式为招标人指定招标代理机构。

招标人具有编制招标文件和组织评标能力的,可以自行办理招标事宜。任何单位和个人不得强制其委托招标代理机构办理招标事宜。

依法必须进行招标的项目,招标人自行办理招标事宜的,应当向有关行政监督部门备案。

招标代理机构是依法设立、从事招标代理业务并提供相关服务的社会中介组织。

1. 招标代理机构的资格认定

(1)工程建设项目招标代理(以下简称工程招标代理),是指工程招标代理机构接受招标人的委托,从事工程的勘察、设计、施工、监理以及与工程建设有关的重要设备(进口机电设备除外)、材料采购招标的代理业务。

(2)从事工程建设项目招标代理业务的招标代理机构,其资格由国务院或者省、自治区、直辖市人民政府的建设行政主管部门认定,具体见《工程建设项目招标代理机构资格认定办法》(中华人民共和国建设部令第154号)。

(3) 工程招标代理机构资格分为甲级、乙级和暂定级。

(4) 甲级工程招标代理机构可以承担各类工程的招标代理业务。

乙级工程招标代理机构只能承担工程总投资1亿元人民币以下的工程招标代理业务。

暂定级工程招标代理机构,只能承担工程总投资6 000万元人民币以下的工程招标代理业务。

工程招标代理机构可以跨省、自治区、直辖市承担工程招标代理业务。

任何单位和个人不得限制或者排斥工程招标代理机构依法开展工程招标代理业务。

甲级工程招标代理机构资格由国务院建设主管部门认定。

乙级、暂定级工程招标代理机构资格由工商注册所在地的省、自治区、直辖市人民政府建设主管部门认定。

2. 招标代理机构的资格条件

申请工程招标代理资格的机构应当具备下列条件:

(1) 是依法设立的中介组织,具有独立法人资格;

(2) 与行政机关和其他国家机关没有行政隶属关系或者其他利益关系;

(3) 有固定的营业场所和开展工程招标代理业务所需设施及办公条件;

(4) 有健全的组织机构和内部管理的规章制度;

(5) 具备编制招标文件和组织评标的相应专业力量;

(6) 具有可以作为评标委员会成员人选的技术、经济等方面的专家库;

(7) 法律、行政法规规定的其他条件。

招标代理机构应当在招标人委托的范围内办理招标事宜,并遵守《招标投标法》关于招标人的规定。

3. 招标代理机构的法律责任

工程招标代理机构应当与招标人签订书面合同,在合同约定的范围内实施代理,并按照国家有关规定收取费用;超出合同约定实施代理的,依法承担民事责任。

工程招标代理机构应当在其资格证书有效期内,妥善保存工程招标代理过程文件以及成果文件。

工程招标代理机构不得伪造、隐匿工程招标代理过程文件以及成果文件。

工程招标代理机构在工程招标代理活动中不得有下列行为:

(1) 与所代理招标工程的招投标人有隶属关系、合作经营关系以及其他利益关系;

(2) 从事同一工程的招标代理和投标咨询活动;

(3) 超越资格许可范围承担工程招标代理业务;

(4) 明知委托事项违法而进行代理;

(5) 采取行贿、提供回扣或者给予其他不正当利益等手段承接工程招标代理业务;

(6) 未经招标人书面同意,转让工程招标代理业务;

(7)泄露应当保密的、与招标投标活动有关的情况和资料；

(8)与招标人或者投标人串通，损害国家利益、社会公共利益和他人合法权益；

(9)对有关行政监督部门依法责令改正的决定拒不执行或者以弄虚作假方式隐瞒真相；

(10)擅自修改经招标人同意并加盖了招标人公章的工程招标代理成果文件；

(11)涂改、倒卖、出租、出借或者以其他形式非法转让工程招标代理资格证书；

(12)法律、法规和规章禁止的其他行为。

申请资格升级的工程招标代理机构或者重新申请暂定级资格的工程招标代理机构，在申请之日起前一年内有前款规定行为之一的，资格许可机关不予批准。

有下列情形之一的，资格许可机关或者其上级机关，根据利害关系人的请求或者依据职权，可以撤销工程招标代理资格：

(1)资格许可机关工作人员滥用职权、玩忽职守作出准予资格许可的；

(2)超越法定职权作出准予资格许可的；

(3)违反法定程序作出准予资格许可的；

(4)对不符合许可条件的申请作出资格许可的；

(5)依法可以撤销工程招标代理资格的其他情形。

以欺骗、贿赂等不正当手段取得工程招标代理资格证书的，应当予以撤销。

这是关于委托代理招标和招标人自行招标的规定。

知识点三　招标与投标行为的规定

1. 招标的有关规定

(1)对投标人进行资格审查。招标人可以根据招标项目本身的要求，在招标公告或者投标邀请书中，要求潜在投标人提供有关资质证明文件和业绩情况，并对潜在投标人进行资格审查；国家对投标人的资格条件有规定的，依照其规定。

资格审查分为资格预审和资格后审。

(2)招标人不得以不合理的条件限制或者排斥潜在投标人，不得对潜在投标人实行歧视待遇。

(3)招标人要编制招标文件。招标人应当根据招标项目的特点和需要编制招标文件。招标文件应当包括招标项目的技术要求、对投标人资格审查的标准、投标报价要求和评标标准等所有实质性要求和条件以及拟签订合同的主要条款。国家对招标项目的技术、标准有规定的，招标人应当按照其规定在招标文件中提出相应要求。招标项目需要划分标段、确定工期的，招标人应当合理划分标段、确定工期，并在招标文件中载明。

招标文件不得要求或者标明特定的生产供应者以及含有倾向或者排斥潜在投标人的其他内容。

(4)组织现场踏勘。招标人根据招标项目的具体情况，可以组织潜在投标人踏勘项目现场。

(5) 保密要求。招标人不得向他人透露已获取招标文件的潜在投标人的名称、数量以及可能影响公平竞争的有关招标投标的其他情况。招标人设有标底的,标底必须保密。

招标人收到投标文件后,应当签收保存,不得开启。

(6) 招标文件修改或澄清。招标人对已发出的招标文件进行必要的澄清或者修改的,应当在招标文件要求提交投标文件截止时间至少 15 日前,以书面形式通知所有招标文件收受人。该澄清或者修改的内容为招标文件的组成部分。

2. 投标人的有关规定

(1) 投标人资格

投标人是响应招标、参加投标竞争的法人或者其他组织。

投标人应当具备承担招标项目的能力;国家有关规定对投标人资格条件或者招标文件对投标人资格条件有规定的,投标人应当具备规定的资格条件。

(2) 投标人编制投标文件

投标人应当按照招标文件的要求编制投标文件。投标文件应当对招标文件提出的实质性要求和条件作出响应。招标项目属于建设施工的,投标文件的内容应当包括拟派出的项目负责人与主要技术人员的简历、业绩和拟用于完成招标项目的机械设备等。

投标人根据招标文件载明的项目实际情况,拟在中标后将中标项目的部分非主体、非关键性工作进行分包的,应当在投标文件中载明。

(3) 投标文件的递交

投标人应当在招标文件要求提交投标文件的截止时间前,将投标文件送达投标地点。在招标文件要求提交投标文件的截止时间后送达的投标文件,招标人应当拒收。

(4) 投标文件的修改或撤回

投标人在招标文件要求提交投标文件的截止时间前,可以补充、修改或者撤回已提交的投标文件,并书面通知招标人。补充、修改的内容为投标文件组成部分。

两个以上法人或者其他组织可以组成一个联合体,以一个投标人的身份共同投标。联合体各方均应当具备承担招标项目的相应能力;国家有关规定或者招标文件对投标人资格条件有规定的,联合体各方均应当具备规定的相应资格条件。由同一专业的单位组成的联合体,按照资质等级较低的单位确定资质等级。联合体各方应当签订共同投标协议,明确约定各方拟承担的工作和责任,并将共同投标协议连同投标文件一并提交招标人。联合体中标的,联合体各方应当共同与招标人签订合同,就中标项目向招标人承担连带责任。招标人不得强制投标人组成联合体共同投标,不得限制投标人之间的竞争。

3. 禁止性规定

(1) 投标人不得相互串通投标报价,不得排挤其他投标人的公平竞争,损害招标人或者其他投标人的合法权益。

(2) 投标人不得与招标人串通投标,损害国家利益、社会公共利益或者他人的合法权益。

(3)禁止投标人以向招标人或者评标委员会成员行贿的手段谋取中标。

(4)投标人不得以低于成本的报价竞标,也不得以他人名义投标或者以其他方式弄虚作假,骗取中标。

知识点四 开标、评标和中标的要求与规定

1. 开标的规定

开标应当在招标文件确定的提交投标文件截止时间的同一时间公开进行;开标地点应当为招标文件中预先确定的地点。

开标由招标人主持,邀请所有投标人参加。

招标人在招标文件要求提交投标文件的截止时间前收到的所有投标文件,开标时都应当众予以拆封、宣读。开标过程应当记录,并存档备查。

2. 评标的规定

(1)评标委员会

评标由招标人依法组建的评标委员会负责。依法必须进行招标的项目,其评标委员会由招标人的代表和有关技术、经济等方面的专家组成,成员人数为 5 人以上单数,其中技术、经济等方面的专家不得少于成员总数的 2/3。

与投标人有利害关系的人不得进入相关项目的评标委员会;已经进入的应当更换。

评标委员会成员的名单,在招标结果确定前应当保密。

(2)评标纪律

评标委员会成员应当客观、公正地履行职务,遵守职业道德,对所提出的评审意见承担个人责任。

评标委员会成员不得私下接触投标人,不得收受投标人的财物或者其他好处。

评标委员会成员和参与评标的有关工作人员不得透露对投标文件的评审和比较、中标候选人的推荐情况以及与评标有关的其他情况。

(3)安全保障工作

招标人应当采取必要的措施,保证评标在严格保密的情况下进行。任何单位和个人不得非法干预、影响评标的过程和结果。

3. 中标的规定

中标人的投标应当符合下列条件之一:

(1)能够最大限度地满足招标文件中规定的各项综合评价标准;

(2)能够满足招标文件的实质性要求,并且经评审的投标价格最低;但是投标价格低于成本的除外。

中标人确定后,招标人应当向中标人发出中标通知书,并同时将中标结果通知所有未中标的投标人。中标通知书对招标人和中标人具有法律效力。中标通知书发出后,招

标人改变中标结果的,或者中标人放弃中标项目的,应当依法承担法律责任。

招标人和中标人应当自中标通知书发出之日起 30 日内,按照招标文件和中标人的投标文件订立书面合同。招标人和中标人不得再行订立背离合同实质性内容的其他协议。招标文件要求中标人提交履约保证金的,中标人应当提交。

依法必须进行招标的项目,招标人应当自确定中标人之日起 15 日内,向有关行政监督部门提交招标投标情况的书面报告。

投标人如果不按照要求提交履约担保或者不按照时间规定签订书面合同的,将被取消中标资格,同时将被没收投标担保金。

知识点五　法律责任

1. 不招标与肢解招标的法律责任

违反招标投标法规定,必须进行招标的项目而不招标的,将必须进行招标的项目化整为零或者以其他任何方式规避招标的,责令限期改正,可以处项目合同金额0.5%以上1%以下的罚款;对全部或者部分使用国有资金的项目,可以暂停项目执行或者暂停资金拨付;对单位直接负责的主管人员和其他直接责任人员依法给予处分。

2. 招标代理机构违反招标投标规定的法律责任

招标代理机构违反招标投标法规定,泄露应当保密的、与招标投标活动有关的情况和资料的,或者与招标人、投标人串通损害国家利益、社会公共利益或者他人合法权益的,处 5 万元以上 25 万元以下的罚款,对单位直接负责的主管人员和其他直接责任人员处单位罚款数额 5% 以上 10% 以下的罚款;有违法所得的,并处没收违法所得;情节严重的,暂停直至取消招标代理资格;构成犯罪的,依法追究刑事责任。给他人造成损失的,依法承担赔偿责任。前款所列行为影响中标结果的,中标无效。

3. 招标人限制或排斥潜在投标人的法律责任

招标人以不合理的条件限制或者排斥潜在投标人的,对潜在投标实行歧视待遇的,强制要求投标人组成联合体共同投标的,或者限制投标人之间竞争的,责令改正,可以处1 万元以上 5 万元以下的罚款。

4. 招标人泄露投标人信息的法律责任

依法必须进行招标项目的招标人向他人透露已获取招标文件的潜在投标人的名称、数量或者可能影响公平竞争的有关招标投标的其他情况的,或者泄露标底的,给予警告,可以并处 1 万元以上 10 万元以下的罚款;对单位直接负责的主管人员和其他直接责任人员依法给予处分;构成犯罪的,依法追究刑事责任。前款所列行为影响中标结果的,中标无效。

5. 评标委员会成员违反纪律的法律责任

评标委员会成员收受投标人的财物或者其他好处的,评标委员会成员或者参加评标的有关工作人员向他人透露对投标文件的评审和比较、中标候选人的推荐以及与评标有关的其他情况的,给予警告,没收收受的财物,可以并处 3 000 元以上 5 万元以下的罚款,对有所列违法行为的评标委员会成员取消担任评标委员会成员的资格,不得再参加任何依法必须进行招标的项目的评标;构成犯罪的,依法追究刑事责任。

6. 招标人自行确定中标人的法律责任

招标人在评标委员会依法推荐的中标候选人以外确定中标人的,依法必须进行招标的项目在所有投标被评标委员会否决后自行确定中标人的,中标无效。责令改正,可以处中标项目金额 0.5% 以上 1% 以下的罚款;对单位直接负责的主管人员和其他直接责任人员依法给予处分。

7. 招标人与投标人进行合同前谈判的法律责任

依法必须进行招标的项目,招标人违反招标投标法规定,与投标人就投标价格、投标方案等实质性内容进行谈判的,给予警告,对单位直接负责的主管人员和其他直接责任人员依法给予处分。前款所列行为影响中标结果的,中标无效。

8. 投标人串通投标的法律责任

投标人相互串通投标或者与招标人串通投标的,投标人以向招标人或者评标委员会成员行贿的手段谋取中标的,中标无效,处中标项目金额 0.5% 以上 1% 以下的罚款,对单位直接负责的主管人员和其他直接责任人员处单位罚款数额 5% 以上 10% 以下的罚款;有违法所得的,并处没收违法所得;情节严重的,取消其 1~2 年内参加依法必须进行招标的项目的投标资格并予以公告,直至由工商行政管理机关吊销营业执照;构成犯罪的,依法追究刑事责任;给他人造成损失的,依法承担赔偿责任。

9. 投标人违背诚信原则的法律责任

投标人以他人名义投标或者以其他方式弄虚作假,骗取中标的,中标无效;给招标人造成损失的,依法承担赔偿责任;构成犯罪的,依法追究刑事责任。依法必须进行招标项目的投标人有前款所列行为尚未构成犯罪的,处中标项目金额 0.5% 以上 1% 以下的罚款,对单位直接负责的主管人员和其他直接责任人员处单位罚款数额 5% 以上 10% 以下的罚款;有违法所得的,并处没收违法所得;情节严重的,取消其 1~3 年内参加依法必须进行招标的项目的投标资格并予以公告,直至由工商行政管理机关吊销营业执照。

10. 中标人转让或肢解中标项目的法律责任

中标人将中标项目转让给他人的,或将中标项目肢解后分别转让给他人的,违反招标投标法规定将中标项目的部分主体、关键性工作分包给他人的,或者分包人再次分包的,转让、分包无效,处转让、分包项目金额 0.5% 以上 1% 以下的罚款;有违法所得的,并处没收违法所得;可以责令停业整顿;情节严重的,由工商行政管理机关吊销营业执照。

11. 招标人与中标人不按规定订立合同的法律责任

招标人与中标人不按照招标文件和中标人的投标文件订立合同的,或者招标人、中标人订立背离合同实质性内容协议的,责令改正;可以处中标项目金额 0.5% 以上 1% 以下的罚款。

12. 中标人不订立合同的法律责任

中标人不履行与招标人订立的合同的,履约保证金不予退还,给招标人造成的损失超过履约保证金数额的,还应当对超过部分予以赔偿;没有提交履约保证金的,应当对招标人的损失承担赔偿责任。中标人不按照与招标人订立的合同履行义务,情节严重的,取消其 2~5 年内参加依法必须进行招标的项目的投标资格并予以公告,直至由工商行政管理机关吊销营业执照。因不可抗力不能履行合同的,不适用本条规定。

13. 干扰招标工作的单位或个人的法律责任

任何单位违反招标投标法规定,限制或者排斥本地区、本系统以外的法人或者其他组织参加投标的,为招标人指定招标代理机构的,强制招标人委托招标代理机构办理招标事宜的,或者以其他方式干涉招标投标活动的,责令改正;对单位直接负责的主管人员和其他直接责任人员依法给予警告、记过、记大过的处分,情节较重的,依法给予降级、撤职、开除的处分。个人利用职权进行前款违法行为的,依照前款规定追究责任。

对招标投标活动依法负有行政监督职责的国家机关工作人员徇私舞弊、滥用职权或者玩忽职守,构成犯罪的,依法追究刑事责任;不构成犯罪的,依法给予行政处分。

依法必须进行招标的项目违反招标投标法规定,中标无效的,应当依照招标投标法规定的中标条件从的中标条件从其余投标人中重新确定中标人或者依照招标投标法重新进行招标。

第六单元 公路工程施工招标

模块一　招标程序及工作内容

知识点一　施工招标条件及程序

1. 工程条件

可以进行施工招标的公路项目,项目和招标人都必须符合有关条件,招标才可以进行。

《工程建设项目施工招标投标办法》第八条规定:依法必须招标的工程建设项目,应当具备下列条件才能进行施工招标:

(1)招标人已经依法成立;

(2)初步设计及概算应当履行审批手续的,已经批准;

(3)招标范围、招标方式和招标组织形式等应当履行核准手续的,已经核准;

(4)相应资金或资金来源已经落实;

(5)有招标所需的设计图纸及技术资料。

特别提示

《公路工程建设项目招标投标管理办法》规定,公路工程建设项目履行项目审批或者核准手续后,方可开展勘察设计招标;初步设计文件批准后,方可开展施工监理、设计施工总承包招标;施工图设计文件批准后,方可开展施工招标。

2. 招标人条件

公路工程施工招标的招标人,应当是提出公路工程施工招标项目、进行公路工程施工招标的项目法人(以下简称招标人)。

具备下列条件的招标人,可以自行办理招标事宜:

(1)具有与招标项目相适应的工程管理、造价管理、财务管理能力;

(2)有组织编制公路工程施工招标文件和标底的能力;

(3)有对投标人进行资格审查和组织评标的能力。

招标人不具备上述条件的,应当委托具有相应资格的招标代理机构办理公路工程施工招标事宜。任何组织和个人不得强行为招标人指定招标代理机构。

3. 公路工程施工招标程序

招标与投标是一种交易方式,买卖方式。招标方是买方,投标方是卖方。由买方提出需求,由卖方去竞争获得供应权、生产权。公路工程施工招标一般按下列程序进行。

(1)招标人确定招标方式(公开招标或邀请招标或国家允许的其他方式)。

(2)招标人编制投标资格预审文件和招标文件,招标文件应当按项目管理权限主管部门审批。

(3)发布招标公告,发售投标资格预审文件;采用邀请招标的,招标人可直接发出投标邀请,发售招标文件。

(4)对潜在投标人进行资格审查,并将资格预审结果按项目管理权限报主管部门审批。

(5)向资格预审合格的潜在投标人发售招标文件。

(6)组织投标人考察工程现场,召开标前会。

(7)接受投标人的投标文件,公开开标。

(8)组建评标委员会评标,推荐中标候选人。

(9)招标人确定中标人,并将评标报告和评标结果报交通主管部门核备。

(10)招标人发出中标通知书。

(11)招标人与中标人订立公路工程施工合同。

知识点二 招标工作内容

1. 组建项目法人

《公路建设四项制度实施办法》中规定:"凡列入国家和地方基本建设计划的公路建设项目必须实行项目法人责任制度,由项目法人对建设项目负总责"。项目法人如委托中介机构对项目进行建设管理,必须按项目管理权限报交通主管部门核备。

地方人民政府或政府交通主管部门可以成立项目建设协调机构(指挥部),负责协调征地拆迁、建设环境等方面的工作,履行政府监督管理职能。

可行性研究报告批准后,应正式成立或明确项目法人,在初步设计批准前,按项目管理权限报交通主管部门审批。新组建的项目法人应依法办理公司注册或事业法人登记手续。

项目法人机构设置和技术、管理人员素质,必须满足工程建设管理的需要,符合公路建设市场准入条件。

2. 合同数量的确定

公路工程施工招标,可以对整个建设项目一次招标,也可以根据不同专业、不同实施阶段,分标段、分阶段进行招标,但不得将招标工程化整为零或者以其他任何方式规避招标。

分标段招标的,招标人合理划分标段,合理确定工期。施工标段的确定应有利于施工单位的合理投入和机械化施工。高速公路标段路基工程一般应不小于10km,路面工程一般应不少于15km。其他等级公路标段工作量一般应不少于5 000万元。边远地区和特殊地段可视实际情况调整。施工工期应依据初步设计批复的建设期限,结合项目实际情况合理确定。

3. 招标方式的选择

依照《招标投标法》,国家重点项目和地方重点项目应当进行公开招标。不宜进行公开招标的,经批准可以进行邀请招标。

(1) 邀请招标的情形

有下列情形之一的,可以邀请招标:

①技术复杂、有特殊要求或者受自然环境限制,只有少量潜在投标人可供选择;

②采用公开招标方式的费用占项目合同金额的比例过大。

(2) 不招标的情形

除《招标投标法》第六十六条规定的可以不进行招标的特殊情况外,有下列情形之一的,可以不进行招标:

①需要采用不可替代的专利或者专有技术;

②采购人依法能够自行建设、生产或者提供;

③已通过招标方式选定的特许经营项目投资人依法能够自行建设、生产或者提供;

④需要向原中标人采购工程、货物或者服务,否则将影响施工或者功能配套要求;

⑤国家规定的其他特殊情形。

特别提示

《条例》第七条规定:按照国家有关规定需要履行项目审批、核准手续的依法必须进行招标的项目,其招标范围、招标方式、招标组织形式应当报项目审批、核准部门审批、核准。项目审批、核准部门应当及时将审批、核准确定的招标范围、招标方式、招标组织形式通报有关行政监督部门。

4. 选择合同形式

合同,又称契约,它是当事人双方或数方设立、变更和终止相互权利和义务关系的协议。招标人通过招标投标活动,确定中标企业后,业主和施工企业双方应按招标文件中明确的时间内签订工程承发包施工合同。公路工程施工合同有以下几种形式。

(1) 总价合同

这种合同要求投标者按照招标文件的要求报一个总价。据之完成设计图纸和说明书上规定的所有项目,不论工程实际开支多少,均按合同规定的总价分批付款。这种方式的优点是工程造价一次包死,简单省事。缺点则是因为承包人要承担工程量和价格双重风险,通常要价较高。

总价合同可以使业主对工程总开支做到大体上心中有数,评标时易于确定报价最低单位。在施工过程中可以更集中精力控制施工进度和工程质量。但是这种合同,承包人风险较大,所以业主必须考虑使承包人承担的风险是正常和可以接受的,实际施工变化不能太大。因为只有使承包人有利可图时,才能招来有竞争力而合格的投标者。

总价合同一般适用于规模不大,结构不甚复杂的工程。

(2) 单价合同

当准备发包的工程项目的内容和设计指标一时不能确定时,或工程量可能有出入时,则采用单价合同形式为宜。

单价合同分为以下两种形式。

①估计工程量单价合同

即以工程量表中的工程量为基础，以工程量表中填入的单价为依据来计算合同价格，作为报价之用。但在支付工程款时则以实际完成的工程量为准，按月支付，最后以实际竣工图结算工程总价格。不过，当实际工程量比招标文件的数量增减过大时（一般为±25%），承包人和业主都可保留调整单价的权利（一般在合同条款中有规定）。这种合同在国际采用最为普遍，世界银行在我国的贷款公路建设项目大多采用此种合同形式。

②纯单价合同

招标文件只向投标者提供各项工程内的工作项目一览表、工程范围及必要的说明，而不提供工程量，承包人只要给出各项目的单价即可，将来施工时按实际工程量计算。当工程费需分摊在许多工程、或复杂工程、或不易计算工程量的基础上时，采用纯单价合同就会引起一些麻烦与争执。

5. 招标人编制投标资格预审文件和招标文件，发布招标公告

公开招标的项目，应当依照《招标投标法》和《条例》的规定发布招标公告、编制招标文件。

招标人采用资格预审办法对潜在投标人进行资格审查的，应当发布资格预审公告、编制资格预审文件。

依法必须进行招标的项目其资格预审公告和招标公告，应当在国务院发展改革部门依法指定的媒介发布。在不同媒介发布的同一招标项目的资格预审公告或者招标公告的内容应当一致。指定媒介发布依法必须进行招标的项目其境内资格预审公告、招标公告，不得收取费用。

编制依法必须进行招标的项目其资格预审文件和招标文件，应当使用国务院发展改革部门会同有关行政监督部门制定的标准文本。

6. 发布招标公告，发售资格预审文件

招标人应当按照资格预审公告、招标公告或者投标邀请书规定的时间、地点发售资格预审文件或者招标文件。资格预审文件或者招标文件的发售期不得少于5日。

招标人发售资格预审文件、招标文件收取的费用，应当限于补偿印刷、邮寄的成本支出，不得以营利为目的。

7. 组织投标人考察工程现场，召开标前会议

招标单位应按照招标文件写明的时间，组织通过资格审查并购买招标文件的投标人进行现场考察及召开标前会议。

(1) 现场考察

当投标单位对招标文件阅读、熟悉和基本掌握之后，招标单位应统一组织一次现场考察。目的在于使投标单位进一步了解工程现场及有关因素（如水、电、路、料等），并可视需要采集样品。现场考察的时间、地点和缴纳的费额，一般在投标邀请书中明确。

现场考察的主要内容有两方面，即重点工程的考察和地方材料（砂、石、土）及料场的考察。考察之前招标单位应事先做好安排，具体规定出考察的顺序和考察的行驶路线，编出考察文件发给投标单位,而计划考察的重点工程和料场,均应由设计单位协助招标单位事先设置明显标志。

招标单位还要为参加现场考察的投标者提供食宿与交通方便,费用由投标单位自理。招标单位将向参加考察的投标者介绍工程,目的是使投标单位能充分了解和利用现有资料,但招标单位多投标单位由此得出的推论、解释和结论不应承担任何责任。

(2)标前会议

标前会议的内容主要是由招标单位以正式会议的形式,口头解答投标单位在考察前和考察后以书面形式提出的各种问题,并在会议结束后,招标单位按其口头解答的内容,以书面文字(招标文件补遗书)正式通知各投标单位。这一通知同样是招标文件的组成部分,必要时还应录制音像资料。

8. 接收投标者的投标书

(1)投标人必须按照投标人须知前附表规定的时间和地点递交投标文件,并由招标人签收。

(2)招标人将拒绝接收在递交招标文件截止时间后送达的投标文件,并将该投标文件按照其内层信封上写明的地址退回或由投标人自行带回。

9. 开标、评标、定标

详见本单元模块四。

模块二　招标文件

招标人在招标以前,必须把拟建的公路工程技术经济条件编写成文件,供投标单位阅读和了解,这些成册的资料统称为招标文件。招标文件的编制是招标准备工作中极为重要的一环。招标文件是组织招标的纲领性文件,是提供投标者编制投标文件的基本依据。因而招标文件必须编写得系统、完整、准确、明了,使投标人能够充分了解自己应尽的职责和享有的权益。

招标文件的内容应包括投标者编制投标书所需的全部资料和要求。招标文件也是业主与投标单位签订合同文件的主要组成部分。

为了规范施工招标资格预审文件、招标文件编制活动,促进招标投标活动的公开、公平和公正,国家发展和改革委员会、财政建设部、铁道部、交通部、信息产业部、水利部、民用航空总局、广播电影电视总局联合颁布了《〈标准施工招标资格预审文件〉和〈标准施工招标文件〉试行规定》(第56号令)及相关附件,自2008年5月1日起施行。

交通运输部在国家九部委联合编制的《公路工程标准施工招标资格预审文件》和《标准施工招标文件》(以下简称《标准文件》)基础上,结合公路工程施工招标特点和管理需要,组织制定了《公路工程标准施工招标资格预审文件》(2009年版)和《公路工程标准施工招标文件》(2009年版)(以下简称《公路工程标准文件》),于2009年8月1日起执行,原《公路工程标准文件》(2003年版)同时废止。2018年2月27日,交通运输部发布《公路工程标准施工招标文件》(2018版)《公路工程标准施工招标资格预审文件》(2018版),并于2018年3月1日起施行。

同时《条例》的第十五条规定:编制依法必须进行招标的项目的资格预审文件和招标文件,应当使用国务院发展改革部门会同有关行政监督部门制定的标准文本。

知识点一 《公路工程标准文件》概述

1. 《公路工程标准文件》的主要内容和适用范围

《公路工程标准施工招标资格预审文件》包括资格预审公告、申请人须知、资格审查办法、资格预审申请文件格式和项目建设概况等五章。

《公路工程标准文件》包括招标公告(投标邀请书)、投标人须知、评标办法、合同条款及格式、工程量清单、图纸、技术标准与要求、投标文件格式八章,见表6-1。

《公路工程标准文件》适用于各等级公路和桥梁、隧道建设项目,其他项目可参照执行。

2. 《公路工程标准文件》的使用说明

(1)招标人根据《公路工程标准施工招标文件》编制项目招标文件时,不得修改"投标人须知"和"评标办法"正文,但可在前附表中对"投标人须知"和"评标办法"进行补充、细化,补充和细化的内容不得与"投标人须知"和"评标办法"正文内容相抵触。

(2)招标人在根据《公路工程标准施工招标文件》编制项目招标文件中的"项目专用合同条款"时,可根据招标项目的具体特点和实际需要,对"通用合同条款"、"公路工程专用合同条款"进行补充、细化,除"通用合同条款"明确"专用合同条款"可作出不同约定以及"公路工程专用合同条款"明确"项目专用合同条款"可作出不同约定外,补充和细化的内容不得与"通用合同条款"及"公路行业标准工程专用合同条款"强制性规定相抵触。同时,补充细化或约定的内容不得违反法律、行政法规的强制性规定和平等自愿、公平和诚实信用原则。

(3)《公路工程标准文件》规定了合格制和有限数量制两种资格审查方法,以及合理低价法、综合评估法和经评审的最低投标价法三种评标方法,供招标人根据招标项目具体特点和实际需要选择使用。"资格审查办法"前附表和"评标办法"前附表应列明全部评审因素和评审标准,标明不能通过审查的全部条款,并以醒目的方式提示。招标人选择适用综合评估法的,在满足相关规定前提下,各评审因素的评审标准、分值和权重等由招标人自主确定。招标人选择适用各种评标方法时,也可采用双信封形式。

(4)第五章"工程量清单"、第六章"图纸"由招标人根据《公路工程标准施工招标文件》、招标项目具体特点和实际需要编制,并与"投标人须知"、"通用合同条款"、"专用合同条款"、"技术规范"、"图纸"相衔接。第五章所附表格可根据有关规定作相应的调整和补充。

(5)第七章"技术标准和要求"由招标人根据《公路工程标准施工招标文件》、招标项目具体特点和实际需要编制。"技术标准和要求"中的各项技术标准应符合国家强制性标准,不得要求或标明某一特定的专利、商标、名称、设计、原产地或生产供应者,不得含有倾向或者排斥潜在投标人的其他内容。如果必须引用某一生产供应者的技术标准才能准确或清楚地说明拟招标项目的技术标准时,则应当在参照后面加上"或相当于"字样。

《公路工程标准文件》(2018年版)内容组成　　　　　　　　　　表6-1

	第一章	招标公告(未进行资格预审)
	第一章	投标邀请书(适用于邀请招标)
	第一章	投标邀请书(代资格预审通过通知书)
	第二章	投标人须知
第一卷	第三章	评标办法(合理低价法)
	第三章	评标办法(综合评分法)
	第三章	评标办法(技术评分最低标价法)
	第三章	评标办法《经评审的最低投标价法》
	第四章	合同条款及格式
	第五章	工程量清单
第二卷	第六章	图纸
第三卷	第七章	技术标准和要求
	第八章	工程量清单计价规则
第四卷	第九章	投标文件格式
附录		采用电子招标投标条款示例

知识点二　招标文件的内容

本知识点将按照《公路工程标准文件》(2018年版)的内容进行介绍。

1. 招标公告/投标邀请书

(1)发布招标公告或投标邀请书

《招标投标法》规定招标人采用公开招标方式的,应当发布招标公告,招标人采用邀请招标方式的,应当向三个以上具备承担招标项目能力、资信良好的特定法人或者其他组织发出投标邀请书。

(2)招标公告的发布要求

依法必须进行招标项目的招标公告,应当通过国家指定的报刊、信息网络或者其他媒介发布。

招标公告应当载明招标人的名称和地址,招标项目的性质、数量、实施地点和时间以及获取招标文件的办法等事项。招标人可以根据招标项目本身的要求,在招标公告或者投标邀请书中,要求潜在投标人提供有关资质证明文件和业绩情况,并对潜在投标人进行资格审查;国家对投标人的资格条件有规定的,依照其规定。招标人不得以不合理的条件限制或者排斥潜在投标人,不得对潜在投标人实行歧视待遇。

招标人按照《公路工程标准文件》第一章的格式发布招标公告或发出投标邀请书后,将实际发布的招标公告或实际发出的投标邀请书编入出售的招标文件中,作为招标文件的组成部分。其中,招标公告应同时注明发布的所有媒介名称。

(3)招标公告应载明的内容

《公路工程标准文件》中招标公告/投标邀请书的内容包括:招标条件、项目概括与招标范围、投标人资格要求、招标文件的获取、投标文件的递交及相关事宜、发布公告的媒介及联系方式。

(4)招标公告示例

(招标)G303线—柴达木公路工程施工招标公告

中国数控信息网 2012 年 5 月 4 日

开标时间:2012-05-22

所属行业:交通运输

标讯类别:国内招标

资料来源:其他

投资金额:350 万元

所属地区:内蒙古 G303 线—柴达木公路工程施工招标公告

1. 招标条件

本招标项目 G303 线—柴达木公路工程已由阿鲁科尔沁旗人民政府批准建设,建设资金来自地方自筹,项目出资比例为地方自筹 100%,项目已具备招标条件,现对该项目的施工进行公开招标。

2. 项目概况与招标范围

G303 线—柴达木公路工程路线起点位于 G303 线 K751+360,起点桩号 K0+000,终点至柴达木嘎查,终点里程桩号 K29+364.900,路线全长 29.364 9km。全线采用平原微丘区四级公路标准,主要技术指标为:设计行车速度:20km/h,路基宽 6.5m,路面宽 6.5m,路面结构形式为砂石路面。

本次招标为一个施工招标合同段。

计划工期:2012 年 5 月~2012 年 9 月。

招标范围为路基、路面、桥涵构造物及其他工程。

3. 投标人资格要求

3.1 本次招标要求投标人须具备公路工程施工总承包三级及以上,业绩:路基工程(最近 5 年的 1 年中,曾在一个合同项下成功完成 5 万 m^3 以上的土石方工程施工)路面工程(过去 5 年中 1 年内成功地完成 10 万 m^2 以上的砂石路面施工),并在人员、设备、资金等方面具备相应的施工能力。

3.2 本次招标不接受联合体投标。

3.3 每个投标人最多可投一个标段投标,且只允许中一个标。

3.4 具有投资参股关系的关联企业,或具有直接管理和被管理关系的母子公司,或同一母公司的子公司,或法定代表人为同一人的两个及两个以上法人不得同时对同一标段提出投标。

4. 招标文件的获取

4.1 凡有意参加投标者,请于 2012 年 5 月 3 日~2012 年 5 月 7 日,每日上午

8:30时~11:30时,下午14:30时~17:00时(北京时间,下同),持企业法人营业执照副本原件、企业证书副本原件、企业安全生产许可证副本原件、税务登记证、银行开户许可证、经办人的身份证以及加盖单位公章的上述资料复印件一套购买招标文件。

4.2 招标文件每套售价1 000元,图纸每套售价3 000元,售后不退。

5. 投标文件的递交及相关事宜

5.1 招标人将于下列时间和地点组织进行工程踏勘并召开投标预备会。

踏勘现场时间:2012年5月9日9:00时;

投标预备会时间:2012年5月10日9:00时。

5.2 递交投标文件截止时间(申请截止时间,下同)为2012年5月22日9:00时。

5.3 逾期送达或者未送达指定地点的投标文件,招标人不予受理。

报名方式:报名前与下述联系人联系,获取报名表格,填写后加盖公章传真至_____。

联系人:杨林　王新华

电　话:_____

传　真:_____

手　机:_____

邮　编:_____

邮　箱:_____

地　址:_____

2. 投标人须知

投标人须知是用来指导投标单位有效参与投标的重要内容,投标人员必须认真阅读并按照要求去完成,才能递交一份满足符合性要求的投标书。详见本模块知识点三。

3. 合同条款及格式

合同条件一般也称合同条款,是招标文件中的一个主要组成部分,是投标的承包人应遵循的承包条件,是业主提出的供投标者中标后与业主谈判签订合同及实施合同的依据。合同条件主要是论述在合同执行中,当事人双方的职责范围、权利和义务、监理工程师的职责和授权范围,遇到各类问题(诸如工程、进度、质量、检验、支付、索赔、仲裁等)时,各方应遵循的原则及采用的措施等。

《公路工程标准文件》的合同条款,包括通用条款和公路行业标准专用合同条款。

通用条款与《公路工程标准文件》的相同点,主要包括了一般约定、发包人义务、有关监理单位的约定、有关承包人义务的约定、材料和工程设备、施工设备和临时设施、交通运输、测量、放线、施工安全、治安保卫和环境能保护、进度计划、开工和竣工、暂停施工、工程质量、试验和检验、变更与变更的估计原则、价格调整原则、计量与支付、竣工验收、缺陷责任与保修责任、保险、不可抗力、违约、索赔、争议的解决等共24条。

以下为合同协议书格式、履约担保格式、预付款担保格式。

合 同 协 议 书

_____（发包人名称，以下简称"发包人"）为实施_____（项目名称），已接受_____（承包人名称，以下简称"承包人"）对该项目_____标段施工的投标。发包人和承包人共同达成如下协议。

1. 本协议书与下列文件一起构成合同文件：
（1）中标通知书；
（2）投标函及投标函附录；
（3）专用合同条款；
（4）通用合同条款；
（5）技术标准和要求；
（6）图纸；
（7）已标价工程量清单；
（8）其他合同文件。

2. 上述文件互相补充和解释，如有不明确或不一致之处，以合同约定次序在先者为准。

3. 签约合同价：人民币（大写）_____元（￥_____）。

4. 承包人项目经理：_____。

5. 工程质量符合_____标准。

6. 承包人承诺按合同约定承担工程的实施、完成及缺陷修复。

7. 发包人承诺按合同约定的条件、时间和方式向承包人支付合同价款。

8. 承包人应按照监理人指示开工，工期为_____日历天。

9. 本协议书一式_____份，合同双方各执一份。

10. 合同未尽事宜，双方另行签订补充协议。补充协议是合同的组成部分。

发包人：_____（盖单位章）　　　　承包人：_____（盖单位章）
法定代表人或其委托代理人：_____（签字）法定代表人或其委托代理人：_____（签字）
　　　　____年____月____日　　　　　　　　　　____年____月____日

履 约 担 保

　　_____(发包人名称)：

　　鉴于_____(发包人名称,以下简称"发包人")接受_____(承包人名称)(以下称"承包人")于_____年____月____日参加_____(项目名称)_____标段施工的投标。我方愿意无条件地、不可撤销地就承包人履行与你方订立的合同,向你方提供担保。

　　1. 担保金额人民币(大写)_____元(¥_____)。

　　2. 担保有效期自发包人与承包人签订的合同生效之日起至发包人签发工程接收证书之日止。

　　3. 在本担保有效期内,因承包人违反合同约定的义务给你方造成经济损失时,我方在收到你方以书面形式提出的在担保金额内的赔偿要求后,在7天内无条件支付。

　　4. 发包人和承包人按《通用合同条款》第15条变更合同时,我方承担本担保规定的义务不变。

担　保　人：_____(盖单位章)
法定代表人或其委托代理人：_____(签字)
地　　　址：_____
邮政编码：_____
电　　　话：_____
传　　　真：_____
　　　　　　　　　　　_____年____月____日

预付款担保

  _____(发包人名称):

  根据_____(承包人名称)(以下称"承包人")与_____(发包人名称)(以下简称"发包人")于_____年____月____日签订的_____(项目名称)_____标段施工承包合同,承包人按约定的金额向发包人提交一份预付款担保,即有权得到发包人支付相等金额的预付款。我方愿意就你方提供给承包人的预付款提供担保。

  1. 担保金额人民币(大写)_____元(¥_____)。

  2. 担保有效期自预付款支付给承包人起生效,至发包人签发的进度付款证书说明已完全扣清止。

  3. 在本保函有效期内,因承包人违反合同约定的义务而要求收回预付款时,我方在收到你方的书面通知后,在7天内无条件支付。但本保函的担保金额,在任何时候不应超过预付款金额减去发包人按合同约定在向承包人签发的进度付款证书中扣除的金额。

  4. 发包人和承包人按《通用合同条款》第15条变更合同时,我方承担本保函规定的义务不变。

担 保 人:_____(盖单位章)
法定代表人或其委托代理人:_____(签字)
地 址:_____
邮政编码:_____
电 话:_____
传 真:_____
            _____年____月____日

4. 评标办法

《公路工程标准文件》的第三章是评标办法,我们将在本单元第四模块中进行介绍。

5. 工程量清单

工程量清单就是招标单位按照一定的原则将招标的工程进行合理分解,以明确工程的内容和范围,并将这些内容量化的一套工程项目表。我们将在本模块的知识点四中进行介绍。

6. 技术标准和要求

技术标准和要求是涉及施工中的一般总则,是材料规格、施工要求、质量标准以及计量与支付等内容,按章节划分的各项技术标准、控制指标、试验规程和支付规程等的总称。技术规范是指导承包人正确施工,以确保工程质量和技术标准的重要文件,也是监理工程师的工作依据。招标文件的技术规范规定了合同的范围和技术要求,是根据国家基本建设有关的规定、法令、标准及本部门的技术规范,结合本合同的特点、设计要求及工程量清单来编制的,反映了业主、工程师对工程项目的设计意图及质量要求和计量支付的方法。

在招标文件中提供规范的目的是使投标单位了解关于本工程所使用的各项技术标准、规定和要求等信息,以便投标单位在报价时作出充分考虑。招标文件的技术规范包括技术标准、施工规范的有关规定,工程质量检验评定标准,工程量计量规则,验收办法及要求。

技术规范的编写,按章、节、小节、条、款、项、目的次序排列,在规范中相互引用条文时,其表示方式如下:

300 章、400 章……

301 节、302 节……

301.01 小节、301.02 小节……

301.01-1 条、301.01-2 条……

301.01-1(1)款、301.01-1(2)款……

301.01-1(1)a 项、301.01-1(1)b 项……

301.01-1(1)a(a)目、301.01-1(1)a(b)目……

7. 投标文件格式

投标文件格式的主要作用是为投标人编制投标文件提供固定的格式和编排顺序,以规范投标文件的编制,同时便于评标委员会评标。

知识点三 投标人须知

投标须知包括投标人须知前附表(表6-2)、正文和附表格式等内容。

投标人须知前附表的作用主要是将投标人须知中的关键内容和数据摘要列表,起到强调和提醒的作用,为投标人迅速掌握投标人须知内容提供方便,投标人员要仔细阅读,以便做好投标工作的安排,正确履行投标手续,避免造成废标。投标人须知前附表对投标人须知正文中交由前附表明确的内容给予了具体约定。

投标人须知前附表 表6-2

条款号	条款名称	编列内容
1.1.2	招标人	名称： 地址： 联系人： 电话：
1.1.3	招标代理机构	名称： 地址： 联系人： 电话：
1.1.4	项目名称	
1.1.5	建设地点	
1.2.1	资金来源	
1.2.2	出资比例	
1.2.3	资金落实情况	
1.3.1	招标范围	
1.3.2	计划工期	计划工期：_____日历天 计划开工日期：_____年_____月_____日 计划竣工日期：_____年_____月_____日
1.3.3	质量要求	
1.4.1	招标人资质条件、能力和信誉	资质条件： 财务要求： 业绩要求： 信誉要求： 项目经理(建造师,下同)资格： 其他要求：
1.4.2	是否接受联合体投标	□不接受 □接受,应满足下列要求：
1.9.1	踏勘现场	□不组织 □组织,踏勘时间： 　　　　踏勘集中地点：
1.10.1	投标预备会	□不召开 □召开,召开时间： 　　　　召开地点：
1.10.2	投标人提出问题的截止时间	

续上表

条款号	条款名称	编列内容
1.10.3	招标人书面澄清的时间	
1.11	分包	□不允许 □允许,分包内容要求: 　　分包金额要求: 　　接受分包的第三人资质要求:
1.12	偏离	□不允许 □允许
2.1	构成招标文件的其他材料	
2.2.1	投标人要求澄清招标文件的截止时间	
2.2.2	投标截止时间	＿＿＿年＿＿月＿＿日＿＿时＿＿分
2.2.3	投标人确认收到招标文件澄清的时间	
2.3.2	投标人确认收到招标文件修改的时间	
3.1.1	构成投标文件的其他材料	
3.3.1	投标有效期	
3.4.1	投标保证金	投标保证金的形式: 投标保证金的金额:
3.5.2	近年财务状况的年份要求	＿＿＿年
3.5.3	近年完成的类似项目的年份要求	＿＿＿年
3.5.5	近年发生的诉讼及仲裁情况的年份要求	＿＿＿年
3.6	是否允许递交备选投标方案	□不允许 □允许
3.7.3	签字或盖章要求	
3.7.4	投标文件副本份数	＿＿＿份
3.7.5	装订要求	
4.1.2	封套上写明	招标人的地址: 招标人名称: ＿＿＿(项目名称)＿＿＿标段投标文件在 ＿＿＿年＿＿月＿＿日＿＿时＿＿分前不得开启
4.2.2	递交投标文件地点	
4.2.3	是否退还投标文件	□否 □是

续上表

条款号	条款名称	编列内容
5.1	开标时间和地点	开标时间:同投标截止时间 开标地点:
5.2	开标程序	(4)密封情况检查: (5)开标顺序
6.1.1	评标委员会的组建	评标委员会构成:＿＿＿人,其中招标人代表＿＿＿人,专家＿＿＿人; 评标专家确定方式:
7.1	是否授权评标委员会确定中标人	□是 □否,推荐的中标候选人数:
7.3.1	履约担保	履约担保的形式: 履约担保的金额
10		需要补充的其他内容
……		……
……		……

《公路工程标准文件》投标人须知前附表的附录是资格审查条件,包括:资质最低条件、财务最低要求、业绩最低要求、信誉最低要求、项目经理和项目总工最低要求、其他主要管理人员和技术人员最低要求及主要机械设备和试验检测设备最低要求。具体要求由招标人在满足国家相关法律法规前提下,根据招标项目具体特点和实际情况确定,但不得设置过高的资格条件。

1. 总则

投标须知人须知正文中的"总则"由下列内容组成:

(1)项目概况。应说明项目已具备招标条件、项目招标人、招标代理机构、项目名称及建设地点等内容,并且在投标人须知前附表中体现。

(2)资金来源和落实情况。应说明项目的资金来源、出资比例、资金落实情况等内容,并且在投标人须知前附表中体现。

(3)招标范围、计划工期和质量要求。应说明招标范围、计划工期、质量要求等,并且在投标人须知前附表中体现。

(4)投标人资格要求。已进行资格预审的,投标人应是符合资格预审条件、收到招标人发出投标邀请书的单位;未进行资格预审的,应当规定投标人应具备承担本标段施工的资质条件、财务、业绩、信誉、项目经理资格及其他要求,并在投标人须知前附表中体现。投标人须知前附表规定接受联合体投标的,应写明对联合体的规定和要求,除前附表的要求外,还应遵守以下规定:联合体各方应按招标文件提供的格式签订联合体协议书,明确联合体牵头人和各方权利义务;由同一专业单位组成的联合体,按照资质等级较低的单位确定资质等级;联合体各方不得再以自己的名义单独或参加其他联合体在同一标段中投标。

投标人须知第1.4.3项规定,投标人不得存在下列情形之一:为招标人不具有独立法人资格的附属机构(单位);为本标段前期准备提供设计或咨询服务的,但设计施工总承包的除外;为本标段的监理人;为本标段的代建人;为本标段提供招标代理服务的;与本标段的监理人或代建人或招标代理机构同为一个法定代表人的;与本标段的监理人或代建人或招标代理机构相互控股或参股的;与本标段的监理人或代建人或招标代理机构相互任职或工作的;被责令停业的;财产被接管或冻结的;被暂停或取消投标资格的;在最近三年内有骗取中标或严重违约或重大工程质量问题的;财产被接管或冻结的;涉及正在诉讼的案件,或涉及正在诉讼的案件但经审查委员会认定不会对承担本项目造成重大影响的;被省级及以上交通主管部门取消项目所在地的投标资格或禁止进入该区域公路建设市场且处于有效期内的;为投资参股本项目的法人单位。

(5)费用承担。投标人准备和参加投标活动发生的费用自理。

(6)保密。要求参与招标投标活动的各方应对招标文件和投标文件中的商业和技术等秘密保密,违者应对由此造成的后果承担法律责任。

(7)语言文字。除专用术语外,与招标投标有关的语言均使用中文。必要时专用术语应附有中文注释。

(8)计量单位。所有计量均采用中华人民共和国法定计量单位。

(9)踏勘现场。招标人根据项目的具体情况,可以组织潜在投标人踏勘项目现场,投标人踏勘现场发生的费用自理,除招标人的原因外,投标人自行负责在踏勘现场中所发生的人员伤亡和财产损失,招标人在踏勘现场中介绍的工程场地和相关的周边环境情况,供投标人在编制投标文件时参考,招标人不对投标人据此作出的判断和决策负责。

招标人提供的本合同工程的水文、地质、气象和料场分布、取土场、弃土场位置等参考资料,并不构成合同文件的组成部分,投标人应对自己对上述资料的解释、推论和应用负责,招标人不对投标人据此作出的判断和决策承担任何责任。

(10)投标预备会。是否召开投标预备会以及何时召开,由招标人根据项目具体需要和招标进程安排确定。

(11)分包。由招标人根据项目具体特点来判断是否允许分包,如果允许分包,应规定分包内容、分包金额和接受分包的第三人资质要求等限制性条件,应符合以下规定。

分包内容要求:允许分包的工程范围仅限于非关键性工程或者适合专业化队伍施工的专业工程。

分包金额要求:专业工程分包的工程量累计不得超过总工程量的30%。

接受分包的第三人资质要求:分包人的资格能力应与其分包工程的标准和规模相适应,具备相应的专业承包资质或劳务分包资质。

其他要求:投标人如有分包计划,应按第八章"投标文件格式"的要求填写"拟分包项目调查表",且投标人中标后的分包应满足合同条款第4.3款的相关要求。

(12)偏离:偏离即《评标委员会和评标方法暂行规定》中的偏差,招标人根据项目具体特点来设定非实质性要求和条件允许偏离的范围和幅度。偏差分重大偏差和细微偏差。

2. 招标文件

在招标文件这一部分中,再次写明了招标文件的组成内容,同时要求投标人仔细阅读招标文件,按招标文件的规定与要求编写投标文件。如果投标文件与招标文件的规定与要求不符合,则投标人应自行负责。

对于招标文件的澄清及提问的截止时间要求如下：

(1)招标文件的澄清将在投标人须知前附表规定的投标截止时间15天前以书面形式发给所有购买招标文件的投标人,但不指明澄清问题的来源。如果澄清发出的时间距投标截止时间不足15天,相应延长投标截止时间。投标人有责任保证所有购买招标文件的投标人收到招标文件的澄清。

(2)在投标截止时间15天前,招标人可以书面形式修改招标文件,并通知所有已购买招标文件的投标人。如果修改招标文件的时间距投标截止时间不足15天,相应延长投标截止时间。招标人有责任保证所有购买招标文件的投标人收到招标文件的修改。

(3)投标人在收到澄清和修改内容后后,应在投标人须知前附表规定的时间内以书面形式通知招标人,确认已收到该澄清。

3. 投标文件的组成

投标文件是投标人响应和依据招标文件向招标人发出的要约文件。招标人在投标人须知中对投标文件的组成、投标报价、投标有效期、投标保证金、资格审查资料、备选方案和投标文件的编制和递交提出明确要求。

投标文件应包括下列内容：

(1)投标函及投标函附录;
(2)法定代表人身份证明或附有法定代表人身份证明的授权委托书;
(3)联合体协议书;
(4)投标保证金;
(5)已标价工程量清单;
(6)施工组织设计;
(7)项目管理机构;
(8)拟分包项目情况表;
(9)资格审查资料;
(10)承诺函;
(11)调价函及调价后的工程量清单(如有);
(12)投标人须知前附表规定的其他材料。

投标人须知前附表规定不接受联合体投标的,或投标人没有组成联合体的,投标文件不包括本章目所指的联合体协议书。

如果采用双信封形式,则第一个信封(商务及技术文件)包括除(5)、(11)以外的所有文件,其中投标函中不包含投标报价。第二个信封(投标报价和工程量清单)中提交(1)、(5)、(11),其中的投标函是带投标报价的。

4. 投标报价

投标人应按第五章"工程量清单"的要求填写相应表格。

工程量清单的填写分工程量固化清单和书面工程量清单两种方式。投标人应按投标人须知前附表规定的方式填写工程量清单。

(1)本项目招标采用工程量固化清单,招标人在出售招标文件的同时向投标人提供工程量固化清单电子文件(光盘或 U 盘)。投标人填写工程量清单中的单价及总额价,即可完成投标工程量清单的编制,确定投标报价,并打印出投标工程量清单,编入投标文件。投标人未在工程量清单中填入单价或总额价的工程子目,将被认为其已包含在工程量清单其他子目的单价和总额价中,招标人将不予支付。

投标人必须严格遵循工程量固化清单电子文件中的数据、格式及运算定义,并将已填写完毕的投标工程量清单电子文件单独拷入招标人提供的光盘(或 U 盘)中,密封在投标文件正本内一并交回。严禁投标人修改工程量固化清单电子文件中的数据、格式及运算定义。

投标人根据招标人提供的工程量固化清单电子文件填报完成并打印的投标文件工程量清单中的投标报价和投标函大写金额报价应一致,如果报价金额出现差异时,则以投标函大写金额报价为准。

(2)本项目招标由招标人提供书面工程量清单,由投标人按照招标人提供的工程量清单填写本合同各工程子目的单价、合价和总额价。评标委员会将按照第三章"评标办法"第3.1.3项和第3.1.4项的规定对投标价进行算术性错误修正及其他错误修正。

(3)投标人在投标截止时间前修改投标函中的投标总报价,应同时修改第五章"工程量清单"中的相应报价。

(4)投标人如果发现工程量清单中的数量与图纸中数量不一致时,应立即通知招标人核查,除非招标人以书面方式予以更正,否则,应以工程量清单中列出的数量为准。

(5)投标人应根据《公路水运工程安全生产监督管理办法》,在投标总价中计入安全生产费用。工程量清单100章内列有上述安全生产费的支付子目,由投标人按招标文件的规定填写总额价。

(6)除投标人须知前附表另有规定外,招标人不接受调价函。若招标人接受调价函,则应在招标文件中给出调价函的格式。投标人若有调价函则应遵循如下规定:

①调价函必须采用招标文件规定的格式;调价函应说明调价后的最终报价,并以最终报价为准,而且投标人只能有一次调价的机会。

②工程量清单中招标人指定的报价不允许调价。

③调价函必须附有调价后的工程量清单;调价函必须粘贴或机械装订在投标文件正本首页,与投标文件一起密封提交。

若投标人未提交调价后的工程量清单,或调价函未装在投标文件正本首页,调价函均视为无效,仍以原报价作为最终报价;若投标人提交的调价函多于一个,或对不允许调价的内容进行了调价,或调价函有附加条件,投标文件作为废标处理。

④若招标人接受调价函,投标人调价后的工程量清单和有效调价函的大写金额报价

应保持一致,如果报价金额出现差异时,则以有效调价函的大写金额报价为准。

5. 投标有效期

投标有效期指从投标截止时间起算至颁发中标通知书之日止的一段时间,主要用来满足组织并完成开标、评标、定标以及签订合同等工作所需要的时间。投标有效期内,投标人不得要求撤销或修改其投标文件。出现特殊情况需要延长投标有效期的,招标人以书面形式通知所有投标人延长投标有效期。投标人同意延长的,应相应延长其投标保证金的有效期,但不得要求或被允许修改或撤销其投标文件;投标人拒绝延长的,其投标失效,但投标人有权收回其投标保证金。

6. 投标保证金

投标保证金是在招标投标活动中,投标人随投标文件一同递交给招标人的一定形式、一定金额的投标责任担保,主要目的是为了防止投标者在投标文件有效期间随意撤回投标或拒签正式合同协议或不提交履约担保等情况发生。

投标保证金必须选择下列任一种形式:电汇、银行保函或招标人规定的其他形式。

(1)若采用电汇,投标人应在投标人须知前附表规定的投标保证金递交截止时间之前,将投标保证金由投标人的基本账户一次性汇入招标人指定账户,否则视为投标保证金无效。

(2)若采用银行保函,则应由投标人开立基本账户的银行开具。银行保函应采用招标文件提供的格式,且应在投标有效期满后30天内保持有效,招标人如果延长了投标有效期,则投标保证金的有效期也相应延长。银行保函原件应装订在投标文件的正本之中。

(3)投标人不按要求提交投标保证金的,其投标文件作废标处理。

(4)招标人与中标人签订合同后5个工作日内,向未中标的投标人和中标人退还投标保证金。

(5)有下列情形之一的,投标保证金将不予退还:

①投标人在规定的投标有效期内撤销或修改其投标文件;

②中标人在收到中标通知书后,无正当理由拒签合同协议书或未按招标文件规定提交履约担保;

③投标人不接受依据评标办法的规定对其投标文件中细微偏差进行澄清和补正;

④投标人提交了虚假资料。

7. 备选方案

除投标人须知前附表另有规定外,投标人不得递交备选投标方案。允许投标人递交备选投标方案的,只有中标人所递交的备选投标方案方可予以考虑。评标委员会认为中标人的备选投标方案优于其按照招标文件要求编制的投标方案的,招标人可以接受该备选投标方案。

8. 投标文件的编制

投标文件的编制应有如下要求:语言要求、格式要求、实质性响应、打印要求、错误修改要求、签署要求、份数要求及装订要求等。具体内容将在后面详述。

9. 开标、评标及合同授予

包括开标的时间、地点、程序,包括评标委员会、评标原则和评标方法等规定,包括定标方式、中标通知、履约担保和签订合同。具体内容将在后面详述。

10. 重新招标和不再招标

有下列情形之一的,招标人将重新招标:
(1)至投标截止时间止,投标人少于3个的;
(2)经评标委员会评审后否决所有投标的;
(3)中标候选人均未与招标人签订合同的;
(4)法律规定的其他情形。

重新招标后投标人仍少于3个或者所有投标被否决的,属于必须审批或核准的工程建设项目,经原审批或核准部门批准后不再进行招标。

11. 纪律和监督

纪律和监督分别包括招标人、投标人、评标委员会、与评标活动有关的工作人员的纪律要求以及投诉监督。

(1)对招标人的纪律要求

招标人不得泄露招标投标活动中应当保密的情况和资料,不得与投标人串通损害国家利益、社会公共利益或者他人合法权益。

(2)对投标人的纪律要求

投标人不得相互串通投标或者与招标人串通投标,不得向招标人或者评标委员会成员行贿谋取中标,不得以他人名义投标或者以其他方式弄虚作假骗取中标;投标人不得以任何方式干扰、影响评标工作。

(3)对评标委员会成员的纪律要求

评标委员会成员不得收受他人的财物或者其他好处,不得向他人透露对投标文件的评审和比较、中标候选人的推荐情况以及评标有关的其他情况。在评标活动中,评标委员会成员不得擅离职守,影响评标程序正常进行,不得使用第三章"评标办法"没有规定的评审因素和标准进行评标。

(4)对与评标活动有关的工作人员的纪律要求

与评标活动有关的工作人员不得收受他人的财物或者其他好处,不得向他人透露对投标文件的评审和比较、中标候选人的推荐情况以及评标有关的其他情况。在评标活动中,与评标活动有关的工作人员不得擅离职守,影响评标程序正常进行。

(5)投诉

投标人和其他利害关系人认为本次招标活动违反法律、法规和规章规定的,有权向有关行政监督部门投诉。

12. 附表格式

附表格式中包括了招标活动中需要使用的表格文件格式,通常有:开标记录表、问题澄清通知、问题的澄清、中标通知书、中标结果通知书、确认通知等。

知识点四　工程量清单

工程量清单是表现拟建工程实体性项目和非实体性项目名称和相应数量的明细清单,以满足工程建设项目具体量化和计量支付的需要。

《公路工程标准施工招标文件》(2009年版)第五章"工程量清单"包括了说明和工程量清单。

1. 说明

工程量清单说明从清单的使用到价格的填写进行了详细的解释,确保承包人在进行投标报价时的准确和合理。

(1)工程量清单是根据招标文件中包括的、有合同约束力的图纸以及有关工程量清单的国家标准、行业标准、合同条款中约定的工程量计算规则编制。约定计量规则中没有的子目,其工程量按照有合同约束力的图纸所标示尺寸的理论净量计算。计量采用中华人民共和国法定计量单位。

(2)本工程量清单应与招标文件中的投标人须知、通用合同条款、专用合同条款、技术标准和要求及图纸等一起阅读和理解。

(3)工程量清单中所列工程数量是估算或设计的预计工程量,仅作为投标的共同基础,不能作为最终结算与支付的依据。实际支付时按实际完成的工程量,由承包人按技术规范规定的计量方法,以监理工程师认可的尺寸、断面计量,按工程量清单的单价和总额价计算支付金额;或者根据具体情况支付,如由于变更的工程性质或数量占整个工程的比例较大,使涉及的工程细目原有的单价或总额价因此不合理或不适用时,按合同条款的有关规定,由监理工程师确定的单价或总额价计算支付额。

(4)工程量清单各章是按"技术标准和要求"的相应章次编号的,因此,工程量清单中各章的工程子目的范围与计量等应与"技术规范"相应章节的范围、计量与支付条款结合起来理解或解释。

(5)对作业和材料的一般说明或规定,未重复写入工程量清单内,在给工程量清单各子目标价前,应参阅"技术标准和要求"的有关内容。

(6)工程量清单中所列工程量的变动,丝毫不会减低或影响合同条款的效力,也不免除承包人按规定标准进行施工和修复缺陷的责任。

(7)图纸中所列的工程数量表及数量汇总表仅是提供资料,不是工程量清单的外延。当图纸与工程量清单所列数量不一致时,以工程量清单所列数量作为报价的依据。

(8)工程量清单中的每一子目须填入单价或价格,且只允许有一个报价。

(9)除非合同另有规定,工程量清单中有标价的单价和总额价均已包括了为实施和完成工程所需的劳务、材料、机械、质检(自检)、安装、缺陷修复、管理、保险(工程一切险和第三方责任险除外)、税费、利润等费用,以及合同明示或暗示的所有责任、义务和一般风险。

(10)工程量清单中投标人没有填入单价或总额价的子目,其费用应视为已分摊在工程量清单的其他相关子目的单价或价格之中,承包人必须按监理人指令完成工程量清单中未填入单价或价格的子目,但不能得到结算与支付。

(11)符合合同条款规定的全部费用应认为已被计入有标价的工程量清单说列各子目之中,未列子目不予计量的工作,其费用应视为已分摊在本合同工程的有关子目单价或总额价之中。

(12)承包人对用于合同工程的各类装备的提供、运输、维护、拆卸、拼装等支付的费用,已包括在工程量清单的单价与总额价中。

(13)工程量清单中各项金额均以人民币(元)结算。

2. 计日工说明

(1)未经监理人书面指令,任何工程不得按计日工施工;接到监理人按计日工施工的书面指令,承包人也不得拒绝。

(2)投标人应在计日工单价表中填列计日工子目的基本单价或租价,该基本单价或租价适用于监理人指令的任何数量的计日工的结算与支付。计日工的劳务、材料和施工机械由招标人(发包人)列出正常的估计数量,投标人报出单价,计算出计日工总额后列入工程量清单汇总表中并进入评标价。

(3)计日工不调价。

(4)在计算应付给承包人的计日工工资时,工时应从工人到达施工现场,并开始从事指定的工作算起,到返回原出发地点为止,扣去用餐和休息的时间。只有直接从事指定的工作,且能胜任该工作的工人才能计工,随同工人一起做工的班长应计算在内,但不包括领工(工长)和其他质检管理人员。

(5)承包人可以得到用于计日工劳务的全部工时的支付,此支付按承包人填报的"计日工劳务单价表"所列单价计算,该单价应包括基本单价及承包人的管理费、税费、利润等所有附加费,具体说明如下。

①劳务基本单价包括:承包人劳务的全部直接费用,如工资、加班费、津贴、福利费及劳动保护费等。

②承包人的利润、管理、质检、保险、税费;易耗品的使用、水电及照明费,工作台、脚手架、临时设施费,手动机具与工具的使用及维修,以及上述各项伴随而来的费用。

(6)承包人可以得到计日使用材料费用的支付,此费用按承包人"计日工材料单价表"中所填报的单价计算,该单价应包括基本单价及承包人的管理费、税费、利润等所有附加费,具体说明如下。

①材料基本单价按供货价加运杂费(到达承包人现场仓库)、保险费、仓库管理费以及运输损耗等计算;

②承包人的利润、管理、质检、保险、税费及其他附加费;

③从现场运至使用地点的人工费和施工机械使用费不包括在上述基本单价内。

(7)承包人可以得到用于计日工作业的施工机械费用的支付,该费用按承包人填报的"计日工施工机械单价表"中的租价计算。该租价应包括施工机械的折旧、利息、维修、保养、零配件、油然料、保险和其他消耗品的费用以及全部有关使用这些机械的管理费、税费、利润和操作员与助手的劳务费等费用。

(8)计日工作业中,承包人计算所用的施工机械费用时,应按实际工作小时支付。除非经监理人的同意,计算的工作小时才能将施工机械从现场某处运到监理人指令的计日工作业的另一现场往返运送时间包括在内。

3. 工程量清单

《公路工程标准文件》(2009年版)第五章中的清单表格包括:

(1)第100章~第700章的工程量清单表。

(2)计日工表,包括劳务表、材料表、施工机械表和计日工汇总表。

(3)暂估价表,包括材料暂估价表、工程设备暂估价表、专业工程暂估价表。

(4)投标报价汇总表。

(5)工程量清单单价分析表。

4. 工程量清单样表

(1)工程量清单(表6-3)

工 程 量 清 单 表6-3(1)

清单　第100章　总则					
子目号	子目名称	单 位	数 量	单 价	合 价
101-1	保险费				
-a	按合同条款规定,提供建筑工程一切险	总额			
-b	按合同条款规定,提供第三者责任险	总额			
102-1	竣工文件	总额			
102-2	施工环保费	总额			
102-3	安全生产费	总额			
102-4	工程管理软件(暂定金额)	总额			
103-1	临时道路修建、养护与拆除 (包括原道路的养护费)	总额			
103-2	临时占地	总额			
103-3	临时供电设施				
-a	设施架设、拆除	总额			
-b	设施维修	月			
103-4	电信设施的提供、维修与拆除	总额			
103-5	供水与排污设施	总额			
104-1	承包人驻地建设	总额			
	……				
清单100章合计　人民币					

工程量清单

表 6-3(2)

清单 第200章 路基					
子目号	子目名称	单 位	数 量	单 价	合 价
201-1	清理与掘除				
-a	清理现场	m²			
-b	砍伐树木	棵			
-c	挖除树根	棵			
202-2	挖除旧路面				
-a	水泥混凝土路面	m²			
-b	沥青混凝土路面	m²			
-c	碎石路面	m²			
202-3	拆除结构物				
	……				
清单200章合计 人民币					

工程量清单

表 6-3(3)

清单 第300章 路面					
子目号	子目名称	单 位	数 量	单 价	合 价
302-1	碎石垫层				
-a	厚(mm)	m²			
302-2	砂砾垫层				
-a	厚(mm)	m²			
302-3	水泥稳定土垫层				
-a	厚(mm)	m²			
302-4	石灰稳定土垫层				
-a	厚(mm)	m²			
303-1	石灰稳定土底基层				
-a	厚(mm)	m²			
303-2	搭板、埋板下水泥稳定土底基层	m³			
304-1	水泥稳定土底基层				
-a	厚(mm)	m²			
	……				
清单300章合计 人民币					

工 程 量 清 单　　　　　　　表6-3(4)

清单　第400章　桥梁、涵洞					
子目号	子目名称	单位	数量	单价	合价
401-1	桥梁荷载试验(暂估价)	总额			
401-2	地质钻探及取样试验(暂定工程量)				
-a	φ70mm	m			
-b	φ110mm	m			
403-1	基础钢筋(包括灌注桩、承台、沉桩、沉井等)				
-a	光圆钢筋(HPB235、HPB300)	kg			
-b	带肋钢筋(HRB335、HRB400)	kg			
403-2	下部结构钢筋				
-a	光圆钢筋(HPB235、HPB300)	kg			
	……				
清单400章合计　人民币					

工 程 量 清 单　　　　　　　表6-3(5)

清单　第500章　隧道					
子目号	子目名称	单位	数量	单价	合价
502-1	洞口、明洞开挖				
-a	土方	m^3			
-b	石方	m^3			
-c	弃方超运	$m^3 \cdot km$			
502-2	防水与排水				
-a	M浆砌片石截水沟	m^3			
-b	无纺布	m^2			
	……				
502-3	洞口坡面防护				
	……				
清单500章合计　人民币					

工程量清单　　　　　　　　　　　　表6-3(6)

清单　第600章　安全设施及预埋管线

子目号	子目名称	单位	数量	单价	合价
602-1	C混凝土护栏	m			
602-2	单面波形梁钢护栏	m			
602-3	双面波形梁钢护栏	m			
602-4	活动式钢护栏	个			
602-5	波形梁钢护栏起、终端头				
-a	分设型圆头式端头	个			
-b	分设型地锚式端头	个			
-c	组合型圆端头	个			
	……				

清单600章合计　人民币

工程量清单　　　　　　　　　　　　表6-3(7)

清单　第700章　绿化及环境保护设施

子目号	子目名称	单位	数量	单价	合价
702-1	开挖并铺设表土	m^3			
702-2	铺设利用的表土	m^3			
703-1	撒播草种	m^2			
703-2	铺植草皮				
-a	马尼拉草皮	m^2			
-b	美国二号草皮	m^2			
	……				
703-3	绿地喷灌管道	m			
704-1	人工种植乔木				
-a	香樟	棵			
-a	夹竹桃	棵			
	……				

清单700章合计　人民币

(2)计日工表(表6-4)

计 日 工 表　　　　　表6-4(1)

①劳务					
编　号	子目名称	单　位	暂定数量	单　价	合　价
101	班长	h			
102	普通工	h			
103	焊工	h			
104	电工	h			
	……				
劳务小计金额：					(计入"计日工汇总表")

计 日 工 表　　　　　表6-4(2)

②材料					
编　号	子目名称	单　位	暂定数量	单　价	合　价
201	水泥	t			
202	钢筋	t			
	……				
材料小计金额：					(计入"计日工汇总表")

计 日 工 表　　　　　表6-4(3)

③施工机械					
编　号	子目名称	单　位	暂定数量	单　价	合　价
301	装载机				
301-1	1.5m³以下	h			
301-2	1.5~2.5m³	h			
	……				
施工机械小计金额：					(计入"计日工汇总表")

计 日 工 表　　　　　表6-4(4)

④计日工汇总表		
名　称	金　额	备　注
劳务		
材料		
施工机械		
计日工总计：		(计入"投标报价汇总表")

（3）暂估价表（表6-5）

暂 估 价 表

表6-5（1）

① 材料暂估价表

序 号	名 称	单 位	数 量	单 价	合 价	备 注

表6-5（2）

② 工程设备暂估价表

序 号	名 称	单 位	数 量	单 价	合 价	备 注

表6-5（3）

③ 专业工程暂估价表

序 号	专业工程名称	工程内容	金 额
		小计：	

（4）投标报价汇总表（表6-6）

投标报价汇总表

表6-6

_____（项目名称）_____标段

序 号	章 次	科 目 名 称	金额(元)
1	100	总则	
2	200	路基	
3	300	路面	
4	400	桥梁、涵洞	
5	500	隧道	
6	600	安全设施及预埋管线	
7	700	绿化及环境保护设施	
8	第100章~700章清单合计		

续上表

序 号	章 次	科 目 名 称	金额(元)
9		已包含在清单合计中的材料、工程设备、专业工程暂估价合计	
10		清单合计减去材料、工程设备、专业工程暂估价合计(即8-9=10)	
11		计日工合计	
12		暂列金额(不含计日工总额)	
13		投标报价(8+11+12)=13	

以上表中:

①暂列金额:指已标价工程量清单中所列的暂列金额,用于在签订协议书时尚未确定或不可预见变更的施工及其所需材料、工程设备、服务等的金额,包括以计日工方式支付的金额。

②暂估价:指发包人在工程量清单中给定的用于支付必然发生但暂时不能确定价格的材料、设备以及专业工程的金额。

③材料、工程设备、专业工程暂估价已包括在清单合计中,不应重复计入投标报价。

④报价时要以工程量清单中的数量为准,而支付时要以实际完成的数量为准,一定要注意区分和理解,同时要明确在确定投标报价前核实工程量的重要意义。

(5)工程量清单单价分析表(表6-7)

工程量清单单价分析表　　　　表6-7

序号	编码	子目名称	人工费			材料费						机械使用费	其他工程费	管理费	税费	利润	综合单价
						主材				辅材费	金额						
			工日	单价	金额	主材耗量	单位	单价	主材费								

模块三　资格预审

《公路工程施工招标投标管理办法》规定:公路工程施工招标投标实行资格审查制度。

公路工程施工采用公开招标的,招标公告发布后,招标人根据潜在投标人提交的资格预审申请文件,对潜在投标人的资格进行审查。招标人只向资格预审合格的潜在投标人发售招标文件。

公路工程施工采用邀请招标的,投标邀请书发出后,招标人根据投标人提交的投标文件,对投标人的资格进行审查(资格后审)。

公路工程施工招标资格预审是指招标人在发出投标邀请前,对潜在投标人的投标资格进行的审查。只有通过资格预审的潜在投标人,方可取得投标资格。

潜在投标人是具有独立法人资格、持有营业执照、具有与招标项目相应的施工资质和施工能力的施工企业。

资格预审工作由招标人负责,任何单位和个人不得非法干预。

资格预审工作应遵循公开、公平、公正、科学、择优的原则,不得实行地方保护和行业保护,不得对不同地区、不同行业的潜在投标人设定不同的资格标准。

知识点一　资格预审的目的及程序

1. 资格预审的目的

进行公路工程施工招标工作时,招标单位必须对投标者承担该项目的施工能力进行审查并作出评估,即资格审查。公路工程施工招标实行资格预审,即在发售招标文件之前对投标者进行资格审查,审查合格者才准许购买招标文件并参与投标。对投标单位资格预审的目的在于:

(1)了解投标单位的技术、财力和管理水平,限制不符合条件的单位盲目参加投标;
(2)为有潜力但又缺乏信心的投标商提供信心;
(3)减少施工单位的过多浪费;
(4)减少评标阶段的工作时间,减少评标费用。

2. 资格预审程序

投标单位按照招标广告或资格预审通告的要求向投标单位递交资格预审申请书。资格预审按下列程序进行:

(1)招标人编制资格预审文件;
(2)发布资格预审公告;
(3)出售资格预审文件;
(4)潜在投标人编制并递交资格预审申请文件;
(5)对资格预审申请文件进行评审;
(6)编写资格评审报告;
(7)发出资格预审结果通知。

知识点二　资格预审文件

1. 资格预审文件的组成

《公路工程标准施工招标资格预审文件》(2009年版)的内容包括:资格预审公告、申请人须知、资格审查办法(合格制和有限数量制)、资格预审申请文件格式及项目建设概况。

(1)招标人可根据项目特点和实际需要对公告内容进行补充和细化,但应遵守《中华人民共和国招标投标法》和《招标公告发布暂行办法》等有关法律法规的规定。

(2)资格预审文件的发售时间不得少于5个工作日。

(3)资格预审文件中所有复印件均指彩色扫描或彩色复印件。

(4)资格预审文件自开始发售之日起至申请人递交资格预审申请文件截止时间止,不得少于14天。

(5)资格预审文件中提到的货币单位除有特殊说明外,均指人民币。

2. 资格预审公告

资格预审公告(代招标公告)内容包括:工程项目名称、规模、资金来源;对申请资格预审施工单位的要求;招标人和招标代理机构(如果有的话)名称、工程承包的方式、工程招标的范围、工程计划开工和竣工的时间;获取进一步信息和资格预审文件的办法名称和地址,负责人姓名,购买资格预审文件的时间和价格;资格预审申请文件递交的截止日期、地址和负责人姓名。向所有参加资格预审的投标人发出资格预审通知书的时间。

资格预审公告示例:

大连皮口至炮台高速公路项目—路面工程—资格预审公告

1. 招标条件

大连皮口至炮台高速公路项目路面工程(以下简称本项目)已由上级主管部门批准建设,项目业主为辽宁省高等级公路建设局,建设资金来自国家补贴和自筹,招标人为辽宁省高等级公路建设局(以下简称招标人)。本项目已具备招标条件,现进行公开招标,特邀请有兴趣的潜在投标人(以下简称申请人)提出资格预审申请。

2. 项目概况与招标范围

本项目位于辽宁省大连市境内,路线全长44.015km,双向四车道,本次招标范围为路面工程,划分如下2个合同段:

合同段	起点	终点	长度(km)
1	K0+000	K26+600	26.600
2	K26+600	GK1+529.362 (K42+449.478=GK0+000)	17.415

3. 申请人资格要求

3.1 本次资格预审要求申请人同时具备公路工程施工总承包一级及以上资质和公路路面工程专业承包一级资质,并在业绩、人员、设备、资金等方面具备相应的施工能力。

3.2 本次资格预审不接受联合体资格预审申请。

4. 资格预审方法

本次资格预审采用有限数量制。

5. 资格预审文件的获取

5.1 请申请人于2010年4月28日~2010年5月5日(法定公休日除外)每日上午9:00时~11:30时,下午13:30时~16:00时(北京时间,下同),在辽宁省高等级公路建设局持企业法人营业执照副本原件、企业资质证书副本原件、企业安全生产许可证副本原件、法定代表人签发的授权书原件及被授权人身份证原件及上述资料复印件(需加盖单位公章)一套购买资格预审文件。

5.2 资格预审文件每套售价1 000元,售后不退。

6. 资格预审申请文件的递交

6.1 递交资格预审申请文件截止时间(申请截止时间,下同)为2010年5月17日11:00时,申请人应于当日2010年5月17日11:00时前将资格预审申请文件递交至辽宁省高等级公路建设局。

6.2 逾期送达或者未送达指定地点的资格预审申请文件,招标人不予受理。

7. 发布公告的媒介

本次资格预审公告同时在中国采购与招标网(www.chinabidding.com.cn)及辽宁省招标投标监管网(www.lntb.gov.cn)上发布。

8. 联系方式

招　标　人:＿＿＿＿＿＿＿＿＿＿＿＿＿＿＿

地　　　址:＿＿＿＿＿＿＿＿＿＿＿＿＿＿＿

邮　　　编:＿＿＿＿＿＿＿＿＿＿＿＿＿＿＿

联　系　人:＿＿＿＿＿＿＿＿＿＿＿＿＿＿＿

电　　　话:＿＿＿＿＿＿＿＿＿＿＿＿＿＿＿

传　　　真:＿＿＿＿＿＿＿＿＿＿＿＿＿＿＿

3. 资格预审申请人须知

详见本模块知识点三。

4. 资格预审申请文件格式

《公路工程标准施工招标资格预审文件》(2009年版)要求申请人在资格预审申请文件中,提供下列内容。

(1)资格预审申请函。

(2)法定代表人身份证明及授权委托书。

(3)联合体协议书。

(4)申请人基本情况表。

①申请人基本情况表;

②申请人组织机构框图;

③拟委任的项目经理和项目总工资历表;

④拟委任的其他主要管理人员和技术人员汇总表；

⑤拟委任的其他主要管理人员和技术人员资历表；

⑥拟投入本标段的主要施工机械表；

⑦拟配备本标段的主要材料试验、测量、质检仪器设备表。

(5)近年财务状况表：

①财务状况表；

②银行信贷证明。

(6)近年完成的类似项目情况表。

(7)正在施工的和新承接的项目情况表。

(8)年发生的诉讼及仲裁情况。

(9)初步施工组织计划。

(10)其他材料。

知识点三　资格预审申请人须知

资格预审申请人须知包括申请人须知前附表和正文。

1. 申请人须知前附表

申请人须知前附表的作用主要是将申请人须知中的关键内容和数据摘要列表,起到强调和提醒的作用,为申请人迅速掌握申请人须知内容提供方便。

资格预审申请人须知前附表示见表6-8。

申请人须知前附表　　　　　　　　　表6-8

条款号	条款名称	编列内容
1.1.2	招标人	名称： 地址： 联系人： 电话：
1.1.3	招标代理机构	名称： 地址： 联系人： 电话：
1.1.4	项目名称	
1.1.5	建设地点	
1.2.1	资金来源	
1.2.2	出资比例	
1.2.3	资金落实情况	
1.3.1	招标范围	

续上表

条款号	条款名称	编列内容
1.3.2	计划工期	计划工期：_____日历天 计划开工日期：_____年_____月_____日 计划竣工日期：_____年_____月_____日
1.3.3	质量要求	
1.4.1	申请人资质条件、能力和信誉	资质条件： 财务要求： 业绩要求： 信誉要求： 项目经理(建造师,下同)资格： 其他要求：
1.4.2	是否接受联合体资格预审申请	□不接受 □接受,应满足下列要求：
2.2.1	申请人要求澄清资格预审文件的截止时间	
2.2.2	招标人澄清资格预审文件的截止时间	
2.2.3	申请人确认收到资格预审文件澄清的时间	
2.3.1	招标人修改资格预审文件的截止时间	
2.3.2	申请人确认收到资格预审文件修改的时间	
3.1.1	申请人需补充的其他材料	
3.2.4	近年财务状况的年份要求	_____年
3.2.5	近年完成的类似项目的年份要求	_____年
3.2.7	近年发生的诉讼及仲裁情况的年份要求	_____年
3.3.1	签字或盖章要求	
3.3.2	资格预审申请文件副本份数	_____份
3.3.3	资格预审申请文件的装订要求	
4.1.2	封套上写明	招标人的地址： 招标人全称： _____(项目名称)_____标段施工招标资格预审申请文件在_____年_____月_____日_____时_____分前不得开启
4.2.1	申请截止时间	_____年_____月_____日_____时_____分
4.2.2	递交资格预审申请文件的地点	
4.2.3	是否退还资格预审申请文件	

续上表

条款号	条款名称	编列内容
5.1.2	审查委员会人数	
5.2	资格审查方法	
6.1	资格预审结果的通知时间	
6.3	资格预审结果的确认时间	
9		需要补充的其他内容
……		……
……		……

2. 正文

包括总则、资格预审文件、资格预审申请文件的编制、资格预审申请文件的递交、资格预审申请文件的审查、通知和确认、申请人的资格改变、纪律和监督及需要补充的其他内容。

（1）总则

总则中的项目概括、资金来源和落实情况、招标范围、计划工期和质量要求、申请人资格要求等在申请人须知前附表中进行了具体化。

总则中规定的资格预审申请文件的组成包括下列内容：
①资格预审申请函；
②法定代表人身份证明或附有法定代表人身份证明的授权委托书；
③联合体协议书；
④申请人基本情况表；
⑤近年财务状况表；
⑥近年完成的类似项目情况表；
⑦正在施工和新承接的项目情况表；
⑧近年发生的诉讼及仲裁情况；
⑨初步施工组织计划；
⑩其他材料。

（2）资格预审申请文件的编制
①资格预审申请文件的编制要求

a. 资格预审申请文件应按"资格预审申请文件格式"进行编写，如有必要，可以增加附页，并作为资格预审申请文件的组成部分。

b. 法定代表人授权委托书必须由法定代表人签署。

c. "申请人基本情况表"应附企业法人营业执照副本（全本）的复印件（并加盖

单位章)、施工资质证书副本(全本)的复印件(并加盖单位章)、安全生产许可证副本(全本)的复印件(并加盖单位章)、基本账户开户许可证的复印件(并加盖单位章)。

"拟委任的项目经理和项目总工资历表"应附项目经理(以及备选人)和项目总工(以及备选人)的身份证、职称资格证书以及资格预审条件所要求的其他相关证书(如建造师注册证书、安全生产考核合格证书等)的复印件,并应提供其担任类似项目的项目经理和项目总工的相关业绩证明材料复印件,还应附申请人所属社保机构出具的拟委任的项目经理(以及备选人)和项目总工(以及备选人)的社保缴费证明(并加盖缴费证明专用章)或其他能够证明拟委任的项目经理(以及备选人)和项目总工(以及备选人)参加社保的有效证明材料(并加盖社保机构单位章)。

d. "近年财务状况表"应附经会计师事务所或审计机构审计的财务会计报表,包括资产负债表、现金流量表、利润表和财务情况说明书的复印件,具体年份要求见申请人须知前附表。

e. "近年完成的类似项目情况表"应附中标通知书和(或)合同协议书、工程接收证书(工程竣工验收证书)的复印件,具体年份要求见申请人须知前附表。每张表格只填写一个项目,并标明序号。

工程接收证书(工程竣工验收证书)可以是发包人出具的公路工程(标段)交工验收证书或竣工验收委员会出具的公路工程竣工验收鉴定书或质量监督机构对各参见单位签发的工作综合评价等级证书。

f. "正在施工和新承接的项目情况表"应附中标通知书和(或)合同协议书复印件。每张表格只填写一个项目,并标明序号。

g. "近年发生的诉讼及仲裁情况"应说明相关情况,并附法院或仲裁机构作出的判决、裁决等有关法律文书复印件,具体年份要求见申请人须知前附表。

②资格预审申请文件的装订、签字

a. 申请人应按申请人须知的要求,编制完整的资格预审申请文件,编制完整的资格预审申请文件,用不褪色的材料书写或打印,并由申请人的法定代表人或其委托代理人逐页亲笔签署姓名(封面、扉页、目录和本页正文已由申请人的法定代表人或其委托代理人签署姓名的可不签署),不得使用印章、签名章或其他电子制版签名。

以联合体形式申请资格预审的,资格预审申请文件由联合体牵头人的法定代表人或其委托代理人按上述规定签署。

资格预审申请文件中的任何改动之处应加盖单位章或由申请人的法定代表人或其委托代理人签字确认。

b. 资格预审申请文件正本一份,副本份数见申请人须知前附表。正本和副本的封面上应清楚地标记"正本"或"副本"字样。当正本和副本不一致时,以正本为准。

c. 资格预审申请文件正本与副本应分别装订成册(A4纸幅),并编制目录,且逐页标注连续页码。

资格预审申请文件不得采用活页夹装订，否则，招标人对由于资格预审申请文件装订松散而造成的丢失或其他后果不承担任何责任。

(3) 资格预审文件的递交

①资格预审申请文件的正本与副本应分开包装，加贴封条，并在封套的封口处加盖申请人单位章。

②在资格预审申请文件的封套上应清楚地标记"正本"或"副本"字样，封套还应写明的其他内容见申请人须知前附表。

③未按要求密封和加写标记的资格预审申请文件，招标人不予受理。

④除申请人须知前附表另有规定的外，申请人所递交的资格预审申请文件不予退还。

⑤逾期送达或者未送达指定地点的资格预审申请文件，招标人不予受理。

(4) 资格预审申请文件的审查

资格预审申请文件由招标人组建的审查委员会负责审查。审查委员会参照《中华人民共和国招标投标法》第三十七条规定组建。

审查委员会根据申请人须知前附表规定的方法和第三章"资格审查办法"中规定的审查标准，对所有已受理的资格预审申请文件进行审查。没有规定的方法和标准不得作为审查依据。

(5) 通知和确认

①招标人在申请人须知前附表规定的时间内以书面形式将资格预审结果通知申请人，并向通过资格预审的申请人发出投标邀请书。

②应申请人书面要求，招标人应对资格预审结果作出解释，但不保证申请人对解释内容满意。

③通过资格预审的申请人收到投标邀请书后，应在申请人须知前附表规定的时间内以书面形式明确表示是否参加投标。在申请人须知前附表规定时间内未表示是否参加投标或明确表示不参加投标的，不得再参加投标。因此造成潜在投标人数量不足 3 个的，招标人重新组织资格预审或不再组织资格预审而直接招标。

直接招标是指直接采用资格后审方式招标。

(6) 申请人的资格改变

通过资格预审的申请人组织机构、财务能力、信誉情况等资格条件发生变化，使其不再实质上满足第三章"资格审查办法"规定标准的，其投标不被接受。

(7) 纪律与监督

①严禁申请人向招标人、审查委员会成员和与审查活动有关的其他工作人员行贿。在资格预审期间，不得邀请招标人、审查委员会成员以及与审查活动有关的其他工作人员到申请人单位参观考察，或出席申请人主办、赞助的任何活动。

②申请人不得以任何方式干扰、影响资格预审的审查工作，否则将导致其不能通过

资格预审。

③招标人、审查委员会成员,以及与审查活动有关的其他工作人员应对资格预审申请文件的审查、比较进行保密,不得在资格预审结果公布前透露资格预审结果,不得向他人透露可能影响公平竞争的有关情况。

④申请人和其他利害关系人认为本次资格预审活动违反法律、法规和规章规定的,有权向有关行政监督部门投诉。监督部门的联系方式见申请人须知前附表。

(8)需要补充的其他内容

①每个申请人可提出资格预审申请和允许中标的标段数应符合申请人须知前附表的规定。

②申请人提交的资格预审申请文件(初步施工组织计划除外)将作为施工合同文件的组成部分。除招标文件另有规定外,申请人在资格预审申请文件中填报的项目经理(以及备选人)和项目总工(以及备选人)不允许更换。

③自购买资格预审文件之日起,申请人应保证其提供的联系方式(电话、传真、电子邮件)一直有效,以保证往来函件(资格预审文件澄清、修改等)能及时通知申请人,并能及时反馈信息,否则招标人不承担由此引起的一切后果。

④资格预审申请文件按要求送达后,在规定的递交截止时间前,申请人可以撤回申请文件或修改申请文件。如需修改申请文件,应当以正式函件提出并做出说明。

修改资格预审申请文件的正式函件是资格预审申请文件的组成部分,其形式要求、密封的方式、送达时间,应符合资格预审文件的要求。

⑤招标人有对资格预审申请文件进行核实和澄清的权力,若招标人在资格预审时或必要的调查过程中发现申请人有弄虚作假行为,将取消其资格预审资格,并将其弄虚作假行为上报省级交通主管部门,作为不良记录纳入公路建设市场信用信息管理系统。

知识点四 资格预审评审程序

1. 资格预审评审委员会

(1)资格评审工作由招标人组建的资格评审委员会负责。

(2)资格评审委员会由招标人代表和有关方面的专家组成,人数为5人以上单数,其中专家人数应不少于成员总数的2/3。

(3)资格评审委员会的专家从国务院交通主管部门或省级交通主管部门设立的评标专家库中抽取。但有下列情形之一者,不得进入资格评审委员会:

①与潜在投标人的主要负责人或授权代理人有近亲属关系的人员;

②当地交通主管部门或行政监督部门的人员;

③与潜在投标人有利害关系,可能影响公正评审的人员;

④法律、法规和规章规定的其他情形。

资格评审委员会成员名单在评审工作结束前应当保密。

(4)资格评审委员会成员应当客观、公正地履行职责,遵守职业道德,对所提出的评审意见承担个人责任。

(5)资格评审委员会成员不得私下接触潜在投标人,不得收受潜在投标人的财物或者其他好处,不得透露资格评审的有关情况。

2. 资格评审程序

(1)符合性检查;

(2)强制性资格条件评审或综合评分;

(3)澄清与核实。

3. 通过符合性检查的主要条件

(1)资格预审申请文件组成完整;

(2)资格预审申请文件正本应加盖潜在投标人法人单位公章,并由其法定代表人或其授权的代理人签字;

(3)潜在投标人的营业执照、法定代表人授权书及公证书有效;

(4)潜在投标人的施工资质满足资格预审文件的要求;

(5)潜在投标人没有正受到责令停产、停业的行政处罚或正处于财务被接管、冻结、破产的状态;

(6)潜在投标人没有正受到取消投标资格的行政处罚;

(7)潜在投标人没有涉及正在诉讼的案件,或涉及正在诉讼的案件但经评审委员会认定不会对承担本项目造成重大影响;

(8)潜在投标人符合联合体投标的有关规定;

(9)潜在投标人没有提供虚假材料。

符合以上条件的,方可进入下一阶段的评审。有一项不符合的,即被淘汰。

4. 资格预审评审办法

资格评审方法分强制性资格条件评审法和综合评分法两种。招标人可根据工程特点和潜在投标人的数量选择。

(1)采用强制性资格条件评审法的,招标人应按照标段内容和特点,对潜在投标人的施工经验、财务能力、施工能力、管理能力和履约信誉等资格条件,制定强制性的量化标准。只有全部满足强制性资格条件的潜在投标人才可通过资格审查。评审结论分"通过"和"未通过"两种。

(2)采用综合评分法的,招标人应对潜在投标人的施工经验、财务能力、施工能力、管理能力、施工组织和履约信誉等资格条件,制定可以量化的评分标准,并明确通过资格审查的最低总得分值。只有总得分超过规定的最低总得分值的潜在投标人才能通过资格审查。

对重要的资格条件也可制定最低资格条件要求,不符合最低资格条件的,不得通过资格审查。计算得分时应以评审委员会的打分平均值确定,该平均值以去掉一个最高分和一个最低分后计算。

(3)综合评分法采用百分制,评分内容和权重分值划分如下:
①类似工程施工经验　分值范围 15~25;
②财务能力　分值范围 10~20;
③拟投入本标段的主要机械设备　分值范围 10~20;
④拟投入本标段的主要人员资历　分值范围 15~25;
⑤初步施工组织计划　分值范围 10~15;
⑥履约信誉　分值范围 15~25。

5. 问题与澄清

(1)资格评审委员会对资格预审申请文件中不明确之处,可通过招标人要求潜在投标人进行澄清,但不应作为资格审查不通过的理由。如潜在投标人不按照招标人的要求进行澄清,其资格审查可不予通过。澄清应以书面材料为主,一般不得直接接触潜在投标人。

(2)资格评审委员会在审查潜在投标人的主要人员资历和施工业绩、信誉时,应当通过省级以上交通主管部门设立的交通行业施工企业信息网进行查询;若潜在投标人所提供信息与企业信息网上的相关内容不符,经核实存在虚假、夸大的内容,不予通过资格审查。

(3)对联合体进行资格评审时,其施工能力为主办人和各成员单位施工能力之和。对含分包人的潜在投标人进行资格评审时,其施工能力为潜在投标人和分包人施工能力之和。

(4)对通过资格评审的潜在投标人明显偏少的标段,在征得潜在投标人同意的情况下,评审委员会可以对通过评审的潜在投标人申请的标段进行调整。经调整后,合格的潜在投标人仍少于三家的,招标人应重新组织资格预审或经有关部门批准采取邀请招标方式。

6. 资格评审报告

资格评审工作结束后,由资格评审委员会编制资格评审报告,其内容包括:
(1)工程项目概述;
(2)资格审查工作简介;
(3)资格审查结果;
(4)未通过资格审查的主要理由及相关附件证明;
(5)资格评审表等附件。

招标人应在资格评审工作结束后 15 日内,按项目管理权限,将资格评审报告报交通主管部门备案,并将结果进行公示见《资格预审结果公示示例》。

资格预审结果公示示例如下:

郑州至民权高速公路(郑州境段)土建工程施工招标资格预审结果公示

(TJ-1 标段)

招标编号:ZM-ZZ-A

项目名称:郑州至民权高速公路(郑州境段)土建工程施工招标

序号	申请人	审查结果	未通过原因
1	某省交通建设有限责任公司	√	无
2	某城建道桥工程有限公司	×	被部转发辽宁省"取消两年建设市场"根据河南省交通厅豫交工[2005]131号文的规定取消贵单位资格
3	某市政建设(集团)有限公司	√	无
4	某市公路桥梁建设有限责任公司	√	无
5	某省公路工程局集团有限公司	√	无
6	河南省平顶山中亚路桥建设工程有限公司	√	无
7	湖南省建筑工程集团总公司	√	无
8	某路桥集团有限公司	×	不满足业绩最低要求1
9	路桥华南工程有限公司	√	无
10	洛阳路桥建设集团有限责任公司	√	无
11	山东黄河工程集团有限公司	√	无
12	四川某路桥建设有限责任公司	×	不满足业绩最低要求1、4
13	许昌某公路工程建设有限责任公司	×	不满足业绩最低要求4
14	中交第一航务工程局有限公司	√	无
15	中铁大桥局集团第一工程有限公司	√	无

7. 公布资格预审结果

交通主管部门在收到资格评审报告后5个工作日内未提出异议的,招标人可向通过资格审查的潜在投标人发出投标邀请书,向未通过资格审查的潜在投标人告知资格审查结果。

招标人不得向他人透露已通过资格审查的潜在投标人名称、数量,以及可能影响公平竞争的有关招标投标的其他情况。

8. 重新评审

资格预审工作出现下列情况之一的,招标人负责组织重新评审。

(1)由于招标人提供给资格评审委员会的信息有误或不完整,导致评审结果出现重大偏差的;

(2)由于评审委员会的原因导致评审结果出现重大偏差的;

(3)由于潜在投标人有违法违规行为,导致评审结果无效的。

模块四　开标、评标与决标

知识点一　施工招标开标程序

1. 定义

开标即招标单位在规定日期、时间、地点，当众启封标函，宣布各投标单位的名称、标价等主要内容的过程叫开标。所有投标文件必须按招标单位规定的日期、地点与要求寄送到招标单位办公室。逾期送到及已送出但招标单位未收到的标书不予宣读。

2. 仪式

开标仪式由招标单位或招标委员会主持，同时邀请各投标单位、当地公证机构、上级主管部门派人参加，并邀请有关部门如计委、建委、建设银行、工商行政管理部门、审计和监理工程师（如已确定）及新闻宣传单位派代表参加。所有参加单位代表均应逐一签到存档。

投标人若未派法定代表人或委托代理人出席开标活动，视为该投标人默认开标结果。

3. 开标程序

《公路工程标准文件》（2009年版）投标须知中的5.2款规定，主持人按下列程序进行开标：

（1）宣布开标纪律；

（2）公布在投标截止时间前递交投标文件的投标人名称，并点名确认投标人是否派人到场；

（3）宣布开标人、唱标人、记录人、监标人等有关人员姓名；

（4）按照投标人须知前附表规定检查投标文件的密封情况；

（5）按照投标人须知前附表的规定确定并宣布投标文件开标顺序；

（6）设有标底的，公布标底；

（7）按照宣布的开标顺序当众开标，公布投标人名称、标段名称、投标保证金的递交情况、投标报价、质量目标、工期及其他内容，并记录在案；

（8）投标人代表、招标人代表、监标人、记录人等有关人员在开标记录上签字确认；

（9）开标结束。

开标过程中，若招标人发现投标文件出现以下任一情况，经监标人确认后当场宣布为废标：

（1）未在投标函上填写投标总价；

（2）投标报价或调价函中的报价超出招标人公布的投标控制价上限（如果有）。

开标过程中,到会人、读标人、登记人、公证人的签名应写进纪要,连同拆封的标书及封套均由招标单位妥善保存。逾期到达的投标书,已投递寄出但在开标时未能寄到的标书以及业主在开标会上公布的其他与招标有关的事项,均应记入纪要。

这些情况,在初评阶段还将进一步确认,检查。开标后即转入秘密评标阶段,这段工作要严格对投标者以及任何不参与评标工作的人保密。

4. 开标议程示例

×××工程开标会议议程

主持人:(招标单位或代理机构的代表)　　　　　　　年　月　日

各位,上午好,本人×××受(招标单位名称)的委托,主持×××工程的开标会。现在我宣布开标会议开始。为避免干扰会议的正常进行,请各位将通信工具暂时关闭。

第一项,介绍参加今天开标会的单位及人员。

1. 参加今天开标会的投标单位及人员有:

(按本工程《投标单位签到表》的顺序,依次为投标单位名称、委托代理人姓名、职务)

2. 参加今天开标会的各级领导有:

3. 参加本工程开标的工作人员有:

唱标人:(招标单位或招标代理机构名称)

监标人:

记标人:

第二项,介绍本次招标工作主要过程。

该工程于_____年_____月_____日在××建设工程招标投标办公室报建并备案,依法进行　公开/邀请　招标。_____年_____月_____日发布招标公告,(招标人或招标代理名称)_____对参加施工招标投标报名并递交资格预审文件的_____家施工单位进行了资格预审后,于_____年_____月_____日确定_____家单位参加该工程的投标,并于_____年_____月_____日发放了招标文件,_____年_____月_____日各投标单位对招标文件提出的问题由招标单位/招标代理/设计单位/监理单位作了答疑,并将书面答疑发给了各获得招标文件的投标单位。

在投标截止时间前递交的投标文件的主要内容,稍后将在唱标时予以公布。开标会议结束后,评标委员会将本着"公平、公正"的原则进行评标。

在本次招标工作中,得到了各投标单位和_____支持和协助,在此表示衷心的感谢!

第三项,主持人:请(招标单位领导)××讲话。

第四项,招标单位(招标代理机构)核查各投标单位法人委托书及被委托人身份证,并宣布核查结果。

主持人:经核查各投标单位法人委托书及被委托人身份证均为有效。

第五项,请各投标单位的法定代表人或委托代理人上台来检验投标文件的密封是否合格,并请监标人宣布检验结果。

监标人:×××工程投标文件经各投标单位互检,一致认为各投标文件的密封符合招标文件的要求,密封合格。

第六项,宣布评标定标原则及办法。

根据《×××工程招标评标办法》,评标采用百分法评标,在各评委对各投标单位评分结果中,去掉一个最高分、一个最低分后的算术平均值即为投标单位的最终得分,得分高的前×名为中标候选单位。

第七项,开标:请唱标人按投标文件送达的先后,逆次序开启投标文件并唱标。唱标内容:投标单位名称、预算价、投标报价、工期、质量、项目经理等各唱两遍。

(唱标完毕,由监标人询问各投标单位对电子屏幕的开标内容有无疑议,没有疑义请投标单位的委托代理人上台签字确认)

第八项,主持人:请监标人公布标底。

(监标人拆封标底密封袋,宣读标底编制单位名称、资质等级、资质证书编号、标底价)

第九项,开标会结束,转入评标,请各位代表退席。

知识点二　评标委员会

1. 评标委员会的组建

评标工作由评标委员会完成。评标委员会依法组建,负责评标活动,向招标人推荐中标候选人或者根据招标人的授权直接确定中标人。评标委员会由招标人负责组建。评标委员会成员名单在中标结果确定前应当保密。

评标委员会由招标人或其委托的招标代理机构熟悉相关业务的,以及有关技术、经济等方面的专家组成,成员人数5人以上单数,其中,技术、经济等方面的专家不得少于成员总数的2/3。评标委员会设负责人,评标委员会负责人由评标委员会成员推举产生或者由招标人确定。评标委员会负责人与评标委员会的其他成员有同等的表决权。

国道主干线和国家重点公路建设项目,评标委员会专家从交通运输部设立的评标专家库中抽取,或者根据交通运输部授权从省级人民政府交通主管部门设立的评标专家库中抽取。其他公路建设项目的评标委员会专家从省级人民政府交通主管部门设立的评标专家库中抽取。可以采取随机抽取或者直接确定的方式。一般项目,可以采取随机抽取的方式;技术特别复杂、专业性要求特别高或者国家有特殊要求的招标项目,采取随机抽取方式确定的专家难以胜任的,可以由招标人直接确定。

2. 评标专家的条件

(1)从事相关专业领域工作满8年并具有高级职称或者同等专业水平;

(2)熟悉有关招标投标的法律法规,并具有与招标项目相关的实践经验;

（3）能够认真、公正、诚实、廉洁地履行职责。

3. 评标专家的回避制度

有下列情形之一的，不得担任评标委员会成员：

（1）投标人或者投标人主要负责人的近亲属；

（2）项目主管部门或者行政监督部门的人员；

（3）与投标人有经济利益关系，可能影响对投标公正评审的；

（4）曾因在招标、评标以及其他与招标投标有关活动中从事违法行为而受过行政处罚或刑事处罚的。

评标委员会成员有上述情形之一的，应当主动提出回避。

4. 评标纪律和职业道德

（1）评标委员会成员不得与任何投标或者与招标结果有利害关系的人进行私下接触，不得收受投标人、中介人、其他利害关系人的财物或者其他好处。

（2）评标委员会成员和与评标活动有关的工作人员不得透露对投标文件的评审和比较、中标候选人的推荐情况以及与评标有关的其他情况。

知识点三 评标程序

评标工作应按照严肃认真、公平公正、科学合理、客观全面、竞争择优、严格保密的原则进行，保证所有投标的合法权益。

1. 评审程序

投标文件的初步评审—对符合文件的算术性复核—详细评审—澄清问题—评比标书—编写评标报告。

2. 投标文件评审标准

（1）投标文件按照招标文件规定的格式、内容填写，字迹清晰可辨。

①投标函按招标文件规定填报了投标价、工期及工程质量目标；

②投标函附录的所有数据均符合招标文件规定；

③已标价工程量清单说明及承诺函文字与招标文件规定一致，未进行修改和删减；

④按照招标文件规定的格式、内容编制了施工组织设计及项目管理机构相关图表；

⑤投标文件组成齐全完整，内容均按规定填写。

（2）投标文件上法定代表人或其授权代理人的签字、投标人的单位章盖章齐全，符合招标文件规定。

投标函及投标函附录、承诺函、已标价工程量清单（包含工程量清单说明、投标报价说明、计日工说明、其他说明及工程量清单各项表格〈工程量清单表5.1～表5.5〉）、调价函及调价后的工程量清单（如有）的内容，应由投标人的法定代表人或其授权代理人逐页签署姓名（本页正文内容已由投标人的法定代表人或其授权代理人签署姓名的可不签署）并逐页加盖投标人单位章（本页正文内容已加盖单位章的除外）。

(3)与申请资格预审时比较,投标人资格没有实质性下降。

①通过资格预审后法人名称变更时,应提供相关部门的合法批件及企业法人营业执照和资质证书的副本变更记录复印件;

②资格没有实质性下降,指投标人仍然满足资格预审中的最低要求(业绩、人员、财务等)。

(4)投标人按照招标文件规定的金额、形式、时效和内容提供了投标担保。

①投标担保金额符合招标文件规定的金额;

②若采用电汇,投标人在投标人须知前附表规定的时间之前,将投标保证金由投标人的基本账户一次性汇入招标人指定账户;

③若采用银行保函,银行保函的格式、开具保函的银行、银行保函的有效期均满足招标文件要求,且银行保函原件装订在投标文件的正本之中。

(5)投标人法定代表人的授权代理人,需提交附有法定代表人身份证明的授权委托书,并符合下列要求。

①授权人和被授权人均在授权书上签名,未使用印章、签名章或其他电子制版签名;

②附有公证机关出具的加盖钢印、单位章并盖有公证员签名章的公证书,钢印应清晰可辨,同时公证内容完全满足招标文件规定;

③公证书出具的日期与授权书出具的日期同日或在其之后。

(6)投标人法定代表人若亲自签署投标文件的,提供了法定代表人身份证明,并符合下列要求。

①法定代表人在法定代表人身份证明上签名,未使用印章、签名章或其他电子制版签名;

②附有公证机关出具的加盖钢印、单位章并盖有公证员签名章的公证书,钢印应清晰可辨,同时公证内容完全满足招标文件规定;

③公证书出具的日期与法定代表人身份证明出具的日期同日或在其之后。

(7)投标人以联合体形式投标时,联合体协议书满足招标文件的要求。

①未进行资格预审的,投标人按照招标文件提供的格式签订了联合体协议书,并明确了联合体牵头人;

②进行资格预审的,投标人提供了资格预审申请文件所附的联合体协议书复印件。

(8)投标人如有分包计划,应按第八章"投标文件格式"的要求填写"拟分包项目情况表",且专业分包的工程量累计未超过总工程量的30%。

(9)一份投标文件应只有一个投标报价,在招标文件没有规定的情况下,未提交选择性报价。

(10)投标人若提交调价函,调价函符合招标文件要求。

(11)投标人若填写工程量固化清单,填写完毕的工程量清单未对工程量固化清单电子文件中的数据、格式和运算定义进行修改。

(12)投标文件载明的招标项目完成期限未超过招标文件规定的时限。

(13)投标文件未附有招标人不能接受的条件。
(14)权利义务符合招标文件规定：
①投标人应接受招标文件规定的风险划分办法，未提出新的风险划分办法；
②投标人未增加发包人的责任范围，或减少投标人义务；
③投标人未提出不同的工程验收、计量、支付办法；
④投标人对合同纠纷、事故处理办法未提出异议；
⑤投标人在投标活动中无欺诈行为；
⑥投标人未对合同条款有重要保留。
……
(15)串通投标或弄虚作假或有其他违法行为的。
(16)不按评标委员会要求澄清、说明或补正的。
投标文件和投标人资格有一项不符合上述评审标准的，投标文件即未通过初步评审，投标将作为废标处理。

3. 投标报价计算复核

投标报价有算术错误的，评标委员会按以下原则对投标报价进行修正，修正的价格经投标人书面确认后具有约束力。投标人不接受修正价格的，其投标作废标处理，并没收其投标担保。

(1)投标文件中的大写金额与小写金额不一致的，以大写金额为准；
(2)总价金额与依据单价计算出的结果不一致的，以单价金额为准修正总价，但单价金额小数点有明显错误的除外；
(3)当单价与数量相乘不等于合价时，以单价计算为准；如果单价有明显的小数点位置差错，应以标出的合价为准，同时对单价予以修正；
(4)当各子目的合价累计不等于总价时，应以各子目合价累计数为准，修正总价。

4. 投标报价其他错误修正标准

工程量清单中的投标报价有其他错误的，评标委员会按以下原则对投标报价进行修正。修正的价格经投标人书面确认后具有约束力。投标人不接受修正价格的，其投标作废标处理，并没收其投标担保。

(1)在招标人给定的工程量清单中漏报了某个工程子目的单价、合价或总额价，或所报单价、合价或总额价减少了报价范围，则漏报的工程子目单价、合价和总额价或单价、合价和总额价中减少的报价内容视为已含入其他工程子目的单价、合价和总额价之中。
(2)在招标人给定的工程量清单中多报了某个工程子目的单价、合价或总额价，或所报单价、合价或总额价增加了报价范围，则从投标报价中扣除多报的工程子目报价或工程子目报价中增加了报价范围的部分报价。
(3)当单价与数量的乘积与合价(金额)虽然一致，但投标人修改了该子目的工程数量，则其合价按招标人给定的工程数量乘以投标人所报单价予以修正。修正后的最终投标报价若超过投标控制价上限(如有)，投标人的投标文件作废标处理。

修正后的最终投标报价仅作为签订合同的一个依据,不参与评标价得分的计算。

5. 澄清问题

(1)在评标过程中,评标委员会可以书面形式要求投标人对所提交投标文件中不明确的内容进行书面澄清或说明,或者对细微偏差进行补正。评标委员会不接受投标人主动提出的澄清、说明或补正。

(2)澄清、说明和补正不得改变投标文件的实质性内容(算术性错误修正的除外)。投标人的书面澄清、说明和补正属于投标文件的组成部分。

(3)评标委员会对投标人提交的澄清、说明或补正有疑问的,可以要求投标人进一步澄清、说明或补正,直至满足评标委员会的要求。

(4)凡超出招标文件规定的或给发包人带来未曾要求的利益的变化、偏差或其他因素在评标时不予考虑。

知识点四 评标方法

《公路工程标准施工招标文件》(2009年版)列出了三种评标方法,即合理低价法、综合评估法、经评审的最低评标价法。

《公路工程建设项目招标投标管理办法》规定,公路工程施工招标,评标采用综合评估法或者经评审的最低投标价法。综合评估法包括合理低价法、技术评分最低标价法和综合评分法。

1. 合理低价法

评标委员会对通过初步评审和详细评审的投标文件,按其投标价得分由高到低的顺序,依次推荐前3名投标人为中标候选人(当投标价得分相等时,以投标价较低者优先)。在评标时,一般按照投标价得分由高到低的顺序,对投标文件进行初步评审和详细评审,对存在重大偏差的投标文件按废标处理。对施工组织设计、投标人的财务能力、技术能力、业绩及信誉不再进行评分。

在开标现场,宣读完投标人的投标价后,应当场计算评标基准价。评标基准价在整个评标期间保持不变,不随通过初步评审和详细评审的投标人的数量发生变化。

投标人的投标价等于评标基准价者得满分,高于或低于评标基准价者按一定比例扣分,高于评标基准价的扣分幅度应比低于评标基准价的扣分幅度大。

评标基准价的计算方法和评分方法应在招标文件中载明。

评标基准价的确定方法如下。

(1)评标价的确定

方法一:评标价 = 投标函文字报价。

方法二:评标价 = 投标函文字报价 − 暂估价 − 暂列金额(不含计日工总额)。

(2)评标价平均值的计算

除按第二章"投标人须知"第5.2.2项规定开标现场被宣布为废标的投标报价之外,

所有投标人的评标价去掉一个最高值和一个最低值后的算术平均值即为评标价平均值（如果参与评标价平均值计算的有效投标人少于5家时，则计算评标价平均值时不去掉最高值和最低值）。

(3)评标基准价的确定

方法一：将评标价平均值直接作为评标基准价。

方法二：将评标价平均值下浮_____%，作为评标基准价。

方法三：招标人设置评标基准价系数，由投标人代表或监标人现场抽取，评标价平均值乘以现场抽取的评标基准价系数作为评标基准价。

方法四：……

如果投标人认为某一标段的评标基准价计算有误，有权在开标现场提出，经监标人当场核实确认之后，可重新宣布评标基准价。确认后的评标基准价在整个评标期间保持不变，不随通过初步评审和详细评审的投标人的数量发生变化。

招标人可依据招标项目特点和实际需要，选择或制定适合项目的评标基准价计算方法。

(4)计算各投标人的评标价分值

$$偏差率 = \frac{100\% \times (投标人评标价 - 评标基准价)}{评标基准价}$$

评标价得分计算公式示例（评标价分值100分）：

$$F_i = F - \frac{|D_i - D|}{D} \times E \times 100 \tag{6-1}$$

式中：D_i——投标人评标价；

D——评标基准价；

F——评标价满分值；

E——评标价高于（或低于）评标基准价一个百分点的扣分值。

①如果投标人的评标价 > 评标基准价，则评标价得分 = 100 - 偏差率×100×E_1；

②如果投标人的评标价 ≤ 评标基准价，则评标价得分 = 100 + 偏差率×100×E_2。

其中：E_1是评标价每高于评标基准价一个百分点的扣分值；E_2是评标价每低于评标基准价一个百分点的扣分值。招标人可依据招标项目具体特点和实际需要设置E_1、E_2，但E_1应大于E_2。

(5)适用范围

除技术特别复杂的特大桥和长大隧道工程外，其他项目均可采用合理低价法进行评标。

应注意的问题是：为防止哄抬标价，招标人可以设定投标控制价上限，由招标人自行编制或委托有资质单位编制，并在开标前公布。投标价超出招标人控制价上限的，视为超出招标人的支付能力，作废标处理。

2. 综合评分法

评标委员会对所有通过初步评审和详细评审的投标文件的评标价、财务能力、技术能力、管理水平以及业绩与信誉进行综合评分,按综合评分由高到低排序,推荐综合评分得分最高的三个投标人为中标候选人。

评标基准价计算方法同前。

适用范围:本办法仅适用于技术特别复杂的特大桥梁和长大隧道工程。

应注意的问题:为控制投标报价,建议招标人设立标底,或设定投标控制价上限。设立标底的,中标人应采取有效措施,确保开标前的标底保密。

3. 技术评分最低标价法

技术评分最低标价法,是指对通过初步评审的投标人的施工组织设计、项目管理机构、技术能力等因素进行评分,按照得分由高到低排序,对排名在招标文件规定数量以内的投标人的报价文件进行评审,按照评标价由低到高的顺序推荐中标候选人的评标方法。招标人在招标文件中规定的参与报价文件评审的投标人数量不得少于 3 个。

4. 最低评标价法

评标委员会按评标价由低到高的顺序对投标文件进行初步评审和详细评审,推荐通过初步评审和详细评审且评标价最低的前三个投标人为中标候选人。若评标委员会发现投标人的评标价或主要单项工程报价明显低于其他投标人报价,或者在设有标底时明显低于标底(一般为 15% 以下)时,应要求该投标人作出书面说明并提供相关证明材料。如果投标人不能提供相关证明材料证明该报价能够按招标文件规定的质量标准和工期完成招标工程,评标委员会应当认定该投标人以低于成本价竞标,作废标处理。

如果投标人提供了证明材料,评标委员会也没有充分的证据证明投标人以低于成本价竞标,为减少招标人风险,招标人有权要求投标人增加履约保证金。一般在确定中标候选人之前,要求投标人作出书面承诺,在收到中标通知书 14 天内,按照招标文件规定的额度和方式提交履约担保。履约担保增加幅度建议如下:

(1)当 $(A-B)/A \leq 15\%$ 时,履约担保为 10% 合同价的银行保函。

(2)当 $15\% < (A-B)/A \leq 20\%$ 时,履约担保为 10% 合同价的银行保函加 5% 合同价的银行汇票。

(3)当 $20\% < (A-B)/A \leq 25\%$ 时,履约担保为 10% 合同价的银行保函加 10% 合同价的银行汇票。

(4)当 $25\% < (A-B)/A$ 时,履约担保为 10% 合同价的银行保函加 15% 合同价的银行汇票。

其中:B 为中标候选人的评标价;A 为招标人标底或所有投标人评标价的平均值。

若投标人未作出书面承诺或虽承诺但未按规定的时间和额度提交履约担保,招标人可取消其中标资格或宣布其中标无效,并没收其投标担保。

适用范围:使用世界银行、亚洲开发银行等国际金融组织贷款的项目和工程规模较小、技术含量较低的工程,采用最低评标价法进行评标。

应注意的问题是:为防止投标人以低于成本价抢标,并减少由于低价中标带来的实施阶段的问题,建议招标人设立标底,严格控制低价抢标行为,标底应在开标时公布;在签订合同时要特别明确施工人员、设备的进场要求，工程进度要求，以及违约责任和处理措施。

5. 双信封形式

以上三种评标方法都可以采用双信封形式，即要求投标人将投标报价和工程量清单单独密封在一个报价信封中，其他商务和技术文件密封在另外一个信封中。在开标前，两个信封同时提交给招标人。评标程序如下。

第一步：第一次开标时，招标人首先打开商务和技术文件信封，报价信封交监督机关或公证机关密封保存。

第二步：评标委员会对商务和技术文件进行初步评审和详细评审：若采用合理低标价法或最低评标价法，评标委员会应确定通过和未通过商务和技术评审的投标人名单。若采用综合评估法，评标委员会应确定通过和未通过商务和技术评审的投标人名单，并对这些投标文件的技术部分进行打分。

第三步：招标人向所有投标人发出通知，通知中写明第二次开标的时间和地点。招标人将在开标会上首先宣布通过商务和技术评审的名单并宣读其报价信封。对于未通过商务和技术评审的投标人，其报价信封将不予开封，当场退还给投标人。

第四步：第二次开标后，评标委员会按照招标文件规定的评标办法进行评标，推荐中标候选人。

适用范围：本方法适合规模较大、技术比较复杂或特别复杂的工程，但应按照本指导意见和项目的不同特点，采用合理低价法、最低评标价法或综合评估法。

应注意的问题：采用本办法评标程序比较复杂、时间较长，但可以消除技术部分和投标报价的相互影响，更显公平。应特别注意技术评标期间的信息保密和报价信封的保管工作。

知识点五　评标报告的编写

1. 评标报告的内容

评标委员会完成评标工作后，应当向招标人提出书面评标报告。评标报告应当载明以下内容：

(1) 评标委员会的成员名单；
(2) 开标记录情况；
(3) 评标采用的标准和方法；
(4) 对投标人的评价；
(5) 符合要求的投标人情况；
(6) 推荐的中标候选人；
(7) 需要说明的其他事项。

评标委员会推荐的中标候选人应当限定在1~3人，并标明排列顺序。招标人应当根据评标委员会提出的书面评标报告和推荐的合格中标候选人确定中标人。招标人也可以授权评标委员会确定中标人。使用国有资金或者国家融资的项目,招标人应当确定排名第一的中标候选人为中标人。

招标人应当自确定中标人之日起 15 日内按项目管理权限将评标报告和评标结果报交通主管部门核备。交通主管部门自收到评标报告和评标结果(评标结果要对外公示)(见中标公示示例)之日起 7 日内未提出异议的,招标人应当向中标人发出中标通知书,并同时将中标结果通知所有未中标的投标人。招标人应当自签订合同协议书之日起 5 日内,向投标人退还投标担保。

中标公示示例如下。

沈阳绕城高速公路改扩建工程三台子互通式立交黄河北大街
高架桥及 A、C、D 匝道施工中标候选人公示

沈阳绕城高速公路改扩建工程三台子互通式立交黄河北大街高架桥及 A、C、D 匝道施工招标评标工作于 2011 年 9 月 21 日结束,现将评标委员会推荐的中标候选人公示如下:

合同段		中标候选人
一	第一中标候选人	中铁十九局集团第三工程有限公司
	第二中标候选人	沈阳高等级公路建设总公司
	第三中标候选人	大连公路工程集团有限公司
二	第一中标候选人	中铁十五局集团第五工程有限公司
	第二中标候选人	沈阳高等级公路建设总公司
	第三中标候选人	辽宁省路桥建设第一有限公司

公示期为三天(9 月 21 日~9 月 23 日),如对上述中标候选人有异议,应以书面形式向下述监督机构投诉。投诉材料应当包括投诉人的名称、地址及有效的联系方式;投诉事项的基本事实;相关的请求及主张;有效线索和相关证明材料等。投诉人是法人的,投诉材料必须由其法定代表人或者授权代表签字并盖章;其他组织或个人投诉的,投诉材料必须由其主要负责人或投诉人本人签字,并附有效身份证明复印件。不符合《工程建设项目招标投标活动投诉处理办法》规定的投诉将不予受理。

辽宁省交通厅监察处　　电话:_____　　传真:_____
辽宁省高等级公路建设局监察处　　电话/传真:_____

辽宁省高等级公路建设局
2011 年 9 月 21 日

2. 重新招标的情形

有下列情形之一的,招标人应当依照本办法重新招标:
(1)一个标段少于 3 个投标人的;
(2)经评标委员会评审,所有投标均不符合招标文件要求;
(3)由于招标人、招标代理人或投标人的违法行为,导致中标无效;

(4)评标委员会推荐的中标候选人均未与招标人签订公路工程施工合同的。

重新招标的,招标人应当将重新招标方案报交通主管部门备案;招标文件有修改的,应当将修改后的招标文件一并备案。

知识点六　公路工程施工合同文件的签订及其构成

评标委员会或评标小组完成评标报告,报上级交通主管部门核查同意后,由招标单位向中标者发中标通知书,同时将评标报告按隶属关系向上级主管部门报送备案。

招标人将把合同授予投标文件通过初步评审和详细评审,并且经综合评估得分最高的或评标价最低但不低于成本价的投标人。

招标人在发出中标通知书前有权接受和拒绝任何投标,宣布投标无效或拒绝所有投标,并对由此而引起的投标人的影响不承担责任,也不解释原因,但投标担保将退还给投标人。

中标通知书是指业主对承包人投标正式接受后发出的通知,并约定中标方签订协议书的日期和地点。

确定出中标人后,在投标文件有效期截止前,招标人以书面形式通知中标的投标人,确认其投标被接受。中标通知书中将写明业主将支付给承包人按合同规定实施和完成本工程及其缺陷修复的总价(即合同价格)。并在通知书中给定合同签订地点和日期。投标人在收到中标通知书后,应立即以书面形式通知招标人。

中标者接到中标通知书后,应在28天内按中标通知书写明的时间、地点及要求与招标单位签订承包合同。签订合同的依据是:招标文件、投标书及有效的补充文件和保函。签订承包合同时,中标者应向招标单位递交由开户银行出具的履约保证金证书(简称保函)。

《招标投标法》第四十六条规定:招标人和中标人应当自中标通知书发出之日起30日内,按照招标文件和中标人的投标文件订立书面合同。

合同文件的构成:
(1)合同协议书;
(2)中标通知书;
(3)投标书及其附件;
(4)合同专用条件;
(5)合同通用条件;
(6)技术规范;
(7)图纸;
(8)有标价的工程量清单;
(9)辅助或补充资料表;
(10)构成本合同组成部分的其他任何文件。

合同签订之后,招标工作即告结束。签约双方都必须严格执行合同。凡公路工程施工招标项目,建设单位均应委托或委派监理工程师。

第七单元 公路工程施工投标

模块一　投标工作概述

知识点一　投标工作程序及组织机构

1. 投标工作程序

对应于招标的工作过程,潜在投标人应按下列程序参与投标:

(1)报名参加投标;

(2)参加资格预审(如果有);

(3)(如果通过资格预审)购买并研究招标文件;

(4)按时参加招标人主持召开的标前会并勘察现场;

(5)投标人应当按照招标文件的要求编制投标文件;

(6)投标文件应当由投标人的法定代表人或其授权的代理人签字,并加盖投标人印章;

(7)投标人将密封的投标文件,按招标文件规定的时间、地点和方式送达招标人;

(8)按时参加开标会议;

(9)(如果中标)接受中标通知书;

(10)按照招标文件规定签订工程承包合同。

2. 投标组织机构的建立

进行工程投标,需要有专门的机构和人员对投标的全部活动过程加以组织和管理。实践证明,建立一个有力的、内行的投标班子是投标获得成功的根本保证。

工程的招标与投标是激烈的市场竞争活动,招标人希望通过招标以较低的价格在较短的工期内获得技术先进、品质优良的工程产品。投标人希望以自己的技术、经验、实力和信誉等方面的优势在竞争中获胜,占据市场,求得发展。因此,当一个公司进行工程投标,组织一个强有力的、内行的投标班子是十分重要的。

一个好的投标班子的成员应由经济管理类人才、专业技术类人才、商务金融类人才以及合同管理类人才组成。

投标工作机构应采取专职人员组成的固定机构与兼职人员临时参加相结合的投标工作组。

(1)专职人员的主要工作内容

①平时准确及时地掌握公路工程项目的市场动态。

②搜集招标项目的有关情报资料。

③对招标项目进行可行性研究。

④研究投标策略和报价策略。
⑤对决定投标的项目组织投标文件的编制工作,直到投标工作结束。
⑥及时总结投标过程中的经验教训。
⑦注意分析和积累历次投标中的定量数据,为今后投标打好基础。

(2)兼职人员的组成及职责

①公司经理(或副经理)。其职责是最终决定是否参加投标,对决定参加的项目做出报价决策。
②总工程师(或主任工程师)。其职责是负责施工方案、技术方案等方面的问题。
③计划员、预算员。主要负责编制施工计划、施工方案和投标报价。
④其他人员。采购员提供购买材料、设备和租赁设备的报价资料;财会部门提供本企业工资、管理费等有关资料。

(3)投标机构的基本职能

从固定投标机构中专职投标人员和临时参加的兼职人员的职责中,可总结出投标机构基本职能如下:

①项目的选定;
②投标工作程序、标价计算方法与基本原则的制定;
③现场勘察与调研;
④计算标价;
⑤办理投标手续并投标;
⑥合同的谈判与签订;
⑦项目成本预测;
⑧竞争策略的研究和选择;
⑨标价与各种比价资料收集与分析;
⑩就标价与合同条款等向项目经营班子交底。

知识点二　投标信息的收集

获取招标信息、做好投标准备是投标工作的第一步,充分了解市场信息,早收集,早准备,有备而战是上策。信息收集分两步:情报收集、信息筛选。

1. 情报收集

首先要广泛了解和掌握招标项目的分布和动态。需了解的内容有项目名称、分布地区、建设规模、大致工程内容、资金来源、建设要求、招标时间等。企业为了掌握招标项目的情报与信息,必须建立起广泛的信息渠道。在当今的信息时代,信息就是商机,谁及时把握,提早准备,谁获胜的机会就大。由于我国工程招标都是在国家计划下,有组织、有领导地进行的,所以公路工程招标项目分布与动态的信息渠道也十分清楚。其主要信息渠道如下:

(1)交通运输部计划司和工程管理司;
(2)各省(市)自治区的交通厅计划处;
(3)各地的公路管理部门;
(4)各地公路勘察设计部门;
(5)有关公路建设的咨询公司;
(6)各类经济和专业刊物、杂志等,如《人民日报》的海外版,《中国交通报》等。
(7)中国交通网站。

企业经常从上述渠道搜集招标项目信息,搞清公路工程项目的分布与动态,并把它编制成招标项目情况一览表(表7-1),而且随着时间的推移和情况的变化,及时加以补充和修改,这对主动选择投标项目有十分重要的意义。

招标项目一览表　　　　　　　　　　　表7-1

序号	项目名称	地点	招标时间	工程类型			主要建设内容及特点	备注
				建设性质	规模	资金来源		
1								
2								
…								

2. 信息筛选

信息筛选是投标的前提。作为投标企业,在决定投标之前,必须有冷静的头脑,认真分析所获信息的真实性,"去伪存真"进行筛分。从众多的工程项目信息中选择出投标环境良好,基本符合本公司的经营策略、经营能力和经营特长的项目信息,即所谓的信息筛选。筛选的目的是初步确定可能投标的项目,并对这些项目进行紧密跟踪,开始一些有利于投标的调查研究,同时有目的地做好投标的各项准备工作。

知识点三　投标项目的选择

国内外经常有一些公路工程施工项目进行招标,而且常常是几个项目同时招标。但任何一个公路施工企业都不可能也不应该每标必投。这就需要施工企业根据自己的实际施工能力、工程本身情况和业主情况等因素进行调查研究,决定本企业的投标项目。一个公司在某一个阶段参不参加投标,对某一个范围的工程投哪一个工程的标,投高标价还是投低标价,这就是投标项目的选择即投标决策。投标决策是一门科学,要用最小的代价来取得最大的经济效益。

1. 投标决策的含义

投标人通过投标取得项目,是市场经济条件下的必然。但是,作为投标人来讲,不能每标必投。投标时希望中标,中标后还要盈利,因此,需要研究投标决策问题。

所谓投标决策,包括三方面内容:一是,针对项目招标,选择投或是不投;二是,如果投,投什么性质的标;三是,如何争取中标。这就相当于考大学报志愿,报还是不报,报什么层次的使自己被录取的几率最大。投标决策的正确与否,关系到能否中标和中标后的效益,关系到企业的发展和职工的经济利益。因此,这是企业的决策层必须加以重视的问题。

2. 投标决策阶段的划分

企业是否参加某一工程项目的投标决策,一般在三个阶段进行。

第一阶段:企业通过对招标项目的调查、跟踪,通过编制的招标项目表进行分析,综合考虑上述因素,据以对投标项目作出初步决策。

第二阶段:在研究资格预审文件的基础上,对有关文件进一步了解后的再决策。

第三阶段:在现场考察和仔细研读招标文件后,对竞争对手作具体分析,作出最后的决策,决定是否参加投标。

3. 投标决策的影响因素

只有正确选择投标项目,才能提高中标率,而且中标后能获得良好的经济效益。通常选择投标项目时主要考虑的因素有以下三方面。

(1)投标企业自身的因素

本企业的施工特点及施工能力能否承担该招标工程。企业应当选择与自己能力相适应的工程作为投标项目。当自己能力不足时,要看有无可靠对策,盲目冒险是不可取的,否则会导致不堪设想的后果。有的公司急于获得工程项目,不充分了解市场情况,也不考虑自己的实力和经验能否胜任招标工程,不惜低价中标,又受到中间人和主包的层层盘剥而造成严重亏损。在投标中,不论面临怎样的竞争形势,企业本身都具有主动权。企业不应该放过竞争获胜的大好时机,也不应该盲目冒险。

企业有无类似工程的经验,即类似的工程性质、规模及类似的工程环境下的施工经验。若工程要求带资承包,有否垫付资金的来源,对后续工程的考虑。如果招标工程有后续工程项目,则应考虑低价中标,力争取得后续项目施工任务的有利地位;在基本建设规模相对缩减时,施工企业为了保证任务来源,也要考虑在不利的条件下参加投标。

(2)工程方面的因素

要考虑工程的性质、等级和规模,工程的自然环境;工程现场工作条件,即交通、水源、电力是否方便;工期是否适当,养护期有多长;工程的经济环境,包括资源条件、协作与服务条件和竞争力量等因素。

(3)业主方面的因素

项目的资金来源是否可靠;工程款项的支付能力,有无贷款投资、延期支付的要求;业主的技术能力,管理水平和信誉。

实际上,是否参加投标取决于多种因素,但投标企业最终应从经济角度和战略角度来权衡各种因素,从而选定理想的投标项目。

4. 投标项目的选择

在经过初步调查与分析之后,充分考虑投标的各影响因素,对所掌握的信息作出第一步的决策,即初步确定一些放弃的项目和具有优势的项目。只有投标条件基本成熟时,才能决策"干",而在投标条件不具备时,就应该决策"不干"。这样才能把握住投标的主动权。

(1) 如果是下面的情况,施工单位应考虑放弃投标项目:

①建设单位(业主)资金不到位,材料不落实而本企业又无资金和材料垫付能力的项目;

②本企业任务较满,而招标工程本身的盈利水平又低或风险较大的项目;

③建设单位工作态度不利于本企业承建的工程项目;

④本企业综合实力明显不如竞争对手的项目;

⑤工程技术复杂,规模庞大,超出本企业技术能力的工程项目。

(2) 对决定参加的投标项目,投标单位应制定争取中标的投标策略,常见的投标策略有以下几种:

①靠经营管理水平取胜;

②靠改进设计取胜;

③靠缩短工期取胜;

④低报价,高索赔;

⑤着眼于发展,争取将来的优势,而宁愿少赚钱。此项目能够开拓市场或掌握某种先进的施工技术,增加知名度等。

以上几种策略并非互相排斥,可结合具体情况综合、灵活地运用。投标决策贯穿于投标竞争的全过程。对投标竞争中的各个主要环节,只有及时地作出正确的决策,才有希望取得竞争的全胜。

知识点四 参加资格预审与编制投标书

参加资格预审能否通过是承包人投标过程的第一关。投标企业参加资格预审的目的有三个:一是投标企业只有通过了业主主持的资格预审,才有参加投标竞争的资格;二是当投标企业对拟投标工程的情况了解的不全面,尚需进一步研究是否参加投标时,可通过资格预审文件得到有关资料,从而进一步决策是否参加该工程投标竞争;三是可以在购买预审文件时了解到竞争对手,从而衡量自己在整个投标企业中的竞争实力,避免盲目投标,减少费用损失。

投标人编报的资格预审文件内容,实际上就是业主发售的资格预审文件中所有的表格。这些表格的填报方法在资格预审文件中都逐一予以明确,投标企业取得资格预审文件后应仔细阅读,组织经济、技术、文秘、翻译等有关人员严格按资格预审文件的要求填写。

1. 编写资格预审申请文件的注意事项

(1) 注意在平时将一般资格预审资料准备齐全,最好全部储存在计算机内,某个项目需填写资格预审调查表时,再将其调出来,加以补充完善。研究并确定今后本公司发展的地区和项目时,注意收集信息,如有合适项目及早动手,做资格预审的准备。

(2)填表时要注意所采用方法的切实可行性和前后的一致性,即在"资审—投标—施工"这三个阶段都要基本采用资格预审文件中所述的施工方案,以免引起不必要的合同纠纷。

(3)编报"资格预审文件"时,要注意文字规范严谨,翻译准确,装帧精美,力争给业主留下深刻的印象。

(4)填表时要加强分析,要针对工程特点,下工夫填好重点部位。在填已完工程项目表时,应尽量选择那些评价高、难度大、结构形式多样、工期短、造价低、有利于企业中标的项目。

(5)递交资格预审文件前的核查。

①资格预审申请文件的正本、副本的每一页是否均有申请人或经授权代表申请人的签字,资格预审文件是否附有该授权证书。

②是否提交了下列材料:营业执照、施工等级资质证书、资信审核证明,进入某一地区的由当地交通主管部门颁发的施工许可证(如果有)及银行担保等。如有缺项,将被取消资格预审申请资格。

③填写表格是否齐全,是否按要求提供了相应的证明材料。如:在填写"进行中的合同"时,是否所填项目均附有业主证明,即是否提交了双方合同协议书的复印件。在填写"施工经验"时,是否出具了由建设单位颁发的质量证书和书面证明以证实申请人已有效地执行上述合同,并信誉良好,无诉讼记录;是否提交了申请表中所填的拟用于本投标工程的主要设备的照片,或其他有效说明材料;是否清晰地出具了主要人员的身份证、职称证复印件。填写"强制性履约标准表"时,应注意对表中的每一项提供翔实的证明;如与前面有重复,应特别注明证实材料所在页码,以便于评审时核查。特别需要注意的是,以上所说的证明材料及表格中要求的每一项,均应提交,且若申请者无法满足任何一项强制性履约标准的要求,均将失去其资格预审资格。因此,对强制性履约标准表的填写,应着重考虑真实性和核查的方便性,即应一目了然,以提高企业的良好形象。

④最后,不要忘记提交表明企业精神与企业质量的荣誉证书。

(6)做好递交资格预审调查表后的跟踪工作,及时发现问题,补充资料(国外工程可通过当地分公司或聘请代理人)。

(7)如果联合投标,是否出具了联合投标的协议。

2. 购买并研读招标文件

当投标企业受到业主的"资格预审合格通知书"或"投标邀请书"时,要及时根据其中写明的招标文件的发售地点、时间、价格、联系单位和其他要求,及时派人购回招标文件。购回招标文件后,投标小组工作人员应分别重点研读。研读标书也就是"吃透"标书,就是要搞清标书的内容和要求。其目的是:

(1)弄清承包人的责任和报价范围,不要发生任何遗漏;

（2）弄清各项技术要求，以便确定合理的施工方案；

（3）找出需要询价的特殊材料与设备，及时调整价格，以免因盲目估价而失误；

（4）理出含糊不清的问题，及时提请招标单位予以澄清。

投标单位在领到招标文件以后，首先搞清上述各项问题是十分重要的，它有利于投标单位确定报价策略，正确计算报价，及时研究合同条件，以便采取必要的对策，是避免工作失误的先决条件。研究招标文件的重点是研究投标人须知、设计图纸、工程范围以及工程量清单，对技术规范要看其是否有特殊要求。为加快理解和阅读速度，投标单位应在平时加强对《公路工程标准文件》及《公路工程国际招标文件范本》的研究工作，这样在进行工程投标时，只需阅读和研究工程项目招标专用本，明确本工程项目的具体要求，不但可以缩短时间，更有利于进行对照和分析，了解本项目的一些有利和不利的因素，如有无政策的优惠等，为现场考察和标前会议做好充分准备。这只是在现场考察前的初步研究，为现场考察与标前会议作准备，计算报价时，尚需做进一步的研究与分析。

3. 参加现场考察

投标企业应参加由业主安排的正式现场考察，未参加正式考察者，可能会被拒绝投标。按照国际惯例，投标人提出的报价一般被认为是在现场勘察的基础上提报的，一旦标书交出并在投标截止日期之后，投标人就无法因现场勘察不周、情况了解不细或因考虑不全面，而提出修改标书、调整报价或给予补偿等要求。另外，编制标书需要的许多数据和情况也要从现场勘察中得出，因此，投标人在报价以前必须认真地进行施工现场勘察，全面细致地了解施工工地及周围的政治、经济、法律等情况。

（1）投标的调查及现场勘察的内容

去现场勘察之前，投标人一定要仔细研究招标文件，特别是工作范围、特殊条款以及设计图纸及说明，把疑点记录下来，然后拟定调研提纲，做到有准备、有计划地进行调查。投标前的调查和现场勘察除了解决招标文件发现的问题外，还要从下面几个方面进行系统的调查了解：政治方面、地理环境方面、法律方面、工程施工条件、经济方面。

投标人完成投标前的调查和现场勘察工作后，可根据调查和考察的结果对是否参加此工程的投标做出最终决策，此时尚可因某些不利于投标因素的存在而不参加投标，但一旦标书寄（送）出后，在投标截止日期与标书中规定的投标文件有效期终止日之间这段时间，投标人不能撤回标书，否则没收投标保证金。

（2）现场考察应注意的问题

①现场考察人员的任务应各有侧重；

②现场考察时口头提问要避免暴露本企业的真实意图，以防给其他投标人分析本企业报价水平和施工方案留下依据；

③现场考察之前，一定要把需要搞清的问题列出，做到心中有数，有重点地勘察。

知识点五　编制标书的注意事项

1. 基本要求

（1）填标时要用铅笔填写在复印的工程量表上，以方便随时涂改和最终调价。

（2）要反复核对，至少做标人算完后，要由另一人复审单价，并逐项审查有无计算错误。

（3）要防止丢项、漏项和漏页。

（4）填表时不要改变标书的格式，如果原有格式不能表达投标意图时，可另附补充说明。

（5）字迹要清晰、端正，不应有涂改和留空格现象，语言要讲求科学性和逻辑性，投标书的装帧设计要美观、大方，力求给业主留下严肃认真的良好印象。

（6）写单位名称时一定要写全称，切忌写简称。

（7）用计算机打印招标文件，做标书看"形象"设计，如是否用彩色做分隔页，为醒目起见是否做电脑插图。

2. 标书递交前的核查

像递交资格预审文件一样进行递交前的符合性核查，除前面所述外，尚需对更新的"资格预审"材料进行核查。

投标编写的投标文件应包括下列各项内容：

（1）投标书及其附录。

（2）投标担保。

（3）授权书。

（4）标价的工程量清单。

（5）投标书附表及施工组织设计；其中，施工组织设计应包含下列内容：

①施工组织设计的文字说明(包括编制综述、编制依据、编制原则等)。

②工程概况(包括工程范围、数量和特点、自然条件、施工条件等)。

③施工总体布置(包括施工组织机构，人员、物资、设备上场，项目主要负责人及施工技术力量配置，主要施工机械、测量、试验仪器配置，技术准备，工地清理，任务划分及施工队伍安排等)。

④临时工程及施工总平面布置。

⑤主要工程项目施工方案和施工方法。

（6）保证措施(包括工程质量保证措施，工期保证措施，技术保证措施，冬季、雨季、农忙季节的施工保证措施，环境保护的保证措施，防火措施，防汛措施，特殊作业人员的保健措施，缺陷责任期内的维护方案等)及图表(包括施工总体平面布置图、工程管理曲线、控制性施工进度计划网络图、主要分项工程施工工艺框图、质量保证与安全保障体系图及质量检查验收表格等)。

(7) 全部资格预审和这个预审的更新资料。
(8) 投标人的资质证书、资信登记及非本省交通系统的进入许可证等。
(9) 按投标须知应填报的其他材料。

投标人在进行文件装订时,最好按照投标须知中所列投标文件内容的顺序装订,这样便于招标人的审核。

(10) 检查细节。
① 是否进行了每页的签署;
② 是否在投标书、授权书等需加盖公章和法人代表签字处盖章和签字。

经仔细核查无误后,就可以封标递交了。

模块二　投标报价

公路工程从项目决策到竣工交付使用的整个过程中,根据在不同阶段投资额的作用与精度要求不同,形成了投资估算、设计概算、施工图预算、施工预算、标底、投标报价、工程结算、竣工决算等八种测算方法,并形成了建设项目投资额的测算体系。

在招投标阶段所编制的造价文件,标底与投标报价都采用工程量清单计价方式。

知识点一　工程量清单计价特点

1. 工程量清单计价

工程量清单计价方法,是在建设工程招投标中,招标人或委托具有资质的中介机构编制反映工程实体消耗和措施性消耗的工程量清单,并作为招标文件的一部分提供给投标人,由投标人依据工程量清单自主报价的计价方式。在工程招投标中采用工程量清单计价是国际上较为通行的做法。

特别提示

工程量清单计价办法的主旨就是在全国范围内,统一项目编码、统一项目名称、统一计量单位、统一工程量计算规则。在这四统一的前提下,由国家主管职能部门统一编制《建设工程工程量清单计价规范》,作为强制性标准,在全国统一实施。

2. 工程量清单计价的特点

(1) 统一的计价规则

通过制定统一的建设工程工程量清单计价方法、统一的工程量计量规则、统一的工程量清单项目设置规则,达到规范计价行为的目的。这些规则和办法是强制性的,建设各方都应该遵守。

(2) 有效控制消耗量

通过由政府发布统一的社会平均消耗量指导标准，为企业提供一个社会平均尺度，避免企业盲目或随意大幅度减少或扩大消耗量，从而达到保证工程质量的目的。

(3) 彻底放开价格

将工程消耗量定额中的工、料、机价格和利润、管理费全面放开，由市场的供求关系自行确定价格。

(4) 企业自主报价

投标企业根据自身的技术专长、材料采购渠道和管理水平等，制定企业自己的报价定额，自主报价。

(5) 市场有序竞争形成价格

通过建立与国际惯例接轨的工程量清单计价模式，引入充分竞争形成价格的机制，制定衡量投标报价合理性的基础标准，在投标过程中，有效引入竞争机制，淡化标底的作用，在保证质量、工期的前提下，按国家《招标投标法》及有关条款规定，最终以"不低于成本"的合理低价者中标。

3. 工程量清单的内容

国内一般的工程项目，完整的工程量清单报价应由下列内容组成：
(1) 工程量清单编制说明，具体视招标文件的要求而定；
(2) 工程量清单工程细目表；
(3) 专项暂定金汇总表；
(4) 计日工明细表；
(5) 工程量清单汇总表；
(6) 主要清单项目单价分析表。

知识点二　投标报价的预算编制依据与程序

1. 投标报价的编制依据

(1) 招标文件

投标就是实质性响应招标文件的过程，所以招标文件是编制投标报价的重要资料。投标人在编制报价前，应仔细研究，以全面了解承包人在合同中的权力与义务，同时深入分析施工承包中所面临和需要承担的风险，详细研究招标文件中的漏洞与疏忽，为制定报价策略寻找依据。

(2) 现场考察收集的资料

现场考察是投标人全面了解现场施工环境及风险的重要途径，是搞好投标报价的先决条件。因此，投标人在报价前必须认真地进行现场考察，全面了解当地情况，收集各种有关资料，包括：气象及水文地质资料，工程施工条件，经济方面的资料，社会条件以及当地有关医疗、环保、安全、治安等其他情况。

(3)施工组织设计

施工组织设计质量的优劣不仅影响施工能否顺利进行,而且影响造价的高低。在投标时要编制出切实可行的施工组织设计,并以此作为编制报价的依据。

(4)投标人自身资料

通常包括三方面内容:投标人近5年完成工程的成本分析资料和中标项目的报价资料,尤其类似项目;投标人拟投入的人员、设备、资金等情况;投标人的企业定额。

(5)竞争对手的信息与资料

掌握竞争对手的信息与资料是企业对外投标能否成功的重要因素。准备参加投标的企业,还需对本行业中一切参加过竞争或此次可能参加投标竞争的企业有所了解,建立竞争对手档案,包括历次招标中本行企业投标人数目,每个企业的投标经历,竞争对手的经营情况、生产能力、技术水平、产品性能等。

(6)其他资料

招标文件规定的各种标准与规范,国家颁布的《公路工程预算定额》、《公路工程基本建设项目概算预算编制办法》(JTG B06—2007)及地方政府颁发的有关收费标准及定额。

2. 工程量清单报价的费用构成

清单计价文件主要包括一系列计算表格。目前,我国公路建设较多采用单价合同,清单价中包含了完成该工程的所有费用。

项目的报价一般由直接成本、间接成本、利润和税金,即建筑安装工程费和待摊费两部分组成。

根据《公路工程基本建设项目概算预算编制办法》(JTG B06—2007),概预算费用除建筑安装工程费外,包括设备、工具、器具及家具购置费,工程建设其他费用,预备费。在招投标阶段编制清单预算时,只计建筑安装工程费;在设计阶段编制概预算文件时,计算四部分费用,见图7-1。

3. 投标报价预算的编制步骤

投标报价的编制一般可以采用以下步骤。

(1)研究招标文件及现场考察资料

招标文件作为合同文件的一个重要组成部分,对招投标责任、义务、利益、风险均做出了明确的规定,其中很多条款影响并左右着投标人的报价。因此,投标人在编制报价前,必须认真研究招标文件。

(2)审核工程量清单并计算施工工程量

投标人必须按招标人提供的工程量清单进行组价,并按综合单价的形式进行报价。但投标人在按招标人提供的工程量清单组价时,必须把施工方案及施工工艺造成的工程增量以价格的形式包括在综合单价内。有经验的投标人在计算施工工程量时就对工程量清单进行审核,这样可以知道招标人提供的工程量的准确度,为投标人不平衡报价及结算索赔做好伏笔。

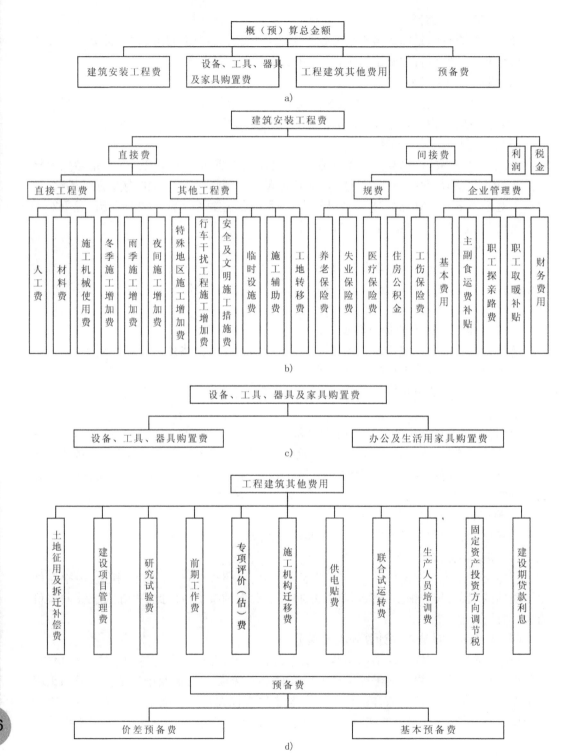

图 7-1 概预算费用组成图

在实行工程量清单模式计价后,建设工程项目分为两部分进行计价:分部分项工程项目计价、措施项目计价及其他项目计价。招标人提供的工程量清单是分部分项工程项目清单中的工程量,但招标人不提供措施项目中的工程量及施工方案工程量,必须由投标人在投标时按设计文件及施工组织设计、施工方案进行二次计算。因此,这部分用价格的形式分摊到报价内的量必须要认真计算,要全面考虑。由于清单下报价是低价占优,所以投标人由于没有考虑全面而造成低价中标后亏损,招标人不予承担。

(3)施工方案的分析

施工方案是招标人评标时考虑的主要因素之一,是投标报价的前提条件,它的科学性与合理性直接影响报价及评标,是技术性比较强、专业要求比较高的工作。好的施工组织设计,应能紧紧抓住工程特点,采用先进科学的施工方法,降低成本,既要采用先进的施工方法,安排合理的工期,又要充分有效地利用机械设备和劳动力,尽可能减少临时设施和资金的占用。

(4)计算工程量清单各细目单价与合价

分析与分解清单项目,确定定额与费率,计算清单各细目单价与合价,并按"章"汇总形成各章的合计数。

(5)汇总计算报价

计算计日工单价表,汇总各章金额,计算总标价,即基础报价。

(6)依据企业经营战略及报价策略调整报价

投标报价的总目的是为了中标取胜、获得经营任务、提高企业效益。在投标中,报什么价格取决于企业的投标目的。因为不同的目的具有不同的报价策略和价格水平。通常情况下,以获得最大利润为目的,这是一种较为典型的经济目的。另外,还有为补充企业生产任务的不足,维持企业的生产均衡,以扭转成本上升、效益滑坡的局面;为显示本企业技术管理的先进性或提高社会知名度,以开拓产品销售市场;为克服市场暂时出现的生存危机等目的采取的报价策略。只有明确了投标的目的,才有可能达到既定目的。

投标价要取得成功,还要视招标项目特点和竞争对手特点以及招标单位意向等具体情况,运用投标报价策略和投标竞争艺术,在一定时机分别采用高价、中价或低价策略,从而获得中标。具体报价技巧见本模块知识点四。

(7)确定最终标价

特别提示

在公路建设中,企业在编制报价预算时,必须根据自己的技术水平、管理水平、机械装备的企业内部定额及针对该项目编制的施工组织设计等情况来计算费用,包括人工费、材料费、机械费、其他工程费、间接费、利润、税金以及风险金等。

建安费中算出的单价中仅包含直接费、间接费、利润和税金,没有包括为工程施工所需要的定额之外的工程措施费、其他项目费、施工准备费、缺陷修复费、上级部门分摊的管理费、投标费用、保涵手续费、贷款利息、风险费等费用。这些费用是工程施工中将会发生但却在工程量清单中没有体现的，属于待摊费用；应该将其摊入工程量清单的细目单价中。这样，在实际施工中才会被支付。具体操作方法可以先大致计算出待摊费用总数，再除以工程量清单总价，得出待摊费的比例；然后把工程量清单中各细目单价乘以该比例，汇总后得出含待摊费用的清单总价。或者还可以把工程量清单中各细目单价乘以平均待摊费用分摊系数，该系数通常取 1.15~1.36，然后汇总得出含待摊费用的清单总价。

知识点三 工程量清单的填报

1. 单价及合价的填报

按照《公路工程基本建设项目概算预算编制办法》(JTG B06—2007)的有关规定和计算要求，计算好建筑安装工程费的各项费用，并填好预算表格后，就可以进行工程量清单的填报了。

根据总概算预算表(01表)，将每一项目的预算金额除以该项的工程数量即可以得到该工程细项的单价。如表7-2所示，路基挖方中，挖土方的预算金额为 276 998 元，除以工程量 28 884m³，即可得到挖土方单价为 9.59 元。将单价填入工程量清单中单价一栏，其余各项细目单价的计算方法相同。将每一细目的单价与合计相乘即可得到合价。

工程量清单单价的填报(元)　　　　　　　表7-2

清单　第200章　路基					
细目号	细目名称	单位	数量	单价	合价
203－1	路基挖方				276 998
－a	挖土方	m³	28 884.000	9.59	276 998
204－1	路基填筑(包括填前压实)				369 789
－a	利用土方	m³	7 203.000	7.80	56 183
－b	废方	m³	17 734.000	9.51	168 650
－c	结构物台背回填	m³	2 286.000	63.41	144 955
205－1	特殊地基处理				33 556
－a	干砌片石	m³	25.000	137.88	3 447
－b	砂砾垫层	m³	494.000	60.95	30 109
207－2	边沟				438 610
－a	M7.5浆砌片石	m³	1 159.000	375.63	435 355
－d	夯拍土方	m³	703.000	4.63	3 255
208－1	路槽排水砂沟				5 871
－a	M10砂浆砌MU40片石	m³	12.000	489.24	5 871

清单中计算出的单价可以根据需要进行调整,例如采用不平衡报价法。此外,待摊费用也可以采用不平衡报价法摊入特定的细目中。

2. 暂定金的填报

暂定金是清单中包含的一项款项,供工程任何部分的施工或货物、材料、设备或服务之用,或作为不可预见费之用。设暂定金的目的是:

(1)实施本工程中尚未以图纸最后确定其具体细节的某一工程部分,或在施工过程中可能增加的工程细目或支付细目(如大桥荷载试验,或可能增加的一个匝道收费亭等),而这些细目或附属、零星工程在招标时尚未确定下来,可列为专项暂定金额。

(2)用于支付指定的分包工程。

(3)留作不可预见费,或用于计日工。

暂定金填报时可以分为两部分。

第一部分:作为专项暂定金,用于支付指定分包工程的工程费用,或在招标时还有不能确定工程量的项目,可以在清单中暂时给定一个工程款项,留待实际发生时,按监理工程师的指示动用。这部分报价由业主在招标文件中提出一个固定金额,然后由投标人在投标文件中作出响应。通常专项暂定金已经包含在清单合计中。

第二部分:为承包人预留,作为项目不可预见费,即风险预留金。通常取不包括专项暂定金清单合计的一定比例即可。如暂定金比例取 8%。但是要注意,当进行工程变更,需要判定价格变动是否超过合同价格的 15% 时,暂定金不是有效合同价格。

可以按表 7-3 的形式填报专项暂定金,汇总后即可填入工程量清单汇总表。

专项暂定金汇总表　　　　　　　　　　　　　表 7-3

清单编号	细目号	名　称	估计金额(元)
第 400 章	401-2	地质钻探及取样试验	
	-a	70mm 直径	110 000
	-b	110mm 直径	140 000

3. 计日工的填报

计日工是指工程量清单中未包括的(不能按定额单价费率计算的或清单中无合适项目的)费用内容和消耗,即各个工序中无法按工程量计量的工程或未考虑的辅助工、零星工程、附加工程等。

确定计日工的单价是为满足如上所示工作的计价,只有在实际中使用了计日工的工作并经过监理工程师同意后,才可将工程按计日工来计价。

计日工的支付与工程量清单细目的支付是不同的。工程量清单细目是以项目定额为基础计费的,当工程量确定时,其支付的数量就确定了,它的费用大小只是随工程量的改变而改变。监理工程师和业主只能按照清单中的单价和实际发生的工程量为根据进行支付。而计日工是以工程的人工费、材料费和设备费为基础进行支付,它的费用大小随三者的变化而变化。计日工支付更体现出支付的灵活性和现实性,它保护了承包人对在工程量清单中未包括的附加工程的费用支付。

通常,计日工包括劳务单价、材料单价、机械单价三部分。填报计日工时,由投标人根据工程情况填写计日工劳务单价和预估的数量;如预计使用多少个钢筋工的工日及每工日单价,然后两者相乘后得到劳务合价。另外,投标人还要填报计日工材料单价,如预计使用的水泥建材的数量及每吨水泥单价;两者相乘后得到材料合价。同理,还可以得出机械使用的合价。将以上三者汇总即可得到计日工合计,并填入工程量清单汇总表。

可以按表7-4的形式填报计日工(表7-4)。

计日工劳务单价表　　　　　　　　　表7-4(1)

细目号	名　称	估计数量(h)	单价(元/h)	合价(元)
101	普通工	600	6	3 600
102	焊工	600	5	3 000
	计日工劳务小计 (结转计日工汇总表)			6 600

计日工材料单价表　　　　　　　　　表7-4(2)

细目号	名　称	单位	估计数量	单价(元)	合价(元)
201	水泥	t	10	380	3 800
202	钢筋	t	10	4 000	40 000
	计日工材料小计 (结转计日工汇总表)				43 800

计日工机械单价表　　　　　　　　　表7-4(3)

细目号	名　称	估计数量(h)	单价(元/h)	合价(元)
301	装载机	100	220	22 000
302	推土机	120	260	31 200
	计日工施工机械小计 (结转计日工汇总表)			53 200

计日工汇总表　　　　　　　　　表7-4(4)

名　称	计日工(元)
劳务	6 600
材料	43 800
施工机械	53 200
计日工合计	103 600

4. 工程量清单汇总表的填报

将工程量清单中每一章的合价填入工程量清单汇总表,然后再将专项暂定金的费用填入专项暂定金小计。接着,将计日工劳务单价表、计日工材料单价表、计日工机械单价表合计后得到的计日工合计填入工程量清单汇总表。然后,按照招标文件的要求,取清单合计(不包含专项暂定金)的一定百分比作为不可预见费,并填入工程量清单汇总表。最后,将清单合计、专项暂定金、计日工合计、不可预见费进行累计,即可得到最后的投标报价。本例(表7-5)中专项暂定金为0,计日工合计为0,不可预见费取清单合计的8%,为3 599 418元,则最后的投标报价为48 592 148元。

工程量清单汇总表 表7-5

序号	科目名称	金额(元)
1	第100章至第700章合计	44 992 730
2	清单 第100章 总则	1 429 064
3	清单 第200章 路基	1 124 824
4	清单 第300章 路面	2 552 828
5	清单 第400章 桥梁、涵洞	39 886 014
6	已包含在清单合计中的专项暂定金额小计	
7	清单合计减去专项暂定金额	44 992 730
8	计日工合计	
9	8%不可预见费(暂定金额)	3 599 418
10	投标价	48 592 148

知识点四 报价技巧

报价技巧是指在投标报价中采用某些投标报价手段让招标人可以接受,中标后能获得更多的利润。投标人在工程投标时,主要应该在先进合理的技术方案和较低的投标价格上下工夫,以争取中标,但是还有其他一些手段对中标有辅助性的作用,主要表现在以下几个方面。

1. 不平衡报价法

不平衡报价法是指一个工程项目的投标报价,在总价基本确定后,如何调整内部各个项目的报价,以期既不提高总价,不影响中标,又能在结算时得到更理想的经济效益。常见的不平衡报价法如表7-6所示。

常见的不平衡报价法 表7-6

序号	信息类型	变动趋势	不平衡结果
1	资金收入时间	早	单价高
		晚	单价低
2	清单工程量不准确	增加	单价高
		减少	单价低
3	设计图纸不明确	增加工程量	单价高
		减少工程量	单价低
4	暂定工程	自己承包的可能性高	单价高
		自己承包的可能性低	单价低
5	单价和包干混合制项目	固定包干价格项目	单价高
		单价项目	单价低
6	单价组成分析表	人工费和机械费	单价高
		材料费	单价低
7	中标时招标人要求压低单价	工程量大的项目	单价小幅度降低
		工程量小的项目	单价大幅度降低
8	工程量不明确报单价的项目	没有工程量	单价高
		有假定的工程量	单价适中

不平衡报价法中,有以下技巧:

(1)能够早日结算的项目,如前期措施费、路基土石方工程等可以报得较高,以利于资金周转。后期工程项目如设备安装等报价可适当降低。

(2)经过工程量核算,预计今后工程量会增加的项目,单价适当提高,这样在最终结算时可增加利润;而将来工程量有可能减少的项目单价降低,工程结算时损失不大。

(3)设计图纸不明确,估计修改后工程量要增加的,可以提高单价;而工程内容不清楚的,则可以降低一些单价。

(4)对暂定项目要作具体分析。因这一类项目要开工后由发包人研究决定是否实施,由哪一家投标人实施。如果工程不分包,只由一家投标人施工,则其中肯定要施工的单价可高些,不一定要施工的则应该低些。如果工程分包,该暂定项目也可能由其他投标人施工时,则不宜报高价,以免抬高总报价。

(5)单价包干的合同中,招标人要求有些项目采用包干报价时,宜报高价。一则这类项目多半有风险,二则这类项目在完成后可全部按报价结算,即可以全部结算回来。其余单价项目则可适当降低。

(6)计日工的报价。如果单纯是报没有数量的计日工单价,可以报高一些,以便日后招标人用工或使用机械时可多盈利。如果招标文件中有一个假定的"名义工程量"时,则需要具体分析开工后可能取得的计日工数量再确定报价水平,否则会抬高总报价。

(7)有时招标文件要求投标人对工程量大的项目报"清单项目单价分析表",投标时可将单价分析表中的人工费及机械设备费报得较高,而材料费报得较低。这主要是为了在今后补充项目报价时,可以参考选用"清单项目报价分析表"中较高的人工费和机械费,而材料则往往采用市场价,因而可获得较高的收益。

> **特别提示**
>
> 虽然不平衡报价对投标可以降低一定的风险,但报价必须建立在对工程量清单表中的工程量仔细核对的基础上,特别是对于降低单价的项目,如果工程量一旦增多,将造成投标人的重大损失。同时又一定要控制在合理幅度内,一般控制在10%以内,以免引起招标人反对,甚至导致个别清单项目报价不合理而废标。如果不注意这一点,有时招标人会挑选出报价过低的项目,要求投标人进行单价分析。

2. 多方案报价法

有时招标文件中规定,可以提一个建议方案。如果发现有些招标文件工程范围不很明确,条款不清楚或很不公正,技术规范要求过于苛刻时,则要在充分估计风险的基础上,按多方案报价法处理。即按原招标文件报一个价,然后再提出如果某条款作某些变动,报价可降低的额度。这样可以降低总造价,吸引招标人。

增加建议方案时,不要将方案写得太具体,保留方案的技术关键,防止招标人将此方案交给其他投标人。同时要注意,建议方案一定要比较成熟,或过去有这方面的实践经验,因为投标时间往往较短,如果仅为中标而匆忙提出一些没有把握的建议方案,可能引起很多不良后果。

3. 突然降价法

报价是一件保密的工作,但是对手往往会通过各种渠道、手段来刺探情报,因此用此法可以在报价时迷惑竞争对于。即先按一般情况报价或表现出自己对该工程兴趣不大,到快要投标截止时,突然降价。采用这种方法时,一定要在准备投标报价的过程中考虑好降价的幅度,在临近投标截止日期前,根据情况信息与分析判断,再做最后决策。采用突然降价法往往降低的是总价,而要把降低的部分分摊到各清单项内,可采用不平衡报价进行,以期取得更高的效益。

4. 先亏后盈法

对于大型分期建设的工程,在第一期工程投标时,可以将部分间接费分摊到第二期工程中去,并减少利润以争取中标。这样在第二期工程投标时,凭借第一期工程的经验、临时设施以及赢得的信誉,比较容易拿到第二期工程。如第二期工程遥遥无期时,则不用这样考虑。

5. 许诺优惠条件

投标报价附带优惠条件是行之有效的一种手段。招标人评标时,除了主要考虑报价和技术方案外,还要分析别的条件,如工期、支付条件等。所以在投标时主动提出提前竣工、低息贷款、赠给施工设备、免费转让新技术或某种技术专利、免费技术协作、代为培训人员等，均是吸引招标人、利于中标的辅助手段。

6. 争取评标奖励

有时招标文件规定，对某些技术指标的评标，若投标人提供的指标优于规定指标值时，给予适当的评标奖励。因此，投标人应该使招标人比较注重的指标适当地优于规定标准，可以获得适当的评标奖励，有利于在竞争中取胜。但要注意技术性能优于招标规定，将导致报价相应上涨。如果投标报价过高，即使获得评标奖励，也难以与报价上涨的部分相抵，这样评标奖励就失去了意义。

知识点五　投标注意事项

1. 注意积累报价资料

投标报价期限一般很短，只靠这段时间搜集报价资料是很困难的。因此，平时就应细心积累有关资料和总结经验。平时积累的资料和经验较多，投标报价时就会心中有数，报价的效果就会好些。经验来源于实践和研究。凡是自己亲身实施过的工程和亲自报价的工程或自己熟悉的工程，都应认真作好诸如施工方法、工程成本分析、工程规模以及宏观技术经济指标分析（附工程结构特征和必需的图表）等技术性的总结。

投标报价是一项综合的经营活动，涉及面很广，不仅仅是技术问题。因此，搜集资料也绝非仅限于技术范畴，凡是有关经济技术、法律、管理、税收及当地政策性文件都应广泛搜集。对于积累和搜集到的资料，需要进行认真的整理、研究，将本企业参与和未参与投标的同类工程项目的招标及中标情况，列出表格，针对地区（国内、国外、省内、省外）、对手、工程类别等分类统计，从中总结出一些具有普遍指导意义的、规律性的东西，总结出一套有益的经验和可供参考的、甚至可供套用的资料，如哪些施工单位在每个地区的中标率高，或哪些施工企业在哪类工程项目上有优势（路基？路面？隧道？桥梁？），分析其原因。在进行新项目投标时缩短调查研究的时间，可以从容应战。这是一项十分细致的、很有价值的工作。可开发统计软件，完成统计工作。例如可采用表 7-7 的形式。

投标项目统计一览表　　　　　　　　　　表 7-7

项目所在地	序号	项目名称	项目性质、规模、建设工期	建设单位	招标代理机构	中标单位	中标单位情况简介	中标工程规模	其他需要说明的
北京市	1	…							
	2								
	3	…							
辽宁省									
…	…								

2. 处理好公众关系

一个成功的企业应该考虑如何主动地处理好与主要公众的关系而不是消极等待或对公众采取冷漠的态度。一般来说，企业周围的公众可以分为如下几类。

（1）金融界

金融界包括银行、投资公司、证券经纪商和股东等，它们影响企业的融资能力。在公路工程投标中，企业可得到的银行信贷，已成为企业参与投标获得必不可少的条件之一。

（2）政府机构

政府机构的一些政策与措施可能影响企业的投标活动，因此，企业必须随时注意政府机构有关方面的变化并主动采取相应的措施。

（3）新闻媒介

新闻媒介包括报纸、电台、杂志和电视台等。这些机构不仅是企业广告的主要媒体，而且在建立企业信誉、树立良好形象方面起着重要的作用。

（4）公民团体

公民团体包括消费者协会、环境保护组织以及民众团体等，它们可能热心支持企业的某些活动，也可能激烈地反对企业的某些做法，因此，企业必须和他们建立良好的关系。

（5）内部公众

内部公众就是企业职工，他们对企业的信任与否和积极性不仅直接决定了劳动生产率，而且他们对企业的态度也会潜移默化影响企业以外的公众。

3. 投标中应注意的事项

投标企业投标时，从自身条件、兴趣、能力和近、远期目标出发来进行投标决策非常重要。对一个企业，首先要从战略眼光出发，投标中既要看到近期利益，更要看到长远目标，承揽当前工程要为今后工程创造机会和条件。对企业自身特点要注意扬长避短，发扬长处才能提高利润、创造信誉，今后创造机会。注意企业生产的计划性，特别是机械、劳力的均衡安排，考虑企业本身完成任务的能力。要对风险和问题有充分的估计，力争保证盈利。这里特别要提到的就是"信誉"，在工程建设走向国际化的大环境下，企业信誉就是企业生存、发展的前提，树立良好的职业道德风尚，以诚为本，以信取胜，才是企业发展的根本方向。

第八单元 施工监理招标与投标

业主将工程的"五监控、两管理、一协调"委托给工程监理,一个有经验的监理机构对业主和工程建设成果的质量有着重要意义。目前,国内公路已广泛采取通过招标投标的竞争方式选择施工监理单位,对于一些不适合招标的项目采取直接委托的方式。

公路工程施工监理招标与投标活动,首先要符合《公路法》和《招标投标法》的相关规定,依照《公路工程施工监理招标投标管理办法》(中华人民共和国交通部令2006年第5号)执行。其招标的原则、应具备的条件以及招标、投标程序与施工招标的基本一致,这里不再重述,本单元主要介绍施工监理招标文件、投标文件和施工监理评标方法。

模块一 施工监理招标

施工监理招标是指招标人(即业主)将提出委托服务工作的内容、范围、要求等有关条件,公开或非公开地邀请投标人报出完成服务的技术方案和财务方案,从而择优选定监理单位的过程。监理服务招标应优先考虑监理单位的资信程度、监理方案的优劣等技术因素。择优应以管理水平、技术水平、社会信誉为首要条件。

知识点一 施工监理招标文件的组成

招标人应当根据施工监理招标项目的特点和需要编制招标文件,招标文件应当符合交通部部颁标准《公路工程施工监理规范》中要求强制性执行的规定。

二级及二级以上公路、独立大桥及特大桥、独立长隧道及特长隧道的新建、改建以及养护大修工程项目,其主体工程的施工监理招标文件,应当使用交通部颁布的《公路工程施工监理招标文件范本》(以下简称《监理招标范本》),附属设施工程及其他等级的公路工程项目的施工监理招标文件,可以参照交通部颁布的《监理招标范本》进行编制,并可适当简化。招标文件应当包括以下主要内容:

(1)投标邀请书(招标公告)。

(2)投标须知(包括工程概况和必要的工程设计图纸,提交投标文件的起止时间、地点和方式,开标的时间和地点等)。

(3)资格审查要求及资格审查文件格式(适用于采用资格后审方式的)。

(4)公路工程施工监理合同条款。

(5)招标项目适用的标准、规范、规程。

(6)对投标监理企业的业务能力、资质等级及交通和办公设施的要求。

(7)根据招标对象是总监理机构还是驻地监理机构,提出对投标人投入现场的监理人员、监理设备的最低要求。

（8）是否接受联合体投标。

（9）各级监理机构的职责分工。

（10）投标文件格式，包括商务文件格式、技术建议书格式、财务建议书格式等。

（11）评标标准和办法。评标标准应当考虑投标人的业绩或者处罚记录等诚信因素，评标办法应当注重人员素质和技术方案。

知识点二　投标邀请书

施工监理投标邀请书中应包括工程项目概况及招标范围等与施工招标的投标邀请书格式相同的内容，具体示例如下。

宁武高速公路（南平段）工程施工监理招标公告

宁武高速公路（南平段）建设项目已由国家发改委（发改基础〔2008〕2540号）批准，项目建设单位为南平宁武高速公路有限责任公司。项目已具备招标条件，现对该项目路面、路基、桥梁、隧道、交通安全设施、房建等工程的施工监理进行国内公开招标，招标人为南平宁武高速公路有限责任公司。诚邀具备相应资格条件的监理人参与本项目的投标。监理招标采用资格后审方式。

1. 项目概况及招标范围

宁武高速公路（南平段）项目，起点位于福建省宁德、南平两市交界处的楼坪村附近〔YK94+592（ZK94+605）〕，终点位于武夷山分水关隧道（K299+863.36），路线主线全长198.204km（含断链），屏南高速连接线4.83km（高速公路标准）、政和连接线6.849km（二级公路标准），武夷山连接线4.434km（一级公路标准），全线共有主线桥梁32 099.82m/106座，隧道56 509.5m/41座，共设互通式立交13处（其中，枢纽互通3处、落地互通9处、预留1处），设服务区5处，设停车区1处，设管理养护工区4处。

本项目路基土建工程施工监理设置二级监理机构，路面及交通安全设施工程施工监理设置一级监理机构。每个监理合同段设置总监理工程师办公室1个，下设与施工合同段数量相等的驻地监理工程师办公室。工程监理工作内容及标段划分详见下表：

工程监理工作内容及标段划分

监理标段	起讫桩号	长度(km)	监理工作内容	对应施工合同段	主要工程规模	监理服务期
J1	〔YK94+592（ZK94+605）〕~K106+000	11.4	路基土建工程、绿化（含上下边坡、碎落台、护坡道）	A1	路基土石方100.509 4万m³，隧道4 748m/1.5座，桥梁1 148m/4座，绿化11.4km	24个月（其中洞宫山隧道监理服务期延长8个月）

续上表

监理标段	起讫桩号	长度(km)	监理工作内容	对应施工合同段	主要工程规模	监理服务期
J1	YK106+000~YK108+780 LK1+450~LK6+280	2.780 (4.83)	路基土建工程、绿化(含上下边坡、碎落台、护坡道)	A2	路基土石方77.809万m³,桥梁1 826m/4座,隧道520m/1座,互通1座,绿化7.61km	24个月
	YK108+780~YK116+000	7.220	路基土建工程、绿化(含上下边坡、碎落台、护坡道)	A3	路基土石方132.67万m³,桥梁1 285m/6座,互通1座,绿化7.22km	24个月
......						
J8	K282+611~K288+700	6.089	路基土建工程、绿化(含上下边坡、碎落台、护坡道)	A20	路基土石方124.65万m³,桥梁1 072.46m/4座,隧道4 087m/2座,绿化6.089km	24个月
	K288+700~K295+150	6.45	路基土建工程、绿化(含上下边坡、碎落台、护坡道)	A21	路基土石方50.85万m³,桥梁3 361.54m/7座,隧道1 596.5m/2座,绿化6.45km	24个月
	K295+150~K299+863.36	4.713	路基土建工程、绿化(含上下边坡、碎落台、护坡道)	A22	路基土石方63.6万m³,桥梁709.56m/1座,隧道3 363m/0.5座,绿化4.713km	24个月(其中,分水关隧道监理服务期延长8个月)

注:(1)表中各合同段的起讫桩号可能作小范围调整,主要工程数量以施工图纸中数量为准。
(2)本项目施工监理服务期从监理合同段所辖各个施工合同段开工令签发之日起计算,路面备料期约6个月,监理须对施工准备和备料进行监理,但不计入监理服务期;工程缺陷责任期24个月。

2. 投标人资格要求

凡具有交通运输主管部门颁发的公路工程施工监理甲级资质,持有国内工商管理部门核发的营业执照并取得独立法人资格,同时具有高速公路工程施工监理经验,并在人员、设备、交通工具等方面具有相应的施工监理能力,业绩信誉良好,且在2008年度未被福建省重点办、交通厅认定为信誉D级的企业均可申请参加投标。

3. 招标文件的获取

有兴趣的投标人可持法人营业执照(副本原件)、资质证书(副本原件)、单位介绍信(原件)、经办人身份证(原件)及上述证件的复印件(须加盖法人公章),于2009年4月20日至24日每天8:30~11:30,14:30~17:00(北京时间,下同)到南平宁武高速公路有限责任公司(武夷山市世纪桃源国际会展中心四层)报名,购买招标文件。招标文件每套收取工本费人民币××元,招标参考资料每套另收人民币××元,过期不售,售后不退。

4. 投标人注意事项

(1)每个投标人最多可购买3个监理合同段的招标文件,2008年度被福建省重点办、交通厅信用考核评定为AA、A级的每个投标人最多可购买5个监理合同段的招标文件。A级及以上投标人允许在本项目中标2个监理合同段(包括已中标的合同段),其他投标人最多可中标1个监理合同段。

(2)与已在本项目中标的试验检测服务单位具有投资控股或参股,或互相隶属关系的监理单位,不得作为该试验检测服务单位所辖监理合同段的中标候选人。

(3)本次招标不接受联合体投标。

(4)本次招标不办理邮购招标文件业务。

5. 投标保证金

投标保证金为每个监理合同段5万元人民币,投标保证金应在2009年5月14日前汇入招标人指定的账户。投标担保原件在递交投标书时交招标人,投标文件中附复印件。

6. 投标文件的递交

递交投标文件的截止时间为2009年5月16日14:00,请在该截止时间之前,将投标文件正本1份、副本2份递交至南平宁武高速公路有限责任公司(武夷山市世纪桃源国际会展中心四层会议室)。

7. 发布的媒介

本次招标公告同时在中国采购与招标网(http://www.chianbidding.com.cn)、福建招标与采购网(http://www.fjbid.gov.cn)上发布。

8. 联系方式

招标人:南平宁武高速公路有限责任公司

地　　址:_____

邮　　编:_____

电　　话:_____

传　　　真：_____

联　系　人：某先生

电　　　话：_____

银行户名：_____

银行账户：_____

开户银行：_____

二〇〇九年四月

知识点三　投标人须知

投标人须知是为了使投标人了解建设项目概况(工程简介和组织实施安排)、工作条件、业主招标条件、评标办法和投标人编标、投标注意事项的有关规定等,以便投标人能够根据统一的要求和规定,编制出既满足业主要求又体现自身能力的标书。本知识点就投标人须知进行简要介绍。

1. 总则

(1)项目简介

项目简介主要包括招标人名称、项目名称、工程说明(项目起讫点、里程、技术标准、结构物形式、特大桥等主要资料)、施工合同及各段主要工程数量表、工期及监理服务期限、监理机构设置(监理机构设置的层次及其与施工合同段、监理合同段的关系以及各级机构的职责范围)、监理招标范围(要求监理提供服务的层次,仅为驻地办或者总监办或者两个层次)以及业主的机构管理(业主施工管理机构的层次、职责范围、与监理机构的关系)等。

(2)投标人资格条件

监理企业资质、资信等级、工作业绩、必须投入的最低监理人员数量、主要监理人员的技术与经验、需要具备的试验检测设备等要求。

(3)投标费用的规定

不论中标与否,投标人在投标过程中的一切费用均由投标人自行承担。

(4)现场考察和标前会议

与施工招标的要求一致。

2. 招标文件的组成、澄清与修改

(1)招标文件的组成

《监理招标范本》中的招标文件共四卷十四篇。第一卷包括招标公告、投标邀请书、投标人须知、合同通用条款、合同专用条款。第二卷包括监理规范、工程专用规范、技术规范。第三卷包括投标文件、中标通知书、监理合同协议书、保函等格式。第四卷是图纸和资料。此外,招标人在招标期间发出的问题答复、补遗书和其他正式函件,均作为招标文件的组成部分,投标人应一并阅读。

(2) 招标文件的澄清、解答与修改

要求对招标文件进行澄清的投标人,应在投标人须知前附表规定的时间前,将要求澄清和解答的问题以书面形式送达招标人。招标人也可能会因任何原因(包括标前会议期间回答投标人提出的问题)对招标文件进行修改。招标人应在递交投标文件截止时间15日前将需澄清和解答的问题及修改内容以补遗书方式送达所有已购买招标文件的投标人。投标人收到后,应在投标人须知前附表规定的时间内以书面形式向招标人确认收到。

补遗书以书面形式发出。补遗书是招标文件的组成部分。补遗书按时间先后顺序编号,对所有投标人都具有约束力。补遗书与招标文件不一致的部分以补遗书为准。如果前后发出的补遗书的内容不一致时,以后发出的补遗书为准。

为使投标人在编制投标文件时有合理的时间对上述补遗书的内容加以考虑,招标人可以按投标人须知的有关规定,将递交投标文件截止时间向后推迟。

3. 投标文件的组成

投标人编制的投标文件,应包括以下内容。

(1) 商务文件,包括:投标书、联合体协议(如果有)、法定代表人身份证明、授权书(如果有)、投标保证金、资格审查资料(适用于未进行资格审查)、资格审查更新资料(适用于已进行资格审查)。

(2) 技术建议书。

(3) 财务建议书(适用于综合评标法、技术评分合理标价法)。

(4) 招标文件要求提交的其他资料。

4. 投标报价

(1) 适用于固定标价评分法的投标报价规定

投标报价是投标人按照招标文件的要求完成施工准备阶段、施工阶段、交工验收与缺陷责任期阶段监理工作所需的费用;投标人应按投标人须知前附表公布的监理服务费在投标书中填报;投标人未按给定的监理服务费填报的,作废标处理;当合同实施期间条件发生变化时,监理服务费按投标人须知前附表的规定调整;工程的投标报价和中标后结算一律采用人民币。

(2) 适用于综合评标法、技术评分合理标价法的投标报价规定

投标报价是投标人按照招标文件的要求完成施工准备阶段、施工阶段、交工验收与缺陷责任期阶段监理工作所需的费用;合同监理服务费应按照《建设工程监理与相关服务收费管理规定》(发改价格[2007]670号)计算,其中,施工阶段监理服务费应在按照给定的监理服务费计费额计算合同监理服务基准价的基础上,投标人结合自身因素,进行投标报价;交工验收与缺陷责任期阶段监理服务费可参照《建设工程监理与相关服务人员人工日费用标准》(发改价格[2007]670号)规定的收费标准计算投标报价;投标人必须按照招标文件规定的格式和内容,在财务建议书中计算投标报价;投标人应按照招标文件列出的表格格式,填报监理服务费;投标人未填报的部分,在工程实施时发包人将不予支付,并认为该部分费用已包含在报价中;工程的投标报价和中标后结算一律采用人

民币;招标人设定投标控制价上、下限或标底的,投标人的投标报价不得超出招标人设定的投标控制价上、下限或标底上浮范围,否则作废标处理。

5. 投标保证金

(1)投标人在递交投标文件的同时,应按规定的形式和金额提交投标保证金。

若采用银行汇票、电汇,投标人应将投标保证金由投标人的账户一次性汇入或转入招标人指定账户,否则,视为投标保证金无效。

若采用银行保函,则应由国有或股份制商业银行开具。银行保函应采用招标文件提供的格式。银行保函原件应在递交投标文件截止时间前单独密封递交给招标人。

(2)投标人未按要求提交投标保证金的,其投标文件作废标处理。

(3)投标保证金的退还。招标人与中标人签订监理合同协议书后5个工作日内,招标人退还未中标人的投标保证金。中标人的投标保证金,在提交了履约担保并签订了监理合同协议书后5个工作日内退还。

(4)有效期。投标保证金在投标文件有效期满后30日内保持有效,招标人如果按投标人须知12条的规定延长了投标文件有效期,则投标保证金的有效期也相应延长。

(5)出现下列情况之一者,投标保证金将不予退还:

①投标人在投标文件有效期内撤回其投标文件;

②中标人在收到中标通知书后,无正当理由不与招标人签订合同或未能按招标文件规定提交履约担保;

③投标人不接受依据评标办法的规定对其投标文件中细微偏差进行澄清和补正;

④投标人以他人名义投标、与他人串通投标、以行贿手段谋取中标、弄虚作假等行为。

投标人须知中关于投标文件的递交、开标与评标及合同授予等要求与施工监理招标一致。

知识点四 合同通用条款

合同通用条款共8条38款。

1. 定义与解释

(1)定义

对条款中的13个术语进行了定义,举例如下。

①服务:监理人根据监理合同所承担的工作,包括正常的服务、附加的服务、额外的服务,亦称监理服务。

②监理合同:一般应包括监理合同协议书及附件、中标通知书、投标文件、合同专用条款、合同通用条款、工程专用规范、《公路工程施工监理规范》(JTG G10—2006)、技术规范、双方签认的澄清文件。

③正常监理服务:指在合同约定期限内的工程范围和工作范围内的监理工作。

④附加监理服务:指除正常监理服务范围以外的监理工作。

⑤额外服务:指合同约定的正常监理服务和附加监理服务范围以外的工作。

(2)对条款的使用进行了解释

①为了简练文字,监理合同中有些词句或用语可能会有多种含义,阅读时应视上下文的实际需要而定义。

②组成监理合同的各个文件应该认为是一个整体,彼此相互解释,相互补充。如出现相互矛盾的情况,以下述文件次序在先者为准:

监理合同协议书及附件;中标通知书;投标文件;合同专用条款;合同通用条款;工程专用规范;监理规范;技术规范;在本合同专用条款中约定的构成本合同组成部分的其他文件。

对于同一类合同文件,以其最新版本或最新颁发者为准。

2. 监理人的义务

(1)监理人应根据工程规模、难易程度、合同工期安排、现场条件等因素设置现场监理的组织机构并满足合同要求。监理服务的工程范围,在专用条款中约定。监理服务的工作范围,包括正常监理服务的范围、附加监理服务的范围和额外监理服务的范围。

(2)监理服务履约目标是监理人提供的监理服务,应当符合国家有关法律、法规和标准规范,满足合同约定的服务内容和质量等要求。

(3)监理人应按照《公路工程施工监理规范》(JTG G10—2006)及相关法律、法规开展监理服务。发包人须依据《公路工程施工监理规范》(JTG G10—2006)要求对监理机构的设置方式进行选择,并在专用条款中予以约定各阶段监理服务内容。监理人根据监理合同进行监理服务时,在发包人授权权限范围内开展工作。授权权限在专用条款中约定。

(4)监理人应本着"严格监理、优质服务、公正科学、廉洁自律"的原则,按照监理合同及相关法律、法规的要求,严格、严密、科学、公正地进行监理服务。

(5)在监理合同有效期间及以后3年内,未经发包人的书面同意,监理人不得泄露发包人与本项目、本工程、本监理合同有关的保密资料,但专用条款另有约定的除外。

3. 发包人的义务

(1)发包人应按照监理合同约定向监理人提供履行监理服务所必需的工作条件。

(2)发包人在监理合同生效之日起,且在取得相关文件、资料7日内,向监理人免费提供下述文件、资料:

①发包人与承包人签订的施工合同1份。

②发包人与承包人共同确认的已标价的工程数量清单及其说明1份。

③合同图纸和相关的标准图纸及说明1套。

④合同指定使用的技术规范、检验评定标准、操作规程1套。

⑤其他。

(3)发包人在工程所在地对监理人提供进驻现场的相关条件,解决非监理人原因而发生意外事件时,监理工作人员的撤场和相关事宜,并避免监理人根据监理合同进行监理服务而导致的第三方的收费(不含税金)。

（4）发包人根据监理人有关针对本工程的工期、质量、投资、合约和安全等问题的请示及时予以决定。对上述请示给予书面答复的期限，自收到书面请示之日起最长不超过7日，重大问题不得超过28日。逾期未予书面答复应视为发包人同意。

（5）发包人应指定一名授权代表，与监理人的授权代表建立工作联系。更换该代表或变更其授权时，必须提前7日通知监理人。

（6）发包人必须将履行监理服务的监理人及发包人授予监理人的权力，及时用书面形式通知第三方。

（7）发包人须按合同约定向监理人支付监理服务费用。

（8）发包人在本合同约定的服务范围内对承包人的任何意见或要求，应通过监理人向承包人提出。

（9）发包人要求监理人提供履约保证金或其他形式履约担保的，应同时向监理人提供支付担保。

4. 责任和保障

（1）监理人的违约及赔偿责任

监理人的下述行为，为违约行为：

①监理人违反监理合同的约定，将监理服务的任何部分转让或分包。

②监理人未能按照投标文件的承诺配备满足监理服务需求的人员或设备。

③监理人不履行监理职责，造成工程质量、安全事故或向承包人索贿、谋取私利，或与承包人串通损害发包人利益，给发包人造成损失。

④监理人未按《公路工程施工监理规范》（JTG G10—2006）的规定对主要工程或关键工序进行旁站、巡视或抽检。

⑤违反合同专用条款约定的其他情形。

监理人违反上述约定应承担违约责任，发包人有权向监理人发出书面通知要求其限期改正。当发包人在向监理人发出书面通知的14日内未见纠正后，可以向监理人课以专用条款中约定的违约金，并可在21日内发出第二次通知终止合同。对于上述的①、③事件，发包人可直接发出书面通知立即终止合同。

（2）监理人的违约赔偿责任

监理人违反监理合同的约定并造成发包人的经济损失，应向发包人赔偿，除非专用条款另有约定，赔偿金应按下式计算：

赔偿金 = 发包人直接经济损失所对应的监理费 × 监理人应承担责任的比例

监理人对由于第三方责任造成的任何经济损失，不承担责任。如果监理人与发包人或第三方对有关经济损失共负责任时，应按责任比例计算赔偿。

监理人的累计索赔限额为监理服务费总额的30%，当达到此限额时，发包人有权单方面终止监理合同，没收监理人的履约担保。

监理人对发包人未授权的监理服务范围不承担监理责任。

（3）发包人的违约和赔偿责任

发包人的违约包括：

①发包人在合同约定的期限内，未向监理人支付到期应付的款项。

②发包人未按合同约定履行其他应尽义务。

发包人违反上述约定应承担违约责任，并按相关合同条款约定承担相应的费用。

发包人违反监理合同的约定并造成监理人的经济损失，应向监理人赔偿，除非专用条款另有约定，发包人应据实赔偿监理人的直接经济损失。

发包人赔偿监理人的直接经济损失的累计限额为监理服务费总额。

(4)赔偿责任的期限

发包人或监理人任何一方向另一方要求的赔偿，都应在赔偿事件发生后的28日之内以书面形式提出索赔。如果该事件具有持续性，则应在事件首次发生后7日之内提出索赔意向，并每隔7日提供一次该事件仍在持续发展的证明材料，直至该事件结束后28日之内提出正式的索赔文件。无论是发包人还是监理人，逾期未提出书面索赔意向书，则失去索赔权利。

(5)保障

①在监理人不违反有关法律、法规的前提下，发包人应保障监理人免受因履行本监理合同而引起的外界索赔或干扰。

②监理人在签订监理合同协议书时，应按照发包人认可的形式向发包人递交履约保函或履约保证金。如果监理人无正当理由全部或部分不履行本监理合同时，发包人有权根据具体情况没收全部或部分履约担保。发包人应当同时向监理人提供监理服务费支付担保。

③在签发合同工程交工证书后，监理人应按发包人要求的格式，以履约担保金额的50%为额度向发包人提交缺陷责任期保函。发包人在收到监理人提交的缺陷责任期保函后7日内向监理人返还履约担保。在签发工程缺陷责任终止证书后14日内，发包人向监理人返还缺陷责任期保函。

(6)监理人应在监理服务期内，自费办理派驻到工程所在地人员的人身和自备财产的有关保险，保险时间应随服务时间的延长而顺延，并在出险后自行办理索赔。如果监理人不办理上述保险，则应对有关风险及后果自负其责。

5. 监理合同的生效及履行规定

(1)监理合同协议书生效的时间，以双方签署的协议书上约定的时间为准。

(2)监理人必须按照监理合同约定的时间和有关期限履行和完成监理服务。如果非监理人的原因，致使监理服务时间需要延长，可由双方通过协商，另行签订补充协议。

(3)监理合同终止和失效的时间，按双方签署的协议书上注明的方式确定。合同协议的终止并不影响双方应有的权利和应承担的责任。

(4)监理人不得转让工程监理业务。

(5)监理人不得将监理服务的任何部分分包。监理人因监理服务的需要，聘用专业技术人员和辅助工作人员不属于分包。

6. 监理服务的费用

监理人服务费用应包括如下内容：

（1）派驻监理人员费用，包括基本工资、工资性津贴、职工福利费、劳动保护费、其他。

（2）现场费用，包括临时设施费、办公费、会议费、差旅交通费、固定资产使用费（包括办公及生活房屋折旧、维修或租赁费，车辆折旧、维修、使用或租赁费）、通信设备购置、使用费、测量、试验、检测设备仪器及折旧、维修或租赁费，其他设备折旧、维修或租赁费，零星固定资产购置费及其他。

（3）企业管理费，包括工会经费、职工教育经费、业务招待费、财务费用、社会保险费用（基本养老、基本医疗、失业、工伤保险）、住房公积金、其他。

（4）利润和税金。

7. 监理服务费计费方法

详见本单元模块二之知识点二。

8. 支付

（1）为使监理服务能够及时开展，发包人应在监理合同签订后 7 日内按监理服务费总额的 10% 向监理人支付动员预付款，但专用条款另有约定的除外。

（2）发包人没收监理人的全部或部分履约担保时，不影响监理人根据监理合同应当得到的其他款项的支付。

（3）根据监理合同通用条款确定的监理人对发包人的违约金和赔偿金，由发包人从对监理人的日常支付中扣回。

（4）根据监理合同通用条款确定的发包人对监理人的赔偿金，应由发包人在日常支付中向监理人支付。

（5）发包人为履行合同约定的支付义务，在签订合同时，按专用条款约定的金额办理支付担保，并将此担保交给监理人。

（6）发包人采用总价平均、分期支付的方式，按月向监理人支付监理服务费。监理人于每月 7 日前将上月监理服务费支付申请上报发包人，发包人应在收到监理支付申请后 7 日内予以审批，在批复后 14 日内向监理人支付监理服务费。

①除非专用条款另有约定，施工阶段监理服务费在合同约定的正常施工阶段期限内按月平均支付；

②附加监理服务、额外服务费用经双方协商确认后，在附加监理服务或额外服务所对应工作期限内按月平均支付或按双方所签订补充协议约定的支付方式进行支付；

③基于工程概算变化而导致的监理服务费调整后，其增加或减少的费用经双方协商确认后于当月至施工阶段结束期限内按月平均支付或按双方所签订补充协议约定的支付方式进行支付；

④依据合同条款约定对监理人的违约金和赔偿金扣款，发包人应在当期从监理人的支付费用中一次性扣回；

⑤依据合同条款约定发包人对监理人的赔偿金，应于协商确定后在对监理人当期支

付费用中一次性支付;

⑥依据合同条款第7.3款约定对监理人的奖励,发包人应于对监理人的当期支付费用中一次性支付。

(7)监理人应于每月7日前将上月加班费上报发包人审批,发包人应于收到后7日内批复并与监理服务费一同支付。

(8)交工验收与缺陷责任期阶段内,监理人依据合同条款约定,于每月7日前将上月交工验收与缺陷责任期阶段监理服务费支付申请上报发包人,发包人在收到监理支付申请后7日内予以审批,在批复后14日内向监理人支付监理服务费。

知识点五　监理合同协议书格式

监理合同协议书

本协议书由(发包人全称)(以下简称"发包人")_____为一方,与(监理人全称)_____(以下简称"监理人")为另一方共同订立。

鉴于发包人已委托监理人为_____项目_____工程第_____监理合同段提供监理服务,并已接受了监理人就此提出的投标文件,为明确双方在合同期间的义务、责任、权力和利益,兹就以下事项达成协议。

一、项目概况。
(1)项目名称:_____;
(2)工程名称:_____;
(3)工程地址:_____;
(4)工程内容:_____;
(5)资金来源:_____;
(6)总监理工程师(或驻地监理工程师)姓名及证书号码:_____。

二、工程监理范围。
监理范围:_____。

三、监理服务期。
监理服务期:_____个月(其中:施工准备阶段_____个月,施工阶段监理_____个月,交工验收与缺陷责任期阶段监理_____个月)。

四、监理服务费用。
(1)监理服务费总价:(大写)_____元(¥_____);
其中:施工阶段监理服务费_____元;
交工验收与缺陷责任期阶段监理服务费_____元;
(2)施工阶段监理服务费与计费额的折算系数:_____。

五、本协议书中的名词定义与合同通用条款中约定的定义相同。

六、下列文件是监理合同的组成部分,应作为合同的有效内容予以遵守和执行。

(1) 监理合同协议书及附件；
(2) 中标通知书；
(3) 投标文件；
(4) 合同专用条款；
(5) 合同通用条款；
(6) 工程专用规范；
(7) 监理规范；
(8) 技术规范；
(9) 在本合同专用条款中约定的构成本合同组成部分的其他文件。

上述文件相互补充，如果上述文件之间出现矛盾，应按时间顺序以最后编写或双方最后确认的文件为准。

七、发包人在此同意按照本监理合同约定向监理人支付其应支付的费用和提供监理工作条件。

八、监理人基于发包人的上述保证，在此向发包人承诺按照本监理合同的约定履行监理服务。

九、本协议书经双方签字盖章后，监理人按约定提交履约保函后生效，至双方按照监理合同的约定履行完各自的义务和责任后自然失效。

十、本监理合同协议书正本一式两份，双方各执一份，具有同等法律效力。协议书副本＿份，双方各执＿份。

发包人：_____（全称）（盖章）　　　监理人：_____（全称）（盖章）

法定代表人_____　　　　　　　　　　法定代表人：_____
或其授权的代理人：_____（签字）　　或其授权的代理人：_____（签字）

日期：_____年____月____日　　　　　　　日期：_____年____月____日

单位地址：_____　　　　　　　　　　单位地址：_____
邮编：_____　　　　　　　　　　　　邮编：_____
电子邮箱：_____　　　　　　　　　　电子邮箱：_____
电话：_____　　　　　　　　　　　　电话：_____
传真：_____　　　　　　　　　　　　传真：_____
开户银行：_____　　　　　　　　　　开户银行：_____
账号：_____　　　　　　　　　　　　账号：_____

模块二 施工监理投标

监理投标文件是监理投标的重要文件,也是中标后监理工作的重要依据之一。投标文件主要由商务文件、技术建议书和财务建议书组成。其核心是技术建议书和财务建议书。

知识点一 技术建议书

监理技术建议书是监理单位针对某一个具体工程项目编制的承接特定监理任务的实施方案。它是工程监理服务指导思想的具体体现,也是承接监理任务的能力和经验的体现,同时也能反映监理单位对监理任务的理解程度。

监理技术建议书主要解决做什么、谁来做、怎么做、什么时候做,从而使监理工作目标、职责分工明确,形成监理工作的规范化、程序化和对时间的控制。

投标人应递交拟完成本工程监理服务的技术建议书,其内容应翔实,足以说明投标人的建议能满足招标文件的要求。其内容主要有以下几个方面:

(1)工程概述:主要对拟投监理合同段的工程总体概况进行简单描述。

(2)监理工作范围:依据监理合同中约定的监理服务的要求和范围,对拟投监理合同段的监理工作安排、主要监理人员的岗位职责进行必要的阐述。

(3)现场监理机构设置与人员安排:通过框图形式,明确拟投监理合同段的组织机构设置。

(4)监理仪器、设备和设施的配备:投标人根据拟投监理合同段的现场工作需要,对其拟投入本工程的监理仪器、设备和设施的配备等情况做简要介绍。

(5)监理工作程序:结合监理工作的阶段划分,对工程质量控制、进度控制、施工安全控制、施工环境保护、费用控制、合同及其他事项管理、文件资料管理等方面,进行监理工作的方法与流程的简要阐述。

(6)监理大纲(或监理方案)和措施。

(7)本工程监理工作的重点与难点分析:根据招标文件及现场考察,对本工程监理工作需要特别给予重视的问题逐一论述并给出解决方法。

(8)对本工程建议:为更好地完成本工程的监理工作,监理单位可根据以往的经验,对本工程监理工作提出建议。

知识点二 财务建议书

财务建议书是根据施工监理招标文件的要求编制的与其技术建议书所承诺的工作相对应的报价书,是监理单位为承担工程项目监理服务要求得到的相应监理报酬及其支付条件的依据,也是施工监理招标评标的内容之一。

1. 监理服务费的组成

监理服务费用由正常监理服务、附加监理服务和额外服务三个方面的监理费用组成。

(1)正常监理服务的费用

正常监理服务费用为施工准备阶段、施工阶段、交工验收与缺陷责任期阶段的监理服务全部费用。正常监理服务费用中,施工阶段监理服务费应依照监理工程的建筑安装工程费,按照《建设工程监理与相关服务收费管理规定》(发改价格[2007]670号)计算;除专用条款另有约定外,交工验收与缺陷责任期阶段监理服务费应依照《建设工程监理与相关服务人员人工日费用标准》(发改价格[2007]670号)规定的收费标准计算,服务时间应按实际发生的工日数计算。

(2)附加监理服务的费用

附加监理服务费用应按下列方法之一计算,具体方法的选用在专用条款中约定:

①附加工程工作量×中标时施工阶段监理服务费与计费额比值的折算系数。

②附加服务工作日数×中标时施工阶段监理服务人月平均费用与法规规定每月工作日数的比值。

③提供的服务目标变化:服务目标变化部分所对应的监理服务费×大于1的调整系数。

(3)额外服务的费用

额外服务费用应按下列方法之一计算,具体方法的选用在专用条款中约定。

(1)额外工作工作量×中标时施工阶段监理服务费与计费额比值的折算系数。

(2)额外服务工作日数×中标时施工阶段监理服务人月平均费用与法规规定每月工作日数的比值。

2. 监理服务费的调整

因增加附加监理服务、额外服务或工程概算变化时,监理服务费用应进行调整。附加监理服务费用额外服务费用按约定予以调整。工程概算变化时,施工阶段监理服务费用应依据《建设工程监理与相关服务收费管理规定》(发改价格[2007]670号),以变更后投资额所对应的基价,按中标时监理人所报专业调整系数、工程复杂程度调整系数、高程调整系数及浮动幅度值进行计算调整。

加班费指法定节、假日加班和法定工作时间以外的延时工作的费用,应按《中华人民共和国劳动合同法》的相关规定计算费用。

3. 监理服务范围的工作内容

(1)正常监理服务的范围:除非专用条款另有约定,正常监理服务的范围是指在合同约定的工程范围内及约定的正常监理服务期限内,对工程进行质量监理、施工安全监理、施工环境保护监理、进度监理、费用监理、合同其他事项和文件资料管理等。

(2)附加监理服务的范围,包括但不限于:①由于非监理(含发包人或第三方责任)原因导致合同约定的监理服务期限延长,所延长的服务时间应视为附加监理服务;②发包人书面提出正常监理服务范围以外的监理服务要求,监理人完成此项服务应视为附加监理服务;③发包人书面提出监理合同约定的工作范围以外的监理工作,监理人完成此项工作应视为附加监理服务;④发包人书面提出高于监理合同约定的服务目标,监理人为完成此目标而增加的投入应视为附加监理服务。

(3) 额外监理服务的范围,指正常监理服务和附加监理服务范围以外的工作,例如:①监理合同生效后,因非监理人原因导致监理人不能提供全部或部分服务时,其善后工作以及恢复服务的准备工作,应作为额外服务;②如果发包人以书面形式提出要求,监理人应提交变更服务的建议方案,该建议方案的编写和提交应视为额外服务;③非监理人原因导致全部监理服务已无法继续履行时,监理人在书面通知发包人28日之后,有权单方面解除本监理合同,因此而增加的监理服务工作量应作为监理人的额外服务;④发包人将部分或全部外部协调工作委托监理人承担,因此而增加的工作应视为额外服务;⑤根据工程需要由监理人组织的相关咨询论证会以及聘请相关专家等工作,应视为额外服务。

知识点三 建设工程监理与相关服务收费标准

1. 建设工程监理与相关服务的解释

建设工程监理与相关服务是指监理人接受发包人的委托,提供建设工程施工阶段的质量、进度、费用控制管理和安全生产监督管理、合同、信息等方面协调管理服务,以及勘察、设计、保修等阶段的相关服务。各阶段的工作内容见(表8-1)。

监理服务各阶段的工作内容　　　　表8-1

服务阶段	主要工作内容	备注
勘察阶段	协助发包人编制勘察要求,选择勘察单位,核查勘察方案并监督实施和进行相应的控制,参与验收勘察成果	在建设工程勘察、设计、施工、保修等阶段,监理与相关服务的具体工作内容执行国家、行业有关规范、规定
设计阶段	协助发包人编制设计要求,选择设计单位,组织评选设计方案,对各设计单位进行协调管理,监督合同履行,审查设计进度计划并监督实施,核查设计大纲和设计深度、使用技术规范合理性,提出设计评估报告(包括各阶段设计的核查意见和优化建议),协助审核设计概算	
施工阶段	施工过程中的质量、进度、费用控制,安全生产监督管理,合同、信息等方面的协调管理	
保修阶段	检查和记录工程质量缺陷,对缺陷原因进行调查分析并确定责任归属,审核修复方案,监督修复过程并验收,审核修复费用	

2. 费用范围

建设工程监理与相关服务收费包括建设工程施工阶段的工程监理(以下简称"施工监理")服务收费和勘察、设计、保修等阶段的相关服务(以下简称"其他阶段的相关服务")收费。

3. 取费标准

铁路、水运、公路、水电、水库工程的施工监理服务收费按建筑安装工程费分档定额计费方式计算收费。

其他工程的施工监理服务收费按照建设项目工程概算投资额分档定额计费方式计算收费。

其他阶段的相关服务收费一般按相关服务工作所需工日和《建设工程监理与相关服务人员人工日费用标准》(表8-2)收费。

建设工程监理与相关服务人员人工日费用标准　　表8-2

建设工程监理与相关服务人员职级	工日费用标准(元)
一、高级专家	1 000 ~ 1 200
二、高级专业技术职称的监理与相关服务人员	800 ~ 1 000
三、中级专业技术职称的监理与相关服务人员	600 ~ 800
四、初级及以下专业技术职称监理与相关服务人员	300 ~ 600

注:本表适用于提供短期服务的人工费用。

4. 施工监理服务收费计算公式

施工监理服务收费 = 施工监理服务收费基准价 × (1 ± 浮动幅度值)　　(8-1)

施工监理服务收费基准价 = 施工监理服务收费基价 × 专业调整系数 ×

工程复杂程度调整系数 × 高程调整系数　　(8-2)

5. 施工监理服务收费基价

施工监理服务收费基价是完成国家法律法规、规范规定的施工阶段监理基本服务内容的价格。施工监理服务收费基价按《施工监理服务收费基价表》(表8-3)确定,计费额处于两个数值区间的,采用直线内插法确定施工监理服务收费基价。

施工监理服务收费基价表(单位:万元)　　表8-3

序 号	计费额	收费基价	序 号	计费额	收费基价
1	500	16.5	9	60 000	991.4
2	1 000	30.1	10	80 000	1 255.8
3	3 000	78.1	11	100 000	1 507.0
4	5 000	120.8	12	200 000	2 712.5
5	8 000	181.0	13	400 000	4 882.6
6	10 000	218.6	14	600 000	6 835.6
7	20 000	393.4	15	800 000	8 658.4
8	40 000	708.2	16	1 000 000	10 390.1

6. 施工监理服务收费基准价

施工监理服务收费基准价是按照本收费标准规定的基价和式(8-2)计算出的施工监理服务基准收费额。发包人与监理人根据项目的实际情况,在规定的浮动幅度范围内协商确定施工监理服务收费合同额。

7. 施工监理服务收费的计费额

(1)施工监理服务收费以建设项目工程概算投资额分档定额计费方式收费的,其计费额为工程概算中的建筑安装工程费、设备购置费和联合试运转费之和,即工程概算投资额。

(2)对设备购置费和联合试运转费占工程概算投资额40%以上的工程项目,其建筑安装工程费全部计入计费额,设备购置费和联合试运转费按40%的比例计入计费额。但其计费额不应小于建筑安装工程费与其相同且设备购置费和联合试运转费等于工程概算投资额40%的工程项目的计费额。

(3)工程中有利用原有设备并进行安装调试服务的,以签订工程监理合同时同类设备的当期价格作为施工监理服务收费的计费额。

(4)工程中有缓配设备的,应扣除签订工程监理合同时同类设备的当期价格作为施工监理服务收费的计费额;工程中有引进设备的,按照购进设备的离岸价格折换成人民币作为施工监理服务收费的计费额。

(5)施工监理服务收费以建筑安装工程费分档定额计费方式收费的,其计费额为工程概算中的建筑安装工程费。

(6)作为施工监理服务收费计费额的建设项目,工程概算投资额或建筑安装工程费均指每个监理合同中约定的工程项目范围的计费额。

8. 施工监理服务收费调整系数

施工监理服务收费调整系数包括:专业调整系数、工程复杂程度调整系数和高程调整系数。

(1)专业调整系数是对不同专业建设工程的施工监理工作复杂程度和工作量差异进行调整的系数。计算施工监理服务收费时,专业调整系数在《施工监理服务收费专业调整系数表》(表8-4)中查找确定。

施工监理服务收费专业调整系数表(节选)　　　　表8-4

工程类型	专业调整系数
5. 交通运输工程	
机场道路、助航灯光工程	0.9
铁路、公路、城市道路、轻轨及机场空管工程	1.0
水运、地铁、桥梁、隧道、索道工程	1.1

规范中共规范了矿山采选工程、加工冶炼工程等7大类工程的施工监理服务收费专业调整系数,本表8-4仅选择一类供大家参考。

(2)工程复杂程度调整系数是对同一专业建设工程的施工监理复杂程度和工作量差

异进行调整的系数。工程复杂程度分为一般、较复杂和复杂三个等级,其调整系数分别为:一般(Ⅰ级)0.85;较复杂(Ⅱ级)1.0;复杂(Ⅲ级)1.15。计算施工监理服务收费时,工程复杂程度在相应章节的《工程复杂程度表》(表8-5,表8-6)中查找确定。

公路、城市道路、轨道交通、索道工程复杂程度表　　　表 8-5

等　级	工　程　特　征
Ⅰ级	1. 三级、四级公路及相应的机电工程; 2. 一级公路、二级公路的机电工程
Ⅱ级	1. 一级公路、二级公路; 2. 高速公路的机电工程; 3. 城市道路、广场、停车场工程
Ⅲ级	1. 高速公路工程; 2. 城市地铁、轻轨; 3. 客(货)运索道工程

注:穿越山岭重丘区的复杂程度Ⅰ、Ⅱ级公路工程项目的部分复杂程度调整系数分别为1.1和1.26。

公路桥梁、城市桥梁和隧道工程复杂程度表　　　表 8-6

等　级	工　程　特　征
Ⅰ级	1. 总长<1 000m 或单孔跨径<150m 的公路桥梁; 2. 长度<1 000m 的隧道工程; 3. 人行天桥、涵洞工程
Ⅱ级	1. 总长≥1 000m 或150m≤单孔跨径<250m 的公路桥梁; 2. 1 000m≤长度<3 000m 的隧道工程; 3. 城市桥梁、分离式立交桥,地下通道工程
Ⅲ级	1. 主跨≥250m 拱桥,单跨≥250m 预应力混凝土连续结构,≥400m 斜拉桥,≥800m 悬索桥; 2. 连拱隧道、水底隧道、长度≥3 000m 的隧道工程; 3. 城市互通式立交桥

(3)高程调整系数

海拔高程2 001m以下的为1;海拔高程2 001~3 000m为1.1;海拔高程3 001~3 500m为1.2;海拔高程3 501~4 000m为1.3;海拔高程4001m以上的,高程调整系数由发包人和监理人协商确定。

9. 计算案例

某三级公路位于海拔3 010~3 480m处,长89km,工程概算6 923万元,其中建筑安装工程费4 500万元(未含机电工程),包括土石方59m^3,小桥4座,涵洞208道,路面砂砾垫层733m^{2}等。发包人委托监理人对该建设工程项目进行施工阶段的监理服务。

分析:施工监理服务收费按以下步骤计算。

施工监理服务收费基准价 = 施工监理服务收费基价 × 专业调整系数 × 工程复杂程度调整系数 × 高程调整系数

（1）确定施工监理服务收费计费额。公路工程的施工监理服务收费的计费额为建筑安装工程费，该建设项目的施工监理服务收费计费额为 4 500 万元。

（2）计算施工监理服务收费基价。

根据标准，采用内插法计算：

$$施工监理服务收费基价 = 78.1 + \frac{120.8 - 78.1}{5\,000 - 3\,000}(4\,500 - 3\,000) = 110.13(万元)$$

（3）确定专业调整系数。公路工程的专业调整系数为 1.0。

（4）确定工程复杂程度调整系数。三级公路属于 1 级，复杂调整系数为 0.85。

（5）确定高程调整系数，该项目海拔 3 010 ~ 3 480m，高程调整系数为 1.2。

（6）施工监理服务收费基准价 = 施工监理服务收费基价 × 专业调整系数 × 工程复杂程度调整系数 × 高程调整系数 = 110.13 × 1.0 × 0.85 × 1.2 = 112.32 万元。

该建设工程项目的施工监理服务收费基准价 112.32 万元。若该项目属于依法必须实行监理的，监理人和发包人应在此基础上，根据规定，在上下 20% 浮动范围内，协商确定该项目的施工监理服务收费合同额。

10. 投标文件中的监理服务费报价表

（1）监理服务费报价汇总表（表 8-7）。

（2）施工阶段监理服务费计算表（表 8-8）。

（3）交工验收与缺陷责任期阶段监理服务费计算表（表 8-9）。

（4）监理人员工作计划安排表（表 8-10）。

监理服务费报价汇总表　　　　　表 8-7

合同段：＿＿＿＿＿＿＿

序 号	项 目 名 称	合　　计(元)	备　　注
1	施工阶段		
2	交工验收与缺陷责任期阶段		
3	监理服务费用合计		

投标人：(公章)

施工阶段监理服务费计算表　　　　　表 8-8

合同段：＿＿＿＿＿＿＿

序号	项　目	数额(公式)	备　　注
1	监理服务费计费额		施工监理服务费以建设项目工程建筑安装工程费分档定额计费方式计算
2	监理服务费基价		按《施工监理服务收费基价表》(附表二)确定，计费额(1)处于两个数值区间的，采用直线内插法确定监理服务收费基价

续上表

序号	项 目	数额(公式)	备 注
3	监理服务费基准价		=监理服务收费基价(2)×专业调整系数×工程复杂程度调整系数×高程调整系数
4	浮动幅度值(%)		实行政府指导价的建设工程施工阶段监理收费,其基准价根据《建设工程监理与相关服务收费标准》计算,浮动幅度为上下投标人自行填报相应的浮动幅度值
5	监理服务费(小写)		=监理服务收费基准价(3)×[1+浮动幅度值(4)]
6	监理服务费(大写)		=监理服务收费(5)
7	施工阶段监理服务费与计费额的折算系数		=监理服务收费(5)÷监理服务费计费额(1)
8	施工阶段监理服务人月平均费用		=监理服务收费(5)÷施工阶段监理服务人月数

投标人:(公章)

交工验收与缺陷责任期阶段监理服务费计算表 表8-9

合同段:_____

序号	拟投入监理人员姓名	监理职务	服务时间(日)	日监理服务费(元)	小计(元)	备注
1						
2						
3						
4						
...						
合计	交工验收与缺陷责任期阶段监理服务费					

投标人:(公章)

注:交工验收与缺陷责任期阶段监服务费计算表中,招标人应对拟投入的人员数量、职务、服务时间进行约定,监理单位仅对日监理服务费进行报价。监理服务费最终结算时,发包人应按照交工验收与缺陷责任期阶段监理人的实际服务时间进行结算。

监理人员工作计划安排表

合同段：_____ 表8-10

序号	姓名	监理职务	驻场时间(月)	监理人员投入安排(共 个月)												合计	备注
				1	2	3	4	5	6	7	8	9	10	11	12		
1																	
2																	
3																	
4																	
5																	
…																	
每月应在工地的监理人员合计(人数)																	

投标人：(公章)

注：按照拟投入本工程现场监理人员的计划在岗安排据实填报。在岗时间为；进场时间为当月第一日；在岗表示为"—"。

第九单元　FIDIC条款与公路建设制度

模块一　FIDIC 的起源与发展

知识点一　FIDIC 组织机构

FIDIC 是国际咨询工程师联合会(Fédération Internationale Des Ingénieurs Conseils)的法文缩写。FIDIC 的本义是指国际咨询工程师联合会这一独立的国际组织。该组织于 1913 年由欧洲五国独立的咨询工程师协会在比利时成立。

FIDIC 是国际上最有权威的被世界银行认可的咨询工程师组织,目前有 86 个国家和地区的成员协会,分属于四个地区性组织,即 ASPAC—亚洲及太平洋地区成员协会,CEDIC—欧共体成员协会,CAMA—非洲成员协会集团,RINORD—北欧成员协会集团。

FIDIC 总部设在瑞士洛桑,2002 年迁往日内瓦,主要职能机构有:执行委员会(TEC)、土木工程合同委员会(CECC)、业主与咨询工程师关系委员会(CCRC)、职业责任委员会(PLC)和秘书处。

中国工程咨询协会于 1996 年代表中国工程咨询业加入菲迪克,成为正式会员。

知识点二　FIDIC 合同文件

FIDIC 成立以来,除了致力于该组织内部的职业道德建设和加强成员之间的相互交流外,还充分利用自身的工作性和权威性,制定和出版了一系列合同及合同管理文件。其制定的有关工程建设项目管理的合同条款(通常称之为 FIDIC 条款)等,已被联合国、世界银行和亚洲开发银行等八大国际开发银行和国际组织普遍承认并广泛采用。著名的菲迪克条款已为各国工程咨询界共同遵守,这些文件对促进合同和合同管理的标准化产生了重要的影响。

1. FIDIC 出版的各类合同条件

(1)《土木工程施工合同条件》(1957 年首次出版,1987 年出第 4 版,1992 年修订版)(红皮书);

(2)《电气与机械工程合同条件》(1988 年第 2 版)(黄皮书);

(3)《土木工程施工分包合同条件》(1994 年第 1 版)(与红皮书配套使用);

(4)《设计—建造与交钥匙工程合同条件》(1995 年版)(橘皮书);

(5)《施工合同条件》(1999 年第一版);

(6)《生产设备和设计—施工合同条件》(1999 年第一版);

(7)《设计采购施工(EPC)/交钥匙工程合同条件》(1999年第一版);

(8)《简明合同格式》(1999年第一版);

(9)多边开发银行统一版《施工合同条件》(2005年版),等。

2. 四种新版的合同条件及其适用范围

FIDIC于1999年出版的四种新版的合同条件,是在继承了以往合同条件优点的基础上,在内容、结构和措辞等方面作了较大修改,进行了重大的调整,称为第一版,可为今后改进留有余地。2002年,中国工程咨询协会经FIDIC授权将新版合同条件译成中文本。

(1)《施工合同条件》

《施工合同条件》(Conditions of Contract for Construction),简称"新红皮书"。该文件推荐用于有雇主或其代表——工程师设计的建筑或工程项目,主要用于单价合同。在这种合同形式下,通常由工程师负责监理,由承包人按照雇主提供的设计施工,但也可以包含由承包人设计的土木、机械、电气和构筑物的某些部分。

(2)《生产设备和设计—施工合同条件》

《生产设备和设计—工合同条件》(Conditions of Contract for Plant and Design-Build),简称"新黄皮书"。该文件推荐用于电气和(或)机械设备供货和建筑或工程的设计与施工,通常采用总价合同。由承包人按照雇主的要求,设计和提供生产设备和(或)其他工程,可以包括土木、机械、电气和建筑物的任何组合,进行工程总承包。但也可以对部分工程采用单价合同。

(3)《设计采购施工(EPC)/交钥匙工程合同条件》

《设计采购施工(EPC)/交钥匙工程合同条件》(Conditions of Contract for EPC/Turnkey Projects),简称"银皮书"。该文件可适用于以交钥匙方式提供工厂或类似设施的加工或动力设备、基础设施项目或其他类型的开发项目,采用总价合同。这种合同条件下,项目的最终价格和要求的工期具有更大程度的确定性;由承包人承担项目实施的全部责任,雇主很少介入。即由承包人进行所有的设计、采购和施工,最后提供一个设施配备完整、可以投产运行的项目。

(4)《简明合同格式》

《简明合同格式》(Short Form of Contract),简称"绿皮书"。该文件适用于投资金额较小的建筑或工程项目。根据工程的类型和具体情况,这种合同格式也可用于投资金额较大的工程,特别是较简单的、或重复性的、或工期短的工程。在此合同格式下,一般都由承包人按照雇主或其代表——工程师提供的设计实施工程,但对于部分或完全由承包人设计的土木、机械、电气和(或)构筑物的工程,此合同也同样适用。

3. 多边开发银行统一版《施工合同条件》

FIDIC与世界银行、亚洲开发银行、非洲开发银行、泛美开发银行、加勒比开发银行、北欧开发基金等国际金融机构共同工作,对FIDIC《施工合同条件》(1999年第一版)进行了修改补充,编制了这本用于多边开发银行提供贷款项目的合同条件——多边开发银行统一版《施工合同条件》(2005 版)。这本合同条件,不仅便于多边开发银行及其借款人使用 FIDIC 合同条件,也便于参与多边开发银行贷款项目的其他各方,如工程咨询机构、承包人等使用。

4. 应用指南

FIDIC 为了帮助项目参与各方正确理解和使用合同条件和协议书的含义,帮助咨询工程师提高道德和业务素质,提升执业水平,相应地编写了一系列工作指南。FIDIC 先后出版的工作指南达几十种,如:

(1) FIDIC 合同指南(2000 年第 1 版);
(2) 客户/咨询工程师(单位)服务协议书(白皮书)指南(2001 年第 2 版);
(3) 咨询工程师和环境行动指南;
(4) 咨询分包协议书与联营(联合)协议书应用指南;
(5) 工程咨询业质量管理指南,等。

5. FIDIC 合同条件的特点

FIDIC 合同条件是在总结各个国家、各个地区的业主、咨询工程师和承包人各方经验基础上编制出来的,也是在长期的国际工程实践中形成并逐渐发展成熟起来的,是目前国际上广泛采用的、高水平的、规范的合同条件。

FIDIC 系列合同条件的优点是,具有国际性、通用性、公正性和严密性;合同各方职责分明,各方的合法权益可以得到保障;处理与解决问题程序严谨,易于操作。FIDIC 合同条件把与工程管理相关的技术、经济、法律三者有机地结合在一起,构成了一个较为完善的合同体系。

每一种 FIDIC 合同条件文本主要包括两个部分,即通用条件和专用条件,在使用中可利用专用条件对通用条件的内容进行修改和补充,以满足各类项目和不同需要。通用条件适于某一类工程。如红皮书适于整个土木工程(包括工业厂房、公路、桥梁、水利、港口、铁路、房屋建筑等);专用条件则针对一个具体的工程项目,是在考虑项目所在国法律法规不同、项目特点和业主要求不同的基础上,对通用条件进行的具体化的修改和补充。

6.《FIDIC 合同条件》的使用条件

(1) 公开招标或邀请招标的工程项目;
(2) 推行了施工监理制度;
(3) 监理工程师的工作具有独立性和公正性;
(4) 完善和良好的法制环境。

所以,狭义上可把 FIDIC 合同条件解释为:"采用一套标准的合同条件",从广义上解释即:"一套标准的招标文件——通过招标选择承包人——经过监理工程师独立的监理进行监控——按业主与承包人之间的合同进行施工"。

我国最早的《公路工程国内招标文件范本》中的合同通用条款就是以 FIDIC《土木施工合同条件》为基础,结合我国国情编制而成的。

7. FIDIC 条款的作用与效果

(1) 有利于合同的全面履行

合同条款的严密性和可操作性减少甚至避免了合同履行中可能存在的争议和扯皮；合同条款的公平性为业主、承包人双方的平等合作和诚实信用提供了良好的外部环境；独立工作的监理制度为承包合同的正常履行提供了公平、高效的合同监督机制，有利于合同争议的解决；担保制度、仲裁制度为合同履行提供了法律上的制约机制；工程保险制度，为业主和承包人双方有效地进行了风险规避。

(2) 有利于招标工作的顺利开展及报价的降低

通过多次使用同样标准格式的(招标)合同文件，投标人能够熟悉之、掌握之，因而不仅有利于顺利地签订合同，而且很有可能降低投标人的报价。投标人不必因为自己不熟悉合同条件而担心签订合同后可能会发生的风险，进而在报价时为防备他们担心的风险而列入很多的不可预见费。

(3) 监理工作职责明确

FIDIC 条款建立了独立、公正的施工监理制度，明确了监理工程师在各项工作中的职权，有利于监理工作的正常开展，并且监理为独立第三方，有利于保护业主、承包人的合法权益，确保工作质量、进度及费用目标的实现。

(4) 节约各方当事人的工作

长期使用标准合同条款有利于培养合同管理人员。如果不是这样，而是让承包人经常不断地使用各种不同类型的合同条款，则他们将需花费很大精力去培养合同管理人才。

8. FIDIC 在我国公路工程中的应用

我国从 20 世纪 80 年代开始积极引进世界银行贷款来进行公路工程项目的投资和建设。第一批公路世界银行贷款项目有陕西的西三(西安至三源)和山东的晏高公路(晏城至高塘)，1987 年第二批公路世界银行贷款项目京津塘高速公路项目，都采用了 FIDIC 条款第 3 版作为施工承包合同的通用条件。项目全面按照世界银行的要求推行了 FIDIC 合同管理模式以及公平竞争的施工招标制度和独立公正的监理制度，因而在项目的质量、工期和效益上取得了良好的效果。

9. 最新动态

为了更好地在全球范围内全面推广菲迪克的先进理念和管理经验，菲迪克执委会决定在全球建立标准的菲迪克知识体系和培训考核标准，并选择中国作为全球唯一的试点国家。目前，该试点工作已获得国务院批准，并将在国家发改委、人保部的指导下开展工作。

在召开的以"发挥工程咨询促进经济社会科学发展的先导作用"为主题的中国工程咨询协会 2010 年年会上，举行了 FIDIC 工程师培训和认证试点启动仪式。

模块二 FIDIC《土木施工合同条件》介绍

知识点一　FIDIC 合同条件的内容简介

FIDIC 合同条件包括第 I 部分和第 II 部分。第 I 部分称为通用条件，一般在国际土木工程招标文件中，将合同的通用条件直接放入招标文件中即可，而不必再重新去编写合同条件。通用条件共有 72 条 194 款，与第 II 部分配合使用。它包括了业主、监理工程师、承包人三者之间的权利和义务关系、准则和约定。它不需签字，也不用写工程名称，只要在合同文件的协议书中约定即可。

合同条件的第 II 部分称为专用条件，一般由工程项目的业主或招标单位根据具体工程项目的所在国或地区的情况，以及工程项目的特点，对照第 I 部分具体编写。如果通用条件中某些条款不适合具体工程的，可在专用条件中指出并予以删除或修改，对某些不具体、不详细的条款可在专用条件的对应条款中加以补充和详细说明。专用条件中的所有条款要与通用条件中的相应条款一一对应，专用条件是通用条件的补充说明和限制，因此这里仅对通用条件的基本内容作一简述。

合同条件的通用条件从其属性与作用方面大致可分为五大类。

1. 工程师的职责与权限条款

工程师对整个工程项目负责，必须按照合同条款规定公正地维护业主、承包人双方的利益，合同通用条件中有 48 条都涉及工程师的职责和权限。一般地讲，在业主授权范围内，工程师应保留行使以下一些权限和职责：

(1) 由工程师审批承包人提交的工程进度计划和现金流动估算表等，并签发开工通知书；

(2) 决定工程竣工时间的延长；

(3) 工程师签发竣工验收交接证书；

(4) 工程师签发变更令；

(5) 工程师签发缺陷责任终止证书；

(6) 判定并证实承包人是否违约，向业主建议处理办法；

(7) 提出对特殊风险的处理意见；

(8) 工程师作为调解人，裁定业主和承包人之间的争端；

(9) 证实业主违约，并处理有关索赔费用及延期问题；

(10) 签发月支付证书及最后支付证书。

2. 保障合同执行的法规条款

为使合同顺利履行，工程正常进展及尽可能减少一些不必要的争议，合同通用条件中列入了有关法规的条款共有 27 条。

3. 质量检验与检查条款

合同通用条件中有 22 条条款涉及控制工程质量方面的问题，可归纳成以下四个方面：

(1) 严格控制技术条件，确保工程质量。合同中的标准和规范是控制工程质量的依据，合同条件中涉及有关技术条件的条款有 8 条。

(2) 材料、设备的检查与检验条款。在工程施工中，首先要把好材料、设备关。对进入工地以前和进入工地以后的材料、设备都要进行质量检验和验收，对不合格的材料和设备是不准进入施工现场的。涉及这方面的条款有第 36、37、39 条等。

(3) 施工质量检查与隐蔽工程部分的验收。为了保证工程质量，消除工程中存在的隐患，对工程质量，尤其是对隐蔽工程的质量检查必须要有一套严密的检查方法和质量保证措施。

(4) 缺陷责任期的工程缺陷修复。承包人在工程竣工验收完毕后，还应继续履行缺陷责任期对工程缺陷的修复工作。合同条件中的第 49、50 条对此作了明确的规定。

4. 计量与支付的条款

(1) 工程计量虽然在业主招标时已提供了工程量清单，但只能视为估计工程量，它与实际工程量有一定的出入。为了控制投资，合同作了明确的规定。

(2) 支付条款。承包人的付款和结算，关系到合同总价的控制，为此合同条件中的第 14、52、58、60 条对此作了一系列规定。

(3) 索赔及处理条款。合同条件第 53 条具体规定了索赔程度和费用计算等问题。索赔问题涉及面较广，在合同条件中互相关联的还有第 6、12、17、30、36、38、47、63、69 等条款。

5. 控制工程进度的条款

为了工程早日或如期完成，合同条件对工程进度作了如下规定：

(1) 图纸和文件的提供方法。

(2) 承包人在不可预见的恶劣天气或地下障碍情况下申请工程延期。

(3) 承包人应在规定的时间内提交工程施工进度计划。

(4) 工程暂时停工。

(5) 承包人的工程开工。

(6) 工程竣工和工程交接证书。

(7) 由于承包人的原因使工程延误，应采取措施加快施工进度，若不能按期竣工，则应向业主交付拖期违约偿金。

(8) 缺陷责任期内承包人的责任。

从上述合同条款可看出，FIDIC 合同条件详细规定了业主、承包人、监理工程师的职责、权利和义务，阐明了三方之间的关系，并特别突出了监理工程师的地位和作用，从而使土木工程项目的承包和实施有了一套标准的合同文件。

知识点二　FIDIC 合同文件的组成

当业主选择了合适的承包人发出中标通知书后,必须履行法律程序并制订合同文件。合同文件的组成及优先次序如下:
(1)合同协议书(含合同谈判中有关问题的澄清文件,如果有);
(2)中标通知书;
(3)标前会议补充文件;
(4)投标书及其附件(含补遗书);
(5)合同专用条件;
(6)合同通用条件;
(7)技术规范;
(8)图纸;
(9)标价的工程量清单。

这个优先次序与我国现行《公路工程标准文件》中的合同协议书中的合同文件优先次序相一致。

第十单元 招投标与施工监理案例分析

模块一　招投标案例分析

【案例1】

[背景]　实行公开招标的某高速公路工程项目,经过资格预审后,确定了投标人名单,并发出了投标邀请书,投标人在规定的时间内递交标书,在开标和评标过程中发现投标书中分别存在如下问题:

1. 有的投标人没有得到投标邀请书。
2. 有的投标人缺少施工组织设计。
3. 有一个投标人工期比招标文件要求长,为25个月。
4. 有的投标文件在开标后、结束前1小时送达。
5. 有的投标人没有填写清淤泥单价,只填报了合价;有的投标人只填报单价,而没有报合价。
6. 投标书中报价有的大写(文字表示)的金额比小写(数字表示)的金额要小,有的大写金额比小写金额大。
7. 有的投标人没有代表参加现场考察。
8. 有的投标人在投标截止时间之前书面通知撤回投标文件,也有的在开标之后随即要求撤回投标文件。
9. 有的投标报价有修改,在修改处盖了授权代理人的章。

[问题]

招标、评标人对以上问题应如何处理。

[案例评析]

本案例旨在考查投标文件的评审标准。

1.《公路工程标准文件》投标人须知第1.4款,投标人资格中规定,投标人应是收到招标人发出投标邀请书的单位。

对通过资格预审的投标人,才能获得投标邀请书,未得到投标邀请书的无资格参加投标。

2. 缺少施工组织设计的标书为不合格标书,按废标处理。

《公路工程标准文件》评标办法第2.1.1款形式评审与响应性评审标准中规定,"投标文件要按照招标文件规定的格式、内容填写"。其中包括"按照招标文件规定的格式、内容编制了施工组织设计及项目管理机构相关图表。"

该标不符合评审标准,按废标处理。

3. 投标工期长于招标文件要求的24个月,不能满足"响应性"要求,也为不合格标书,按废标处理。

4. 投标文件在开标后,虽开标未结束,但已超过投标书递交截止期,应原封退回投标人。

《公路工程标准文件》投标人须知第4.2.5款规定,逾期送达的或者未送达指定地点的投标文件,招标人不予受理。

5. 没有填报单价的可视为已含入其他工程细目的单价中,只报了单价没有报合价,可以按投标人已报单价乘以该项目工程数量所得合价予以修正。投标人不接受修正价格的,其投标作废标处理,并没收其投标担保。

《公路工程标准文件》评标办法第3.1.4款规定:

工程量清单中的投标报价有其他错误的,评标委员会按以下原则对投标报价进行修正,修正的价格经投标人书面确认后具有约束力。投标人不接受修正价格的,其投标作废标处理,并没收其投标担保金。

(1)在招标人给定的工程量清单中漏报了某个工程子目的单价、合价或总额价,或所报单价、合价或总额价减少了报价范围,则漏报的工程子目单价、合价和总额价或单价、合价和总额价中减少的报价内容视为已含入其他工程子目的单价、合价和总额价之中。

(2)在招标人给定的工程量清单中多报了某个工程子目的单价、合价或总额价,或所报单价、合价或总额价增加了报价范围,则从投标报价中扣除多报的工程子目报价或工程子目报价中增加了报价范围的部分报价。

(3)当单价与数量的乘积与合价(金额)虽然一致,但投标人修改了该子目的工程数量,则其合价按招标人给定的工程数量乘以投标人所报单价予以修正。

修正后的最终投标报价若超过投标控制价上限(如有),投标人的投标文件作废标处理。

6. 评标委员会将对算术错误进行修正,当大写金额与小写金额不符时,以大写金额为准。投标人不接受修正价格的,其投标作废标处理,并没收其投标担保金。

《公路工程标准文件》评标办法第3.1.3款规定:

投标报价有算术错误的,评标委员会按以下原则对投标报价进行修正,修正的价格经投标人书面确认后具有约束力。投标人不接受修正价格的,其投标作废标处理,并没收其投标担保。

(1)投标文件中的大写金额与小写金额不一致的,以大写金额为准;

(2)总价金额与依据单价计算出的结果不一致的,以单价金额为准修正总价,但单价金额小数点有明显错误的除外;

(3)当单价与数量相乘不等于合价时,以单价计算为准,如果单价有明显的小数点位置差错,应以标出的合价为准,同时对单价予以修正;

(4)当各子目的合价累计不等于总价时,应以各子目合价累计数为准,修正总价。

7. 投标人没有代表参加现场考察和出席开标活动,表明投标人没有必要参加现场考察,并不影响投标人编制标书。

《公路工程标准文件》投标人须知第5.1款规定,投标人若未派法定代表人或委托代理人出席开标活动,视为该投标人默认开标结果,不影响投标书的有效性。

现场考察是自愿参加,不影响投标工作。

8. 投标截止时间之前,投标人书面通知可以撤回投标书;但开标之后即投标截止期以后,不得撤回。因开标后已进入投标有效期,在投标有效期撤回投标文件按规定没收投标担保金。

《公路工程标准文件》投标人须知第4.3款规定,投标截止时间前,投标人可以修改或撤回已递交的投标文件,但应以书面形式通知招标人。

投标人修改或撤回已递交投标文件的书面通知应按照本章要求签字或盖章。招标人收到书面通知后,向投标人出具签收凭证。

修改的内容为投标文件的组成部分。修改的投标文件应按照本章第3条、第4条规定进行编制、密封、标记和递交,并标明"修改"字样。

《公路工程标准文件》投标人须知第3.4.4款规定,投标人可在规定的投标有效期内撤销或修改其投标文件。

9. 投标报价按规定修改,投标书仍有效。

《公路工程标准文件》投标人须知第3.7.3款规定,投标文件应尽量避免涂改、行间插字或删除。如果出现上述情况,改动之处应加盖单位章或由投标人的法定代表人或其授权的代理人签字确认。

【案例2】

某工程采用公开招标方式,有 A、B、C、D 四家承包人参加投标,经资格预审这四家承包人均满足业主要求。该项工程采用两阶段评标法评标,评标委员会共有 5 名成员组成,评标具体规定如下。

1. 第一阶段评技术标

技术标共计40分,其中施工方案16分,总工期10分,工程质量5分,项目班子4分,企业信誉5分。技术标各项内容的得分,为各评委得分去除一个最高分和一个最低分后的平均数。各评委对四家承包人施工方案评分如表10-1所示。

表10-1

评委	一	二	三	四	五
A	14.5	13.5	13.0	13.5	14.0
B	12.5	13.0	13.5	12.5	13.0
C	14.0	14.0	13.5	12.5	14.0
D	12.0	12.5	12.5	13.0	13.0

评委对四家承包人总工期、工程质量、项目班子、企业信誉得分汇总如表10-2所示。

其他因素得分汇总表 表10-2

投标单位	总工期	工程质量	项目班子	企业信誉
A	8.5	4.0	2.5	4.0

续上表

投标单位	总工期	工程质量	项目班子	企业信誉
B	8.0	4.5	3.0	4.5
C	8.5	3.5	3.0	4.5
D	9.0	4.0	2.5	3.5

2. 第二阶段评商务标

商务标共计60分。以标底的50%与承包人报价算术平均数的50%之和为基准价，但最高(或最低)报价高于(或低于)次高(或次低)报价的15%者，在计算承包人报价算术平均数时不予考虑，且商务标得分为15分。

以基准价为满分(60分)，报价比基准价每下降1%，扣1分，最多扣10分；报价比基准价每增加1%，扣2分，扣分不保底。标底和各承包人的报价如表10-3所示。

投标报价　　　　　　　　　　　　　表10-3

投标单位	A	B	C	D	标底
报价	32 781	33 197	33 611	27 765	33 072

计算结果保留两位小数。

[问题]

请按综合得分最高者中标的原则确定中标单位。

[案例评析]

本案例考核评标方法的运用，旨在强调两阶段评标法所需注意的问题和报价合理性的要求。虽然评标大多采用定量方法，但是，实际在相当程度上也受主观因素的影响，这在评定技术标时显得尤为突出，因此，需要在评标时尽可能减少这种影响。

[参考答案]

1. 计算各单位施工方案的得分

A 单位：$(13.5 + 13.5 + 14.0)/3 = 13.67$

B 单位：$(13.0 + 12.5 + 13.0)/3 = 12.83$

C 单位：$(14.0 + 14.0 + 13.5)/3 = 13.83$

D 单位：$(12.5 + 12.5 + 13.0)/3 = 12.67$

2. 计算各投标单位技术标的得分

A 单位：$13.67 + 8.5 + 4.0 + 2.5 + 4.0 = 32.67$

B 单位：$12.83 + 8.0 + 4.5 + 3.0 + 4.5 = 32.83$

C 单位：$13.83 + 8.5 + 3.5 + 3.0 + 4.5 = 33.33$

D 单位：$12.67 + 9.0 + 4.0 + 2.5 + 3.5 = 31.67$

3. 计算各承包人的商务标得分

$(32\ 781 - 27\ 765)/32\ 781 = 15.30\% > 15\%$

$(33\ 611 - 33\ 197)/33\ 197 = 1.25\% < 15\%$

因此,承包人 D 的报价在计算基准价时,不予考虑。
基准价:33 072×50% +(32 781 +33 197 +33 611)/3×50% =33 134.17 万元
则　32 781/33 134.17 =98.93%　　　33 197/33 134.17 =100.19%
　　33 611/33 134.17 =101.44%

各承包人的商务标得分为:
A 单位:60 -(100 -98.93)×1 =58.93
B 单位:60 -(100.19 -100)×2 =59.62
C 单位:60 -(101.44 -100)×2 =57.12
D 单位因为报价低于次低价 15%,所以得分为 15 分。

4. 计算各承包人的综合得分

A 单位:32.67 +58.93 =91.60　　　B 单位:32.83 +59.62 =92.45
C 单位:33.33 +57.12 =90.45　　　D 单位:31.67 +15 =46.67

经过计算比较可知(表10-4),在四个承包人中,承包人 B 的综合得分最高,所以选择承包人 B 作为中标单位。

报 价 计 算 表　　　　表 10-4

投标单位	总工期	工程质量	项目班子	企业信誉	施工方案	商务标	综合	排序
A	8.5	4.0	2.5	4.0	13.67	58.93	91.60	2
B	8.0	4.5	3.0	4.5	12.83	59.62	92.45	1(推荐中标)
C	8.5	3.5	3.0	4.5	13.83	57.12	90.45	3
D	9.0	4.0	2.5	3.5	12.67	15	46.67	4

【案例3】

采用公开招标的某高速公路,在评标时发现有以下问题:

1. 有两家投标单位企业法人经营执照和企业等级证书均不符合资格要求。

2. 有三个投标人交来现金 450 万元。其中,一人交投标定金 150 万元,一人交投标押金 150 万元,一人交投标保证金 150 万元。

3. 有两个投标人工程量清单中"一人单价与数量相乘不等于清单中该项金额",一人合价累加后的总价与清单总价不符。

4. 各投标人的报价均高出标底价有效范围 10% 以上。

5. 有一份标书在截止时间后、开标结束前送达。

6. 有一个投标人未派代表参加现场考察,一人未参加答疑。

简析上述反映存在什么问题?怎样处理?

[案例评析]

本案例旨在考查投标须知中关于投标文件的有效性的规定。

[参考答案]

1. 资格应在投标准备阶段资格预审时确定,只有资格合格的才能获"投标邀请书",不合格的应拒收。

2. 投标人应提交投标保证书"投标银行保函",不是"定金"、"押金"、"保证金",其不合规定,无效。

3. 其一投标人价格以单价修正总价(除非单价小数点有明显错误,否则修正方法相反)。另一投标人以合价累加后的正确计算为准。投标书仍有效。

4. 招标单位应审查编制的标底。

5. 超过了规定的投标截止时间,应拒收,为无效投标书。

6. 现场考察在招标文件中未作为投标有效的必要条件,答疑同样如此。投标书有效。

【案例4】
某段高速公路建设项目,前期工作全部完成,经有关部门批准后,由业主组织施工公开招标,招标工作主要内容如下:
1. 发投标邀请函;
2. 购买招标文件;
3. 进行资格后审;
4. 召开标前会议;
5. 组织现场察看;
6. 接收投标文件;
7. 开标;
8. 确定中标单位;
9. 评标;
10. 发出中标通知书;
11. 签订施工合同。

[问题]
1. 招标工作的内容是否正确?如果不正确请改正,并排出正确顺序。
2. 某投标单位通过了资格审查,并进行了投标,但投标后没有参加开标会议,招标单位认为其是严重违约,需没收其投标保证金。试问:
(1)资格审查的目的是什么?
(2)投标后不参加开标会议,是否可以没收其投标保证金?
(3)招标单位在投标单位有哪些行为时可以没收其投标保证金?
(4)对此问题,招标单位应如何处理?

[案例评析]
本案例考查招标流程及没收投标担保的情形。

[参考答案]
1. 招标工作内容中的不正确之处为:
(1)不应发投标邀请函,因为是公开招标,应发布招标公告;
(2)应进行资格预审,而不能进行资格后审。

施工招标工作的正确排序为：
(1)—(3)—(2)—(5)—(4)—(6)—(7)—(9)—(8)—(10)—(11)

2.(1)资格审查的作用是保证投标者的条件和减少评标工作量；

(2)不可以；

(3)有下列情形之一的,投标保证金将不予退还：

①投标人在规定的投标有效期内撤销或修改其投标文件；

②中标人在收到中标通知书后,无正当理由拒签合同协议书或未按招标文件规定提交履约担保；

③投标人不接受依据评标办法的规定对其投标文件中细微偏差进行澄清和补正；

④投标人提交了虚假资料。

(4)作废标处理。

【案例5】

某重点工程项目计划于2004年12月28日开工,由于工程复杂,技术难度高,一般施工队伍难以胜任,业主自行决定采取邀请招标方式。于2004年9月8日向通过资格预审的A、B、C、D、E五家施工承包企业发出了投标邀请书。该五家企业均接受了邀请,并于规定时间9月20~22日购买了招标文件。招标文件中规定,10月18日下午16:00时是招标文件规定的投标截止时间,11月10日发出中标通知书。

在投标截止时间之前,A、B、D、E四家企业提交了投标文件,但C企业于10月18日下午17:00时才送达,原因是中途堵车,10月21日下午由当地招投标监督管理办公室主持进行了公开开标。

评标委员会成员共有7人组成,其中当地招投标监督管理办公室1人,公证处1人,招标人1人,技术经济方面专家4人。评标时发现E企业投标文件虽无法定代表人签字和委托人授权书,但投标文件均已有项目经理签字并加盖了公章。评标委员会于10月28日提出了评标报告。B、A企业分别综合得分第一、第二名。由于B企业投标报价高于A企业,11月10日招标人向A企业发出了中标通知书,并于12月12日签订了书面合同。

(1)企业自行决定采取邀请招标方式的做法是否妥当？说明理由。

(2)C企业和E企业投标文件是否有效？说明理由。

(3)请指出开标工作的不妥之处,说明理由。

(4)请指出评标委员会成员组成的不妥之处,说明理由。

[案例评析]

本案例主要考察招标方式的选择及评标要求。

[参考答案]

(1)答:根据《招标投标法》(第十一条)规定,省、自治区、直辖市人民政府确定的地方重点项目中不适宜公开招标的项目,要经过省、自治区、直辖市人民政府批准,方可进行邀请招标。因此,本案业主自行对省重点工程项目决定采取邀请招标的做法是不妥的。

(2)答:根据《招标投标法》(第二十八条)规定,在招标文件要求提交投标文件的截止时间后送达的投标文件,招标人应当拒收。本案 C 企业的投标文件送达时间迟于投标截止时间,因此该投标文件应被拒收。

根据《招标投标法》和国家计委、建设部等《评标委员会和评标方法暂行规定》,投标文件若没有法定代表人签字和加盖公章,则属于重大偏差。本案 E 企业投标文件没有法定代表人签字,项目经理也未获得委托人授权书,无权代表本企业投标签字,尽管有单位公章,仍属存在重大偏差,应作废标处理。

(3)答:①根据《招标投标法》(第三十四条)规定,开标应当在投标文件确定的提交投标文件的截止时间公开进行,本案招标文件规定的投标截止时间是 10 月 18 日 16:00 时,但迟至 10 月 21 日下午才开标,是不妥之处一。

②根据《招标投标法》(第三十五条)规定,开标应由招标人主持,本案由属于行政监督部门的当地招投标监督管理办公室主持,是不妥之处二。

(4)答:根据《招标投标法》和国家计委、建设部等《评标委员会和评标方法暂行规定》,评标委员会由招标人或其委托的招标代理机构熟悉相关业务的代表,以及有关技术、经济等方面的专家,并规定项目主管部门或者行政监督部门的人员不得担任评标委员会委员。一般而言,公证处人员不熟悉工程项目相关业务,当地招投标监督管理办公室属于行政监督部门,显然招投标监督管理办公室人员和公证处人员担任评标委员会成员是不妥的。《招标投标法》还规定,评标委员会技术、经济等方面的专家不得少于成员总数的 2/3。本案技术、经济等方面的专家比例为 4/7,低于规定的比例要求。

第四十六条规定,招标人和中标人应当自中标通知书发出之日起 30 天内,按照招标文件和中标人的投标文件订立书面合同,本案 11 月 10 日发出中标通知书,迟至 12 月 12 日才签订书面合同,两者的时间间隔已超过 30 天,违反了《招标投标法》的相关规定。

【案例6】
某高速公路工程项目经有关主管部门批准后,由交通部门自行组织施工公开招标。

(1)招标工作主要内容确定为:①成立招标领导小组;②发布招标公告和资格预审公告;③编制招标文件;④编制标底;⑤发放招标文件;⑥组织现场勘察和招标答疑;⑦接受投标文件;⑧投标单位资格审查;⑨开标;⑩确定中标单位;⑪评标;⑫签订承发包合同;⑬发出中标通知书。

(2)交通部门于 2010 年 4 月 1 日向施工单位发售招标文件,各招标单位领取招标文件均要求在一张表格上登记并签收,并组织领取招标文件的施工单位进行现场勘察和招标答疑。招标文件明确规定,工期 3 年,工程质量优良,4 月 18 日 16:00 时为投标截止时间。

(3)4 月 10 日招标小组发现原招标文件规定招标范围有误,逐条进行修改,并及时通过电话通知了所有招标文件收受人,鉴于投标准备时间紧迫,招标人决定将投标截止日期延迟至 4 月 24 日 16:00 时。

(4)在开标大会上,除了到会的各家投标单位的有关人员外,招标小组还请来了市公证处、法律顾问。开标前招标小组对各投标单位进行资格审查、闭幕式通过公证。在审查中,法律顾问对一家企业提出疑问,这家公司所提出的资质材料种类与份数齐全,有单位盖的公章,有项目负责人签字,因此,招标小组决定保留该公司标书。

[问题]

1. 所列标书工作内容的顺序作为招标工作先后顺序是否妥当?如果不妥,请确定合理顺序。

2. 按照《招标投标法》等有关法律规定,在该项目施工招标工程中,哪些是错误的,请逐一加以说明。

[案例评析]

本案例考查招标工作内容及相关法律约束。

[参考答案]

1. 不妥当。合理顺序应为:

①成立招标工作小组;②编制招标文件;③编制标底;④发布招标公告和资格预审公告;⑤投标单位资格预审;⑥发放招标文件;⑦组织现场勘察和招标答疑;⑧接受投标文件;⑨开标;⑩评标;⑪确定中标单位;⑫发出中标通知书;⑬签订承发包合同。

2. 有如下几个方面的错误:

①要求领取招标文件人员均按要求在同一表格上登记并签收,不应泄露其他招标人。

②投标截止日期过短。

③招标人可以对招标文件进行必要修改和澄清,但应在招标文件要求提交投标文件截止时间至少15日前,并以书面形式通知所有招标文件收受人。两个方面均有错误。

④开标前对投标单位进行资格审查是不对的。

⑤招标小组认为有效是错误,无法人代表签字。

【案例7】

串通投标案例

[简要案情]

2006年6月16日,某县矿业公司决定对所属的某铁矿进行内部投标,经审查确定19位内部职工有投标资格。投标前,有投标资格的赵某、钱某、孙某、李某、周某、吴某经过多次协商,决定由吴某以30万元多一点的标额中标(正常中标标额应在100万元以上),并由吴某拿出50万元分给赵某、钱某、孙某、李某、周某。

在招标过程中,赵某等五人采取辱骂、威胁等方式迫使其他潜在投标人放弃投标,或以低价投标,最终吴某以30.1万元的价格中标。中标后吴某依照事先的约定拿出50万元分给五人。

后该案被群众举报到当地检察机关,当地检察机关经调查取证后认定群众的举报属实,遂以该五人为被告向人民法院提起公诉。

[审判结果]

人民法院在审理该案的过程中,认为本案的被告不仅有串通投标行为,而且情节严重,构成串通招投标罪。法院判决赵某等构成串通招投标罪,并给予了相应的处罚。

[案例评析]

本案涉及串通招投标罪的认定问题。

第一,赵某等人的行为构成串通招投标行为。招标投标法第三十二条规定:"投标人不得以相互串通投标报价,不得排挤其他投标人的公平竞争,损害招标人或者其他投标人的合法权益"。本案中赵某等人不仅主观上有串通投标的故意,而且在客观上多次实施私下串通并决定由吴某以低价中标的行为。这些行为不仅排挤其他投标人的公平竞争,而且损害了作为招标人的某县矿业公司的合法权益,构成了串通投标行为。

第二,赵某等人构成串通招投标罪。根据《招标投标法》第五十三条和《刑法》第二百二十条第一款的规定,串通投标行为只有情节严重的才构成犯罪。在本案中,被告的串通投标行为不仅使某县矿业公司遭受70余万元可得利益的损失,同时也使其他投标人失去公平竞争的机会,损害了其他投标人的利益。另外,由于被告在串通投标过程中使用暴力及以暴力相威胁等恶劣手段,在社会上造成了极坏的影响,所以被告的串通投标行为应认定为情节严重,被告的串通投标行为构成串通招投标罪,依法应受相应的处罚,该县人民法院的判决是正确的。

【案例8】

评标委员会成员违反纪律案例

[简要案情]

2006年9月,某市决定在该市的中心地段修建占地500亩的中央花园,预计投资2.5亿元人民币,于2005年8月前建成,由市城建局负责招标。10月7日市城建局在当地的媒体上发布了招标公告。

公告发布后,在截止到日前,已有多家单位投标,其中该市园林建筑公司、市第一建筑公司、市第二建筑公司等八家单位经资格审查合格。

市城建局成立了以王教授、赵总工程师、李总工程师、马总经济师、朱总经济师五人组成的评标委员会(其中朱总经济师是市第一建筑公司的顾问)。

市第一建筑公司为了获取该工程的建筑权,向朱总经济师打听评标委员会组成人员的名单,并送给朱总经济师人民币5 000元,朱总经济师欣然接受了市第一建筑公司的送礼,替公司向其他几位评标委员打招呼。

在评标的过程中,朱总经济师多次和市第一建筑公司的领导吃饭和娱乐,并多次向市第一建筑公司透露评标的具体情况。

在朱总经济师的努力下,市第一建筑公司最终获得了该中央花园的修建权。

后该案被市园林建筑公司、市第二建筑公司等单位举报到有关部门,有关部门经过调查取证,证实举报属实,依照《中华人民共和国招标投标法》的有关规定给予朱总经济师如下的处理：(1)给予警告，没收赃款 5 000 元人民币并罚款 10 000 元的处罚；(2)取消朱总经济师担任评标委员会成员的资格。

[案例评析]

本案涉及评标委员会成员的违法行为及其应承担的法律责任问题。

第一，在本案中，朱总经济师担任评标委员会成员，不符合法律的规定。《中华人民共和国招标投标法》第三十七条规定："与投标人有利害关系的人，不得进入相关项目的评标委员会，已经进入的应当更换"。本案中，朱总经济师在主观上明知自己是市第一建筑公司的顾问，与投标人之间存在利害关系，在客观上仍然担任该招标项目评标委员会成员，违反了相关法律规定。

第二，为了保证评标的公正，《中华人民共和国招标投标法》第四十四条规定："评标委员会成员应当客观、公正地履行职务，遵守职业道德，对所提出的评审意见承担个人责任。评标委员会成员不得私下接触投标人，不得收受投标人的财物或者其他好处。评标委员会成员和参与评标的有关工作人员不得透露对投标文件的评审和比较、中标候选人的推荐情况以及与评标有关的其他情况。"

在本案中，朱总经济师作为评标委员会成员，不仅接受投标人宴请，收受投标人的奖金 5 000 元，而且多次向市第一建筑公司透露评标的具体情况，违反了招标投标法第四十四条的规定，是比较严重的违法行为。

第三，朱总经济师应承担相应的法律责任。《中华人民共和国招标投标法》第五十六条规定："评标委员会成员收受投标人的财物或者其他好处的，评标委员会成员或者参加评标的有关工作人员向他人透露对投标文件的评审和比较、中标候选人的推荐以及与评标有关的其他情况的，给予警告，没收收受的财物，可以并处 3 000 元以上 5 万元以下的罚款，对有所列违法行为的评标委员会成员，取消担任评标委员会成员的资格，不得再参加任何依法必须进行招标的项目的评标；构成犯罪的，依法追究刑事责任。"

本案中有关部门根据朱总经济师作为评标人不仅收受投标人 5 000 元现金，而且透露与投标有关情况的违法事实，作出了警告、没收违法所得、罚款的处罚决定，无疑是正确的。

【案例9】

评标委员会取消投标人资格案例

××省建筑工程集团总公司（简称"建总"）与××市林科所、××市建院监理公司、××市招标投标办公室招标投标纠纷案。

[简要案情]

原告建总诉称：

(1) 2003 年 9 月 15 日，建总应邀参加××森林公园道路、隧道工程的招标会。公司的委托代理人刘某到会并提交了有关证件及法律手续。

(2) 在评标过程中，××市林科所的一位女同志提出××建总委托代理人已更换，对业主不尊重，要求取消建总的投标资格，而××市招投标办和××市建院监理公司的代表，不听取申辩，擅自将公司的商务标不提交评标委员会评分。

(3)三被告违法取消建总的投标资格,严重损害了公司的合法权益。

(4)故请求法院判令:判决三被告取消我公司××森林公园道路、隧道工程投标资格的行为无效;判令各被告共同赔偿我公司人民币581 013.68元;本案诉讼费由各被告共同承担。

法院查明上述事实后认为:

(1)本案适用缔约过失责任。

根据《中华人民共和国招标投标法》第四十五条、第四十六条、第四十八条关于中标的规定,应认为招标人进行招标,投标人参加投标,直到最后中标人确定前,整个招标投标活动都处于合同的缔约阶段。缔约过程中的赔偿责任应适用《中华人民共和国合同法》第四十二条关于缔约过失责任的规定。

(2)根据《中华人民共和国招标投标法》第三条的规定,本案所涉工程是必须进行招标的项目。招标人在缔约阶段虽依《中华人民共和国招标投标法》的强性规定必须以招标投标的形式确定中标人,但在合同的缔约过程中招标人与投标人地位是平等的,缔约活动是自由的,主要应以民法来调整双方之间的权利义务关系。

(3)《中华人民共和国招标投标法》第三十七条规定:"评标由招标人依法组建的评标委员会负责"。评标委员会的专家委员虽是招标人从符合法律规定条件的专家库中抽取的,但专家委员的专业素养并不保证其认识及评标行为永远正确。

在因评标委员会认识错误下的行为造成投标人的损失时,投标人有权获得司法救济,评标委员会的非实体及无自身利益的性质决定了其不应作为承担民事责任的主体。

另评标委员会虽以独立于招标人的意志进行评标,但其工作任务在于确定招标人提出的招标项目的中标人,类似于受托人完成委托人的委托事项。故评标委员会与招标人可界定为委托关系,评标委员会行为的法律后果由招标人承担。评标委员会的评标活动应依法进行,做到客观、公正。

(4)本案中,评标委员会以原告建总擅自变更法人委托人为由作出了废标决定,但是评标委员会依据的2003年中华人民共和国七部委第30号令及《评标委员会和评标方法暂行规定》均没有规定投标人擅自变更委托人可予以废标。

投标人建总的工作人员持投标人的委托书参加投标,评标委员会作出废标决定属错误理解行政法规,违背了合同缔约过程冲的诚实信用则,对投标人造成的损失应由评标委员会的委托人招标人××市林科所承担。

原告建总诉请"判决三被告取消我公司××森林公园道路、隧道工程投标资格的行为无效",虽然评标委员会的废标决定没有法律和行政法规的依据,但鉴于该工程已确定了中标人,中标人的施工亦接尾声,投标人的投标资格是否有效没有现实意义,且对原告要求赔偿损失的支持足已包含对评标委员会废标决定的否定性评价。

故在判决主文中对该项诉请不作为一项判决内容单独进行确认。

原告建总诉请"三被告共同赔偿581 013.68元",包括原告认为的预期利润550 163.68元,因本案适用缔约过失责任,赔偿范围不能包括预期利益损失,故

550 163.68元的损失赔偿法院不予支持。

关于投标保证金10 000元，招标文件约定："投标截止以后，投标人不得撤回投标文件，否则其投标保证金将被没收"，按照投标人与招标人平等地位的理解，投标保证金于特定情况下的惩罚性质应对等适用于双方，故此投标保证金具有定金的特征。投标人于招标人违反招标文件和法律、行政法规的规定时，有权利要求招标人双倍返还投标保证金即20 000元。

评标委员会违反行政法规的规定作出废标决定，此行为后果理应由招标人承担，招标人应向投标人双倍返还投标保证金20 000元。关于差旅费1 342.3元，虽有部分发生于2003年9月15日开评标会之后，但原告为处理此纠纷发生的差旅费系因错误的废标决定而起，理应包括在赔偿范围之内。

原告已花费的标书制作费6 000元、工本费350元、图纸押金1 500元，均为原告建总缔约过程中的直接损失，招标人第一被告××市林科所亦应予以赔偿。

第二被告××市建院监理公司与第一被告××市林科所形成委托关系，建院监理公司行为的法律后果，理应由××市林科所承担，原告起诉建院监理公司没有法律依据。

第三被告××市招标办作为招标投标活动的行政管理部门，依法行使行政职权，原告对其提起民事诉讼没有事实和法律依据。

（5）据此，依照《中华人民共和国民法通则》第六十三条、《中华人民共和国招标投标法》第三十七条、《中华人民共和国合同法》第四十二条、第三百九十六条、《中华人民共和国担保法》第八十九条之规定，判决如下：

①被告××市林科所双倍返还投标保证金20 000元给原告建总，并赔偿原告经济损失9 192.3元。上述应给付的款项共计29 192.3元，被告××市林科所于本判决生效之日起10日内支付。

②驳回原告建总的其他诉讼请求。

本案案件受理费10 820元，由原告××省建筑工程集团总公司和被告××市林科所各负担5 410元（2004.07.06）。

模块二　施工监理案例

【案例1】

某省拟建一条高速公路，业主与B监理公司签订了监理合同。总监理工程师要求监理人在进驻施工现场前要熟悉相关资料，认真审核施工单位提交的有关文件、资料等。

[问题]

（1）监理工程师应熟悉的主要资料有哪些？

（2）监理工程师在承包人进入施工现场到工程开工这一阶段的工作重点是什么？

[案例评析]

本案例主要考查监理在施工准备阶段的工作内容。

[参考答案]

答:(1)监理工程师应熟悉的主要资料有:①监理人员应熟悉合同文件内容;②了解现场用地占有权和使用权的解决情况;③核查设计图纸;④复核定线数据;⑤制定监理程序;⑥审查承包人的自检系统;⑦落实承包人的材料来源、施工设备及技术状况等。

(2)主要工作内容为:①复核图纸和放样定线数据;②审查承包人的施工方案和施工组织设计文件;③审查承包人的质量保证体系或质量保证措施文件;④审查承包人的材料源是否有效、可靠;⑤审查承包人的主要施工机具、设备的组织配套和技术性能报告;⑥审查承包人的人员(技术人员、工人)和施工机具的到位情况;⑦检查核实参与工程的各方为工程开工的准备情况及审核承包人的开工报告。

【案例2】

某公路工程建设项目,其中包括桥梁(2座)、路基和路面工程(80km)。建设单位将桥梁工程和路基路面工程分别发包给两家施工单位,并签订了建设工程施工合同。

某一监理单位受建设单位委托承担了该公路工程的施工阶段监理任务,并签订了建设工程委托监理合同。监理合同中部分内容如下:

(1)监理单位为本工程项目的最高管理者;

(2)监理单位应维护建设单位的权益;

(3)建设单位参与监理的人员同时作为业主代表,负责与监理单位联系;

(4)上述业主代表可以向承包人下达指令;

(5)监理单位仅进行质量控制,而由业主来行使进度与投资控制任务;

(6)由于监理单位的努力,使合同工期提前的,监理单位与业主分享利益。

[问题]

(1)监理合同中有何不妥之处,为什么?

(2)项目总监理工程师建立何种监理组织结构形式合适?为什么?请绘出组织结构示意图。

[案例评析]

本案例考查监理的地位、职责和组织机构设立。

[参考答案]

1. 监理合同中内容不妥之处:

(1)监理单位虽然受建设单位委托就工程项目的施工对施工单位进行全面的监督、管理,但对某些重大决策问题还必须由业主作出决定。因此,监理单位不是也不可能是工程项目建设唯一的、最高管理者。

(2)监理单位应作为公正的第三方,以批准的项目建设文件,有关的法律、法规以及监理合同和工程建设合同为依据进行监理。因此,监理单位应站在公正立场上行使自己的处理权,既要维护业主的合法权益,也要维护被监理方的合法权益。

(3)业主方参与监理的人,工作时不能作为业主的代表,只能以监理单位名义和人员进行活动。

(4)业主代表不可以直接向承包人下达指令,必须通过监理工程师下达。

(5)监理的三大控制目标是相互联系的,让监理单位只控制一个目标是不切实际的。

(6)监理单位努力使规定的建设工期提前,建设单位应按约定给予奖励,但不是利润分成。

2. 宜采用直线制的监理组织结构形式。因为该公路工程建设项目由两家施工单位分别承包,而直线制的组织结构适用于监理项目能划分为若干个相对独立子项的大、中型建设项目。直线制的监理组织结构示意如图10-1所示。

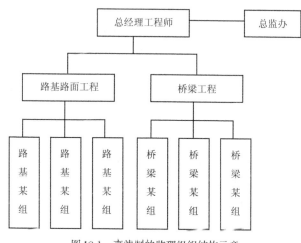

图 10-1 直线制的监理组织结构示意

【案例3】

某高速公路工程项目在设计文件完成后,项目业主委托了一家监理公司协助业主进行施工招标和实施施工阶段监理。

监理合同签订后,总监理工程师分析了项目规模和特点,拟按照组织结构设计、确定管理层次、确定监理目标和制订工作内容、确定监理目标和制订监理工作流程等步骤,来建立本项目的监理组织结构。

施工招标前,监理单位编制了招标文件,其主要内容包括:①工程综合说明;②设计图纸和技术资料;③工程量清单;④施工方案;⑤主要材料现设备供应方式;⑥保证工程质量、进度、安全的主要技术组织措施;⑦特殊工程的施工要求;⑧施工项目管理机构;⑨合同条件等。

为了使监理工作规范化进行,总监理工程师拟以工程项目建设条件、监理合同、施工合同、施工组织设计和各专业监理实施细则为依据,编制施工阶段监理规划。

监理规划中各规定监理人员的主要职责的如下。

1. 总监理工程师职责:①审核并确认分包单位资质;②审核签署对外报告;③负责工程计量、签署原始凭证和支付证书;④及时检查、了解和发现总承包单位的组织、技术、经济和合同方面的问题;⑤签发开工令。

2. 监理工程师职责:①主持建立监理信息系统,全面负责信息沟通工作;②对所负责控制的目标进行规划,建立实施控制的分系统;③检查确认工序质量,进行检验;④签发停工令、复工令;⑤实施跟踪检查,及时发现问题及时报告。

3. 监理员职责:①负责检查及检测材料、设备、成品和半成品的质量;②检查施工单位人力、材料、设备、施工机械投入和运行情况,并做好记录;③记好监理日志。

[问题]

(1)监理组织机构设置步骤有何不妥?应如何改正?

(2)常见的监理组织结构形成有哪几种?若想建立具有机构简单、权力集中、命令统一、职责分明、隶属关系明确的监理组织机构,应选择哪一种组织结构形式?

(3)施工招标文件内容中哪几条不正确?为什么?

(4)监理规划编制依据有何不恰当?为什么?

(5)各监理人员的主要职责划分有哪几条不妥?如何调整?

[案例评析]

本案例考查组建组织机构的步骤及监理职责。

[参考答案]

答:(1)监理组织机构设置步骤中不应包括"确定管理层次",其他步骤顺序不对。正确的步骤应是:确定监理目标,确定监理工作内容、组织结构设计和确定工作流程。

(2)常见的组织结构形式有直线制、职能制、直线职能制和矩阵制。应选择直线制组织结构形式。

(3)招标文件内容中,④、⑥、⑧条不正确。因为④、⑥、⑧条应是投标文件(或投标单位编制)的内容。

(4)监理规划编制依据中不恰当之处不应包括施工组织设计和监理实施细则。因为施工组织设计是由施工单位(或承包单位)编制的指导施工文件;监理实施细则是根据监理规划编制的。

(5)各监理人员职责划分中的问题:

Ⅰ. 总监理工程师职责中的③、④条不妥,③条中的"工程计量、签署原始凭证"应是监理员职责;④条应为监理工程师职责。

Ⅱ. 监理工程师职责中的①、③、④、⑤条不妥,③、⑤条应是监理员职责,①、④条应是总监理工程师职责。

【案例4】

某公路工程建设项目,项目立项批准后,业主委托两家监理公司对工程的施工阶段进行监理。监理公司派出总监理工程师1名和监理工程师、监理员若干名组成一个项目监理处,常驻现场实施监理。

[问题]

1. 根据《公路工程施工监理规范》的要求,试述公路工程质量控制的基本程序。

2. 以下各项工作内容应属于谁的职责?(√表示总监理工程师的工作职责,△表示监理工程师的工作职责,○表示监理员的工作职责,×表示不属于监理处的工作职责)

(1)对监理合同的实施全面负责,并定期向监理单位报告工作;
(2)明确监理机构职能分工和监理人员的岗位职责;
(3)主持编写《监理规划》;
(4)编制《监理实施细则》;
(5)编写施工投标文件;
(6)审批《监理规划》;
(7)审核承包人的施工组织设计;
(8)审核承包人的施工方案;
(9)组织监理工作会议;
(10)组织指导监理员的工作;
(11)参加招标和评标工作;
(12)审批承包人申报的有关申请报告和报审表;
(13)检查承包人的测量控制网点或测量基线;
(14)核实工程材料的采购情况,检查进场材料的质量;
(15)掌握工程施工情况,旁站监察承包人施工;
(16)记录工程进度的详细情况及有关情况;
(17)检查工程情况,及时发现和处理工程问题;
(18)组织或参加隐蔽工程和分项、分部工程验收;
(19)及时发现和纠正施工中出现的问题;
(20)做好详细准确的日记,及时汇报现场异常情况;
(21)做好监理日志,定期提交监理日志和监理工作总结;
(22)检查承包人的施工资料;
(23)组织编制并签发监理日报;
(24)进行工程计量;
(25)组织审查承包人的交工申请和交工预验收;
(26)组织实施工程项目缺陷责任期的监理工作;
(27)组织项目竣工图验收;
(28)审批《监理实施细则》;
(29)组织设计交底会议;
(30)组织审查竣工结算;
(31)组织整理工程竣工监理档案资料;
(32)对工程项目的质量、进度和费用控制等进行全面总结,编写监理工作总结报告。

[案例评析]
本案例考查各级监理人员的工作职责。

[参考答案]
1. 公路工程质量控制的基本程序:

（1）开工报告，即监理工程师应要求承包人在开工之前提交各单位、分部、分项工程的开工报告并进行审批；

（2）工序自检报告，即监理工程师应要求承包人对每道工序完工后首先进行自检，自检合格后申报监理工程师进行检查认可；

（3）工序检查认可，即监理工程师在承包人对工序进行自检之后或进行自检的同时进行检查验收并签认；

（4）中间交工报告，即在分项或分部工程完工后，承包人应再进行一次系统自检，并汇总各道工序的检查记录，提出交工报告；

（5）中间交工，即监理工程师应组织对承包人提交的"中间交工报告"所申请的完工工程进行一次系统的检查验收，对合格工程签发《中间交工证书》；

（6）中间计量证书。

2. 属于总监理工程师工作职责的有：

（1）、（2）、（3）、（7）、（9）、（11）、（12）、（23）、（25）、（26）、（28）、（31）、（32）

属于监理工程师工作职责的有：

（4）、（8）、（10）、（13）、（14）、（17）、（18）、（21）、（22）、（24）

属于监理员工作职责的有：

（15）、（16）、（19）、（20）

不属于监理处的工作职责的有：

（5）、（6）、（27）、（29）、（30）

【案例5】

某高速公路建设项目，业主委托×××监理咨询公司负责该项目的施工监理工作。该公司的副总经理担任该项目的总监理工程师。为了编写监理规划，总监理工程师安排该监理咨询公司的技术负责人组织人员编写该项目的监理规划。编写人员根据本监理公司已有的监理规划范本，将投标时的监理大纲进行修改后编制成该项目的监理规划。该监理规划经总经理审核签字后报送业主。

该项目监理规划内容包括：①工程项目概况；②监理工作依据；③监理工作内容；④监理机构的组织形式；⑤监理机构人员配备计划；⑥监理工作方法及措施；⑦监理机构的人员岗位职责；⑧监理设施。

在第一次工地会议上，业主根据委托监理合同宣布了总监理工程师的任命及授权范围。总监理工程师根据监理规划介绍了监理工作内容、监理机构的人员岗位职责和监理设施等内容。其中，监理工作内容如下：

①编制项目施工进度计划，报业主批准后下发施工单位执行。

②检查现场质量情况并与规范标准对比，发现偏差时下达监理指令。

③协助施工单位编制施工组织设计。

④审查施工单位投标报价的组成，对工程项目造价目标进行风险分析。

⑤编制工程量计量规则，依次进行工程计量。

⑥组织工程竣工验收。

[问题]
1. 指出该监理咨询公司编写"监理规划"做法的不妥之处,并写出正确的做法。
2. 指出该项目"监理规划"内容中的缺项名称。
3. 在总监理工程师介绍的监理工作内容中找出不正确的内容并改正。

[案例评析]
本案例考查监理与施工单位的工作关系。

[参考答案]
1. 不妥之处:
(1)监理规划由监理公司技术负责人组织人员编写不妥,应由总监理工程师主持编写,专业监理工程师参加编写;
(2)监理公司总经理审核不妥,应由监理公司技术负责人审核;
(3)根据监理大纲范本修改不妥,应具有针对性(或应根据工程特点、规模、合同等编制)。
2. 缺项名称:监理工作范围、监理工作目标、监理工作程序、监理工作制度。
3. 监理工作内容:
(1)错误,应改为:审查并批准(审核、审查)施工单位报送的施工进度计划。
(2)错误,应改为:审查并批准(审核、审查)施工单位报送的施工组织设计。
(3)错误,应改为:依据施工合同有关条款、施工图,对工程造价目标进行风险分析。
(4)错误,应改为:按招标文件的工程计量规定进行工程计量。
(5)错误,应改为:参加工程竣工验收(或组织工程预验收)。

【案例6】
某公路工程项目由路基、涵洞、锚杆、挡墙等组成。其中,锚杆挡墙的锚杆设计长度为9m,承包人在施工完钻孔工序后向监理工程师提交了工序自检合格报告。而监理工程师在工序检查认可中发现有的钻孔长度仅为7m。

[问题]
(1)请写出质量缺陷处理程序。
(2)如你是监理工程师,应对题述质量事故如何处理?

[案例评析]
本案例考查监理工程师对质量事故的处理程序。

[参考答案]
答:(1)应根据质量缺陷的性质和严重程度,按如下方式处理:①当因施工而引起的质量缺陷处在萌芽状态时,应及时制止,并要求承包人立即更换不合格的材料、设备或不称职的施工人员;或要求立即改变不正确的施工方法及操作工艺。②当因施工而引起的质量缺陷已出现时,应立即向承包人发出暂停施工的指令(先口头后书面),待承包人采取了足以保证施工质量的有效措施,并对质量缺陷进行正确的补救处理后,再书面通知

恢复施工。③当质量缺陷发生在某道工序或单项工程完工以后,而且质量缺陷的存在将对下道工序或分项工程产生质量影响时,监理工程师应在对质量缺陷产生的原因及责任作出判定并确定了补救方案后,再进行质量缺陷的处理或下道工序或分项的施工。④在交工使用后的缺陷责任期内发现施工质量缺陷时,监理工程师应及时指令承包人进行修补、加固或返工处理。

(2)该质量事故的发生只有两种情况,一是承包人的质检人员对工程质量极端不负责任;二是承包人有意偷工减料,二者必居其一。为此,首先向承包人发出暂停施工的指令(先口头后书面);然后查明发生质量事故的原因及有关责任人;更换不称职的施工人员;对承包人的自检体系进行整改,确保工程质量满足要求;对质量缺陷进行补救后再发出书面通知恢复施工。

【案例7】

对某项工程的施工,业主通过公开招标方式选定了承包人。签订合同时,业主为了约束承包人保证工程质量,要求承包人支付20万元定金。业主与承包人双方在施工合同中对工程预付款、工程质量、工程价款、工期和违约责任等都作了具体约定。

施工合同履行时,在基础工程施工中碰到地下有大量文物,使整个工程停工10天;主体工程施工中由于施工机械出现故障,使进度计划中关键线路上的部分工作停工15天。两次停工承包人都及时向监理工程师提出了工期索赔申请,并提供了施工记录。

[问题]

1. 招标时对承包人的资格预审查的内容有哪些?
2. 监理工程师判定承包人索赔成立的条件是什么?
3. 监理工程师对两次索赔申请应如何处理?

[案例评析]

本案例重点考查索赔成立的条件:非承包人原因引起、造成了承包人的损失(包括时间和费用)、承包人及时提出了申请并提供相关证据材料,这些条件缺一不可。

[参考答案]

1. 对承包人资质审查的内容有:法人资格和组织机构、财务报表、人员报表、施工机械设备情况、分包计划、近5年完成同类工程项目调查、在建工程项目调查、近2年涉及的诉讼案件调查、其他资格证明。

2. 监理工程师判定承包人索赔成立的条件:(1)与合同相对照,事件已造成了承包人施工成本的额外支出,或总工期延误;(2)造成费用增加或工期延误的原因,按合同约定不属于承包人应在承担的责任,包括行为责任或风险责任;(3)承包人按合同规定的程序提交了索赔意向通知书的索赔报告。

3. 两次索赔处理:(1)对第一次索赔应判定索赔成立,因为:①遇到文物时的停工应视为业主应承担的风险,不属于承包人的责任,工期索赔理由成立;②承包人及时提供了证据资料;③承包人及时提出了索赔申请。监理工程师根据监理记录核实延误的天数。监理工程师签发工期变更指令。(2)对第二次索赔判定索赔不成立。因为施工机械故障造成工期延误是承包人自己的责任,索赔无理由。监理工程师应在收到索赔申请后28天内作出答复,表示索赔不成立。

【案例8】

某高速公路路基工程第二合同段由甲施工单位施工,A监理单位监理,合理工期为10个月,2009年1月开工,1月15日,业主为确保工程进度,组织召开第一次工地会议。会议由业主代表主持,监理、承包人的授权代表出席了会议,各方将在工程项目中担任主要职务的部门(项目的)负责人也参加了会议。

会议议程如下:①业主代表就其人员、组织机构提出书面文件;总监理工程师向驻地监理工程师书面授权;承包人书面提出项目经理授权书、主要人员名单、职能机构框图、职责范围及有关人员的资质材料以取得监理工程师的批准。②监理工程师就承包人中标后提交的施工进度计划进行说明。③承包人就施工准备情况提出陈述报告,监理工程师逐项予以澄清、检查和评述。④业主代表说明开工条件,要求7月1日完工,并暗示工期优先。⑤监理工程师明确工作例行程序并提出有关表格及说明。

[问题]

(1)工地会议包括哪几种?其划分依据是什么?
(2)业主代表主持第一次工地会议是否妥当,为什么?
(3)上述召开第一次工地会议的目的是否正确,为什么?
(4)议程4中,业主代表的要求和暗示是否妥当,为什么?
(5)监理工程师应明确哪些工作例行程序并提出有关表格及说明?

[案例评析]

本案例考查工地会议的类型、组织者及会议内容。

[参考答案]

(1)工地会议分为第一次工地会议、工地会议和现场协调会等三种形式,其划分依据是会议召开的时间、内容及参加人员的不同。

(2)不妥当。第一次工地会议应该由监理工程师主持。

(3)不正确。因为第一次工地会议的目的,在于监理工程师对工程开工前的各项准备工作进行全面的检查,确保工程实施有一个良好的开端。

(4)均不妥当。根据《建设工程质量管理条例》第10条规定:建设工程发包单位不得任意压缩合理工期;建设单位不得明示或暗示施工单位违反工程建设强制性标准,降低建设工程质量。

(5)监理工程师应明确的程序、表格及说明:
①质量控制的主要程序、图表及说明;
②施工进度控制的主要程序、报表及说明;
③计量支付的主要程序、报表及说明;
④延期与索赔的主要程序、报表及说明;
⑤工程变更的主要程序、图表及说明;

⑥工程质量事故及安全事故的报告程序、报表及说明；
⑦函件的往来传递程序、格式及说明；
⑧确定工地会议的时间、地点及程序。

【案例9】

某工程项目建设单位与施工单位签订了工程施工承包合同。合同中估算工程量为5 300m³，原价180元/m³。合同工期为6个月，有关支付条款如下：

(1) 开工前，建设单位向施工单位支付估算合同价20%的预付款。

(2) 建设单位从第1个月起，从施工单位的工程款中，按5%的比例扣留保留金。

(3) 当累计实际完成工程量超过(或低于)估算工程量的10%时，价格应予调整，调价系数为0.9(或1.1)。

(4) 每月签发付款证书最低金额为15万元。

(5) 预付款从施工单位获得累计工程款超过估算合同价的30%以后的下一个月起至第5个月均匀扣除。

施工单位每月实际完成并经签认的工程量见表10-5。

承包人完成的工程量统计表　　　　　　　　　　表10-5

月　份	1	2	3	4	5	6
完成工程量(m³)	800	1 000	1 200	1 200	1 200	500
累计完成工程量(m³)	800	1 800	3 000	4 200	5 400	5 900

[问题]

(1) 估算合同总价是多少？

(2) 预付工程款是多少？预付工程款从哪个月起扣留？每月扣预付工程款是多少？

(3) 每月工程量价款是多少？应签证的工程款为多少？应签发的付款凭证金额是多少？

[案例评析]

本案例旨在考查中期支付的费用计算方法。

[参考答案]

1. 估算合同总价为95.4万元，即5 300m³ × 180元/m³ = 95.4(万元)。

2. 预付工程款为19.08万元，即95.4 × 20% = 19.08(万元)。

因为第一、二期累计工程款：

1 800 × 180 = 32.4(万元) > 95.4 × 30% = 28.62(万元)，根据合同规定，累计工程款超过估算合同价的30%以后的下一个月起至第5个月均匀扣除，可知预付工程款从第3个月开始扣留。

每月应扣预付款：19.08/3 = 6.36(万元)。

3. 第1个月工程款：800 × 180 = 14.4(万元)。

本月应扣留保留金：14.40 × 0.05 = 0.72(万元)。

本月应签证的工程款：14.40 × 0.95 = 13.68(万元) < 15(万元)(本月不予付款)。

4. 第2个月工程款:1 000×180=18(万元)。

本月应扣留保留金:18×0.05=0.9(万元)。

本月应签证的工程款:18×0.95=17.10(万元)。

本月应签发的工程款:17.01+13.68=30.78(万元)。

5. 第3个月工程款:1 200×180=21.60(万元)。

本月应扣留保留金:21.60×0.05=1.08(万元)。

本月应扣预付款:6.36(万元)。

本月应签证的工程款:21.60×0.95−6.36=14.16(万元)<15(万元)(本月不予付款)。

6. 第4个月工程款:1 200×180=21.60(万元)。

本月应扣留保留金:21.60×0.05=1.08(万元)。

本月应扣预付款:6.36(万元)。

本月应签证的工程款:21.60×0.95−6.36=14.16(万元)。

本月应签发的工程款:14.16+14.16=28.32(万元)。

7. 第5个月累计完成5 400m³,比原估算的工程量超过100m³,但未超过估算10%,仍按原价估算工程价款:1 200×180=21.60(万元)。

本月应扣留保留金:21.60×0.05=1.08(万元)。

本月应扣预付款:6.36(万元)。

本月应签证的工程款:21.60×0.95−6.36=14.16(万元)<15(万元)(本月不予付款)。

8. 第6个月累计完成5 900m³,比原估算的工程量超过600m³,已超过估算10%,对超过部分应调整单价。应调整单价的工程量:5 900−5 300(1+10%)=70(m³)。

本月完成的工程价款:70×180×0.9+(500−70)×180=8.874(万元)。

本月应扣留保留金:8.874×0.05=0.443 7(万元)。

本月应签证的工程款:8.874−0.443 7=8.43(万元)。

本月应签发的工程款:14.16+8.43=22.59(万元)。

参考文献

[1] 中华人民共和国合同法(实用版)[S]. 北京:中国法制出版社,2009
[2] 沈其明,等. 公路工程合同管理与索赔及案例分析[M]. 北京:人民交通出版社,2005
[3] 雒应. 合同管理[M]. 北京:人民交通出版社,2007
[4] 董丽艳. 公路工程施工合同管理与费用监理[M]. 北京:人民交通出版社,2011
[5] 文德云. 公路工程建设招标与投标[M]. 北京:人民交通出版社,2002
[6] 王力强,等. 公路工程招投标与造价[M]. 北京:人民交通出版社,2010
[7] 崔新媛,周直. 工程项目招标与投标[M]. 北京:人民交通出版社,2004
[8] 罗娜. 工程进度监理(第2版)[M]. 北京:人民交通出版社,2011
[9] 李治平. 监理概论(第2版)[M]. 北京:人民交通出版社,2008
[10] 交通部基本建设质量监督总站. JTG G10—2006 公路工程施工监理规范[S]. 北京:人民交通出版社,2006
[11] 张铁军,等. 公路工程百科全书[M]. 哈尔滨:黑龙江人民出版社,2000
[12] 刘尔烈. 工程项目招标投标实务[M]. 北京:人民交通出版社,2000
[13] 雷胜强. 简明建设工程招标承包工作手册[M]. 北京中国建筑工业出版社,1997